신들의 이야기 속으로 거침없이 걷다

신들의 이야기 속으로 거침없이 걷다

초판1쇄 | 2010년 11월 15일
지은이 | 김효선 nevermind119@yahoo.co.kr

펴낸곳 | 도서출판 바람구두
주소 | 121-842 서울시 마포구 동교로 155-3
전화 | 02-335-6452
블로그 | blog.naver.com/gardo67

ISBN-13 | 978-89-93404-06-7 (03910)

_ 바람구두를 출판사 이름으로 쓸 수 있도록 흔쾌히 동의해주신 '바람구두
  연방의 문화망명지' 운영자께 감사드립니다.
_ 잘못 만들어진 책은 구입하신 서점에서 바꾸어 드립니다.

신과 부처와  요괴들의 땅 일본 시코쿠 88사찰 순례기

신들의 이야기 속으로 거침없이 걷다

글·사진 김효선

바람구두

prologue

순례자들의 고향 시코쿠로의 초대

나는 스페인의 산티아고 가는 길에서 유럽을 만났다. 그 길 위에서 다양한 유럽의 역사와 문화를 만나고 음미했다는 뜻이다. 그동안 이름만으로도 아득한 태평양을 날아서 혹은 유라시아 대륙을 가로질러야 도착하는 유럽과 미주를 돌아다니며 내 호기심을 어루만지고 내 견문을 넓혔다. 그리스 문명과 로마제국의 역사를 따라 돌아다녀도 보았고, 내 어린 시절 수많은 밤을 지새며 읽었던 문학전집들의 이야기 속으로 찾아가 문학작품 속 산책 무대이던 숲을 걸어보기도 했고, 기독교와 동방정교의 성지 순례 길도 여러 차례 다녀왔다. 뚜벅뚜벅 먼 길을 걷기도 했으며 기차를 타고 종횡무진 대륙을 누비기도 했다. 크루즈를 타는 호사도 누렸고, 역사에 주저앉아 노숙도 해보았다. 어떻게 여행하든 역사와 문학의 고향을 찾아가는 길은 늘 즐거웠다. 어릴 적부터 늘 끼고 살았던 그리스 신화, 로마제국, 러시아문학, 독일문학, 영국문학 등이 내 꿈의 세계였기에 그 꿈을 따라 다닌 것이다. 생각해 보면 나는 나를 알기도 전에 타인을 알기 위해 무던히 공부를 한 것은 아닐까 싶다.

산티아고 가는 길은 기독교 성지 순례길이다. 유네스코 선정 세계문화유산의 길로 세계의 도보여행자들이 즐겨 찾는 곳이다. 기독교 성지 순례길에서 만난 친구들은 불교 특히 동양의 불교사찰 순례에 대해 많은 호기심을 보였다. "너는 시코쿠의 88불교사찰 순례를 해보았니?" 유럽의 친구들이 그곳에 방영된 시코쿠 88사찰 순례 다큐 프로를 보았다며 내게 물은 말이다. 종교적이라기보다는 문화적인 관심이 드높았다. 그 후 어느 날, 나 역시 NHK에서 한 외국인 여행자가 시코쿠 순례를 하는 모습을 보았다. 그 순간 내 마음은 이미 그곳으로 가버렸다. 부리나케 시코쿠 관련 공부를 시작했다. 시코쿠 88사찰 순례를 위해 일본의 고대사와 현대사를, 역사, 고전문학, 미술과 하이쿠, 전통문화 책들을 읽기 시작했다. 틈틈이 일어 공부도 했다. 서울에서 시코쿠의 다카마쓰로 가는 비행기에 오르면 한 시간 반이면 시코쿠에 내린다. 침략의 역사가 주는 알레르기가 없을 수 없었던지라, 일본은 역시 내게도 가깝지만 먼 나라였다.

시코쿠의 자랑은 오랜 세월 굳건히 버티고 있는 수많은 문화재와 빼어난 자연절경만이 아니다. 풍경 중의 으뜸은 역시 아름다운 사람들의 풍경! 그곳에 모여 장장 1,200km 순례길을 함께 나누며 만나게 되는 사람들, 그들과의 고행 속에 피어나는 휴머니티, 그들과 나누는 교감이 감동으로 기억되는 순간들!

그뿐인가. "오헨로상~ 오헨로상~ 여기 시원한 음료가 있습니다. 오세타이입니다." 오후의 뜨거운 햇살 아래 마을 고샅길을 빠져나가는 지친 순례자의 등 뒤를 토닥이는 정겨운 그 소리. 소박한 마을 주민이 건네는 이런 특별한 정성에 거듭 감탄하다 보면 순례자는 어느새 시코쿠와 사랑에 빠지게 된다. 단골 가게의 매력에 빠지듯, 연인과 가슴 뻐근하게 사랑에 빠지듯, 시코쿠는 내게 다가와 조금씩 조금씩 일본의 더 깊은 문화 속으로 나를 초대했다.

시코쿠 순례길 삼천리를 걸으며, 그곳의 자연과 문화와 현지인들을 만나며, 난 88사찰 순례길의 광팬이 되었고, 이렇게 여러 예비여행자들의 여행 감성을 자극하고 나서기에 이르렀다. 얼른 삶의 우선순위를 살짝 바꾸어 시코쿠 한 바퀴 돌고 온다면, 여러분 또한 나처럼 될 것임을 믿기에….

시코쿠四國

일본은 네 개의 큰 섬인 혼슈, 홋카이도, 규슈, 시코쿠와 기타 6,852개의 작은 섬으로 이루어진 나라이다. 네 개의 주요 섬 중 가장 작은 섬이 시코쿠이다. 예전에는 네 개의 나라로 갈라져 있다고 해서 시코쿠四國란 이름을 얻었는데, 지금은 네 개의 현으로 나뉘어 있다. 제주도의 약 10배 크기(18,795km²) 땅에 약 4백만 명이 깃들어 산다. 북쪽은 강우량이 적고 기후

가 온화한 데 비해 남쪽은 습기가 많고 태풍이 잦은 편이다. 이런 생태조건의 차이 때문인지 작은 섬인데도 다양한 문화를 맛볼 수 있는 곳이다.

시코쿠 섬의 북쪽에는 옹기종기 아름다운 섬들이 흩뿌려진 세토내해가, 남쪽으로 태평양이 활짝 펼쳐져 있다. 삼천 년 역사의 도고온천과 아와오도리축제, 요사코이축제, 사누키 우동으로 유명한 섬 시코쿠. 하지만 일본인들에게뿐만 아니라 세계인들에게 가장 널리 알려진 시코쿠의 문화는 바로 88사찰 순례길이다. 일본어로는 '오시코쿠' 혹은 '하지주하주88 아루키'라고 불리는 이 순례길은 고베, 오사카 쪽에 가까운 동쪽 도쿠시마현의 1번 사찰 료젠지에서 출발해 섬 둘레 1,200km를 시계방향으로 돌아 에히메현의 88번 사찰 오쿠보지까지 이어진 삼천리 길이다.

시코쿠 순례의 역사

시코쿠 순례의 역사가 처음으로 문헌에 기록된 시기는 12세기이지만 현재처럼 88개소의 사찰을 순례하는 형태가 확립된 것은 16세기 말, 17세기 들어서다. 순례길의 시조라 할 코우보대사가 흩어진 사찰들을 정비하고 새로 개원하던 시기는 9세기 무렵이다. 코우보대사 이전에는 행기대사가 시코쿠에 많은 사찰을 열었는데, 이 사찰들을 훗날 코우보대사가 정비하여 88사찰 영지로 선정한 것이다.

시코쿠 순례길은 오세타이가 있어 더욱 가슴 뭉클한 길이 된다. 88개의 사찰을 따라 걷는 동안, 길 곳곳에서 만나는 시코쿠 주민들이 지나는 순례자들에 건네는 작은 정성인 오세타이. 여러 형태의 공양을 받으며 걷는 길, 사람 사는 정情의 힘으로, 체온의 힘으로 걷는 길인 것이다. 시코쿠 순례여행의 목적은 종교적인 수행뿐만 아니라 병의 쾌유는 물론 은퇴 후 재충전과 자기 재발견, 새로운 문화 체험, 온천과 원시적인 자연 즐기기, 역사 탐방 등 각자 찾기 나름이다.

죽장에 삿갓 쓰고 타박타박 길을 걷는 백의白衣 순례자들과 함께 가다 보면 영락없이 방랑시인 김삿갓의 모습이 연상되고, 세월마저 착각하게 된다. 시코쿠 88사찰을 돌며 하나씩 납경을 받아 가슴에 품고 다음 발걸음을 떼다보면 가까우면서도 낯설었던 일본의 작은 섬 시코쿠가 어느새 새로운 문화여행지로 우리 가슴에 뿌리를 내리게 된다.

코우보대사와 함께 걷는 길

코우보대사弘法大師 쿠오카이空海는(774~835) 일본 역사상 가장 유명한 인물 중 한 사람이다. 승려인 그는 서도와 교육, 예술, 토목 등 다방면에서 큰 업적을 남겼다. 그는 774년 사누키국 다도군(현재 가가와현 젠쓰지시)의 유명한 가문인 사에키가에서 태어났다. 18세(792년)에 관리가 되기 위해 나라의 대학(中央大學寮)에 입학했지만 우연히 어느 승려로부터 허공장보살 구문지법虛空藏菩薩 求聞持法이란 가르침을 받은 후, 불교에 입문하기 위해 대학을 중퇴하고 시코쿠의 미쿠라도우에 들어가 수행을 하였다. 그 후 시코쿠의 깊은 산을 떠도는 산림수행山林修行을 거친 뒤 24세에 교토로 돌아가 삼교지교를 저술하여 유교, 도교, 불교를 논하고 불교야말로 가장 위대한 도라고 단언한 후 29세에 나라의 도다이사에서 정식으로 출가했다.

대사 나이 30세에 견당사와 함께 유학생 신분으로 당나라의 장안에 들어갔다. 당시 유학생은 반드시 20~30년간 당나라에 머물며 불학을 기초부터 탄탄히 공부해야 한다는 규정이 있었다. 코우보대사는 장안의 예천사에서 인도 승려로부터 범문과 인도철학을 공부했으며 당시 밀종密宗의 큰 스님 혜과대사로부터 불법을 철저하게 교육을 받고 2년 만인 806년 귀국하였다. 대사는 유학생의 규정을 어기고 일찍 귀국했기에 조정으로부터 교토로 들어올 수 있다는 윤허를 못 받아 후쿠오카현에서 4년을 머물렀다. 코우보대사는 813년 나라의 도다이사의 별당에 임명되었고, 816년 와카야마의 고야산에 금강봉사를 창건했다. 지금은 세계유산으로 등록된 카가와현의 농업용 저수지 만노이케의 개수공사를 맡아 완공하는 사회봉사활동을 펼쳤으며, 교토에서는 사립교육시설인 슈케이슈치인을 개설하여 민중을 위한 교육에도 힘을 기울였다.

사람을 포용할 줄 아는 넓은 마음으로 민중 구제에 앞장섰던 코우보대사는 죠와2년인 835년 고야산에서 입적하였다. 진언종의 종조 외에 서도와 교육 그리고 예술, 토목에 이르는 다양한 업적을 남겼으니 '타고난 천재'라는 후대의 평가가 수긍이 간다. 코우보대사弘法大師란 호는 입적 후 921년 60대 천황인 다이고醍醐천황으로부터 받은 것이다.

코우보대사의 청년 시절 수행 장소였고 88사찰 영지로 선택받은 시코쿠는 코우보대사의 은덕恩德을 가장 많이 받은 곳이다. 지금도 시코쿠 사람들은 친밀감을 듬뿍 담은 표현으로 대사를 '오다이시상'이라고 부른다. 시코쿠 순례자들은 '코우보대사 지팡이'란 뜻의 동행이인同行二人 지팡이를 짚고 걷는다. 이 대사지팡이를 다루는 순례자들의 대접 또한 각별하다. 하룻길을 마치고 숙소에 들어가면 대사님부터 쉬게 하는데, 제일 먼저 하는 일이 지팡이를 씻어 세워놓는 것이다. 나와 동행한 오헨로들은 틈틈이 시멘트바닥에다 지팡이의 끝을 정리하곤 했다. 그 또한 거칠어진 지팡이 끝을 손질할 때 절대 칼날을 대서는 안 된다는 원칙에 따른 방편이다. 순례자들이 들고 다니는 대사지팡이는 거의 똑같은 모양이기에 예쁜 모자를 씌워 구분하도록 하는데 그 치장이 아주 재미나다. 그런데, 아뿔싸! 그런 각별한 동행이인을 잊어버리고 그만 홀로 길을 떠나는 일이 종종 생긴다. 그렇다고 코우보대사께서 앞서 내뺀 순례자를 뒤쫓아 허둥지둥 와주실 리도 없고…. 그러나, 한번 동행이인은 영원한 동행이인! 사찰마다 이렇게 홀로 남겨진 코우보대사 지팡이가 따로 모여 있어서 육상 계주주자처럼 바톤 터치하여 다시 먼 길을 떠날 채비를 하고서 다음 순례자를 기다리고 있으니, 걱정 없다! 코우보대사는 늘 거기 어딘가 순례자들과 함께 계신 것이다.

Tip 온전히 두 발로만 걷는 아루키 헨로가 아니라면 기차나 버스 등 대중교통을 간간이 이용해야 한다. 이때 기사나 차장에게 사찰의 이름을 대고 그곳에 내려달라고 하면, 정말 잘 내려준다! 또 하나, 잊어서는 안 될 사항으로는, 버스나 기차에 오를 때 '정리권'이라는 것을 꼭꼭 뽑도록. 어디서 탔는지를 일러주는 게 정리권이고, 내릴 때 그걸 내밀고 구간요금을 정산해 현금으로 내면 된다. 잔돈은 미리 준비하지 않아도 척척 거슬러 준다.

contents

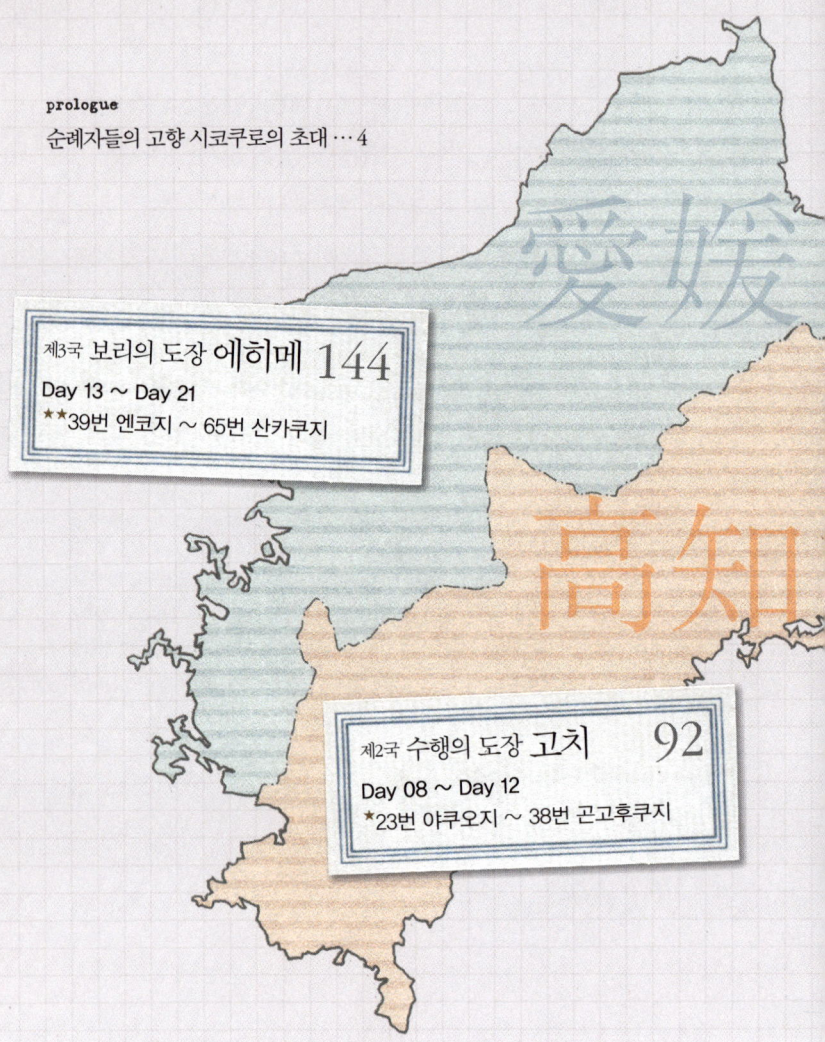

prologue
순례자들의 고향 시코쿠로의 초대 … 4

제3국 보리의 도장 **에히메** 144
Day 13 ～ Day 21
★★39번 엔코지 ～ 65번 산카쿠지

제2국 수행의 도장 **고치** 92
Day 08 ～ Day 12
★23번 야쿠오지 ～ 38번 곤고후쿠지

★ 23번 야쿠오지까지가 제1국 도쿠시마현에 속한다.
★★ 39번 엔코지까지가 제2국 고치현에 속한다.

제4국 열반의 도장 **가가와**
Day 22 ~ Day 28
66번 운펜지 ~ 88번 오쿠보지　222

제1국 발심의 도장 **도쿠시마**
Day 01 ~ Day 07
1번 료젠지 ~ 22번 보도지　16

부록
시코쿠 순례여행을 준비하며 읽은 책들 … 298
순례의 방법 … 304
알아두면 좋은 순례 용어들 … 312
불상에 대한 상식 … 315

전설 따라 시코쿠 삼천리
신들의 이야기 속으로

★ ●안의 번호는 1~88번까지 사찰 번호. 각 사찰에 전하는 전설과 괴담은 해당 쪽 수를 참조할 것.

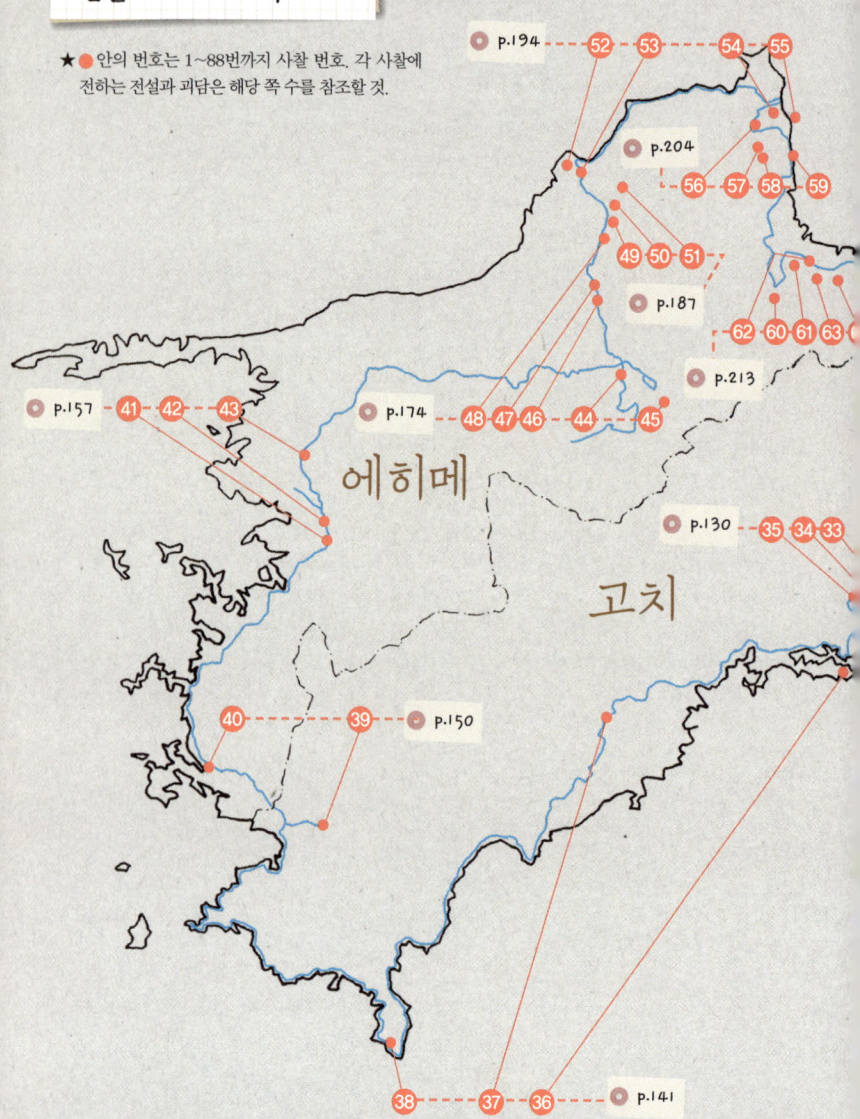

★일본인들은 왜 오지조우 상을 좋아할까? … 53
★일본의 노래 와카 … 112

발심의 도장
도쿠시마

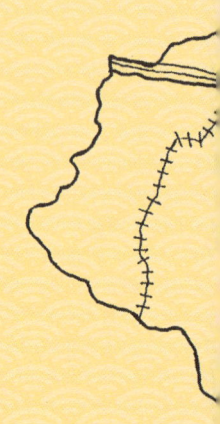

도쿠시마德島현은 시코쿠 4국 중 제1국으로, 옛 이름은 아와阿波다. 88순례길 측면에서는 발심의 도장發心の道場으로서, 순례를 생각하고 행동을 실천하는 장으로 여겨지는데, 1번부터 23번까지 23개 사찰이 있으며 총 210km의 거리다.

Day 01 _ 3월 10일 화요일

오늘의 숙소

· **미치시루베**道しるべ 旅人の宿 (0886-72-6171 / http://www.h7.dion.ne.jp)
· 숙박비 2,100엔, 석식 1,050엔, 조식 525엔(예약 필수). JR 이타노板野역에 내려 전화를 하면 차로 데리러 오며, 다음날 1번 절까지 데려다 줌. 깔끔하고, 도미토리와 개인침실 중 골라 묵을 수 있다.

첫날, 사찰 순례를 시작한 이들이 숙소로 모여들었다. 모두 일본인으로 각자 자신의 집으로부터 출발하여 1~3번 절을 마치고 이 숙소로 돌아온 이들이었다.

순례 첫날을 마치고 들어온 터라 그런지 다들 설레는 표정이 역력하다. 언어 소통이 시원스럽지는 않지만 도보여행자들 사이에는 이심전심으로 통하는 웃음이 있지 않은가.

그들과 달리 아직 순례를 시작하지 않은 유키와 내게, 주인아저씨는 친절하게도 순례 장비는 2번 사찰에서 준비하는 게 저렴하다고 귀띔을 해준다.

방은 다다미방으로 벽에 걸린 난방 겸용 에어컨을 쓸 수 있게 되어 있었다. 남녀 숙소가 나뉘어져 있었고, 목욕탕은 하나이지만 남성이 사용하는 시간과 여성이 사용하는 시간을 정해놓아 문밖에 남성, 여성이란 글자가 쓰여진 나무명패를 걸어놓고 쓴다.

남성과 여성 중 인원이 많은 쪽에 먼저 시간이 배정되었는데 오늘은 여성이 많았다. 욕조는 세 사람이 사용할 수 있을 정도의 크기였고, 욕조 가득 따근한 물이 찰랑거렸다. 거기서 벌거벗은 몸으로 처음으로 일본 순례자와 인사를 나누게 되었다. 모녀지간인 이들은 내가 한국에서 왔다니까 놀라면서 반가움을 표했지만 목욕탕에서의 인사는 쑥스럽기만 하다. 말이 술술 통하질 않으니 일본 특유의 응응거리는 효과음이 더 자주 동원되는 듯하다. 그 응응 효과음의 박자에 맞추어 온몸에 비누거품을 문지르며 나누는 인사였다.

내 방은 더 이상의 손님이 없어 혼자 독차지했다. 하지만 나의 시코쿠 순례 계획을 듣고 기꺼이 흑기사로 동참해준 일본인 친구 유키는 도미토리 방을 다른 이들과 함께 쓴다. 오사카에서 온 63세의 도보순례자와 홋카이도에서 온 55세의 자동차순례자다.

Day 02 _ 3월 11일 수요일

오늘의 숙소
· 6번 사찰 안라쿠지 경내의 츠쿠보宿坊
· 6,500엔(2식 포함). 1번 사찰부터 걸어서 7번까지 마침

오늘의 사찰
1일 합계 : 17.5km
1번 료젠지靈山寺(1.4km, 30분) → 2번 고쿠라쿠지極樂寺(2.6km, 40분) → 3번 고센지今泉寺(5.0km, 1시간 30분) → 4번 다이니치지大日寺(2.0km, 30분) → 5번 지조지地藏寺(5.3km, 1시간 30분) → 6번 안라쿠지安樂寺(1.2km, 20분) → 7번 주라쿠지十樂寺

마음부터 씻으며 걸으리라

사찰의 사무는 7시에 시작한다. 필요한 순례용품을 준비하기 위해 숙소 주인장의 도움으로 서둘러 1번 사찰에 도착하니 6시 30분을 막 넘기는 시간이다.

순례인증 도장을 받을 납경장, 명함 대신 쓰는 납찰, 코우보대사의 화신으로 '동행이인'의 징표인 금강지팡이, 염주, 삿갓, 흰옷, 두타봉투라는 가방, 딸랑거리는 방울인 지령, 목에 걸어 가슴에 드리우는 약식가사인 와게사까지, 순례용품 항목은 다양하지만 이 모두를 꼭 갖춰야 하는 건 아니다.

엔화가 워낙 비쌌으므로 미리 서울 인사동에서 작은 한지 노트

둘을 사서, 도장과 묵서를 받을 납경장으로 들고 왔다. 하나는 내가 쓰고, 하나는 유키에게 선물로 줄 거다. 예상대로 납경장은 서울에서보다 세 배나 비쌌다. 유키는 버스로 시코쿠 순례를 한 아내가 쓰던 순례용품들을 챙겨왔다. 그래서 우리에게 당장 필요한 것은 지팡이였는데, 숙소 주인의 권고대로 2번 사찰에서 사기로 했다.

이른 아침의 침묵 속에 가라앉은 1번 료젠지. 아침 햇빛도 들지 않은 가운데 본당 향불의 연기만이 피어오르고 있었다.

일본 사찰에 들른 일본 순례자답게 유키가 앞장섰다. 산문을 들어서며 모자를 벗고 인사를 했다. 그리곤 미즈야水屋로 가서 입을 헹구고 손을 씻는다. 미즈야의 물통에는 세심洗心이라고 선명하게 새겨져 있다. 입과 손보다 마음을 먼저 씻으라는 가르침이 새벽 산문 안에서 더욱 오롯하여, 절로 숙연해진다. 미즈야 오른편에 작은 연못이 있는데 금빛의 아기동자들이 두 손을 모으고 하늘을 향해 기도를 하는 모습이 곳곳에 놓여 있었다. 본당을 향해 왼편으로는 13불상이 있다. 이 불상들은 망자의 명복을 비는 것들이라고 한다. 유키는 본당에 오르는 계단을 올라 배낭을 내려놓고 와게사를 꺼내 목

에 두른 뒤 촛불과 향을 피우고 납찰상자에 납찰을 넣고 나무상자에 돈을 넣은 뒤 합장을 했다. 상자에 떨어지는 동전 소리가 한참 동안 본당 안을 울린다. 합장 후 몇 발자국 물러나 반야심경을 낭송하는 유키의 모습이 제법 진지하다.

어둔 오렌지색 등불이 촘촘히 걸려 있는 본당 안은 벌써 향불 연기로 가득했다. 향불 연기의 끝을 따라 천정을 바라보니 용이 내려다본다. 순례자들은 이 용의 위엄 속에서 순례자가 지켜야 할 십선계를 받아 순례를 시작한다. 십선계 중 특히 이번에 내 가슴에 새길 말은 8번 불간탐不慳貪, 즉 "욕심 부리지 않는다"이다. 그래, 이 악물고 빨리 내빼는 식으로 욕심 부려 걷지 않으리라. 무리한 일정을 감행하지 않으리라. 또 9번 불진에不瞋恚, 즉 "화내지 않는다"! 물론 화낼 일이 뭐 있을까마는, 그래도 어지간한 불편함은 참선수행으로 생각하면서 걷도록 한다! 마지막 10번 불사견不邪見, "좋지 않는 생각을 하지 않는다"는 계율도 가슴에 새긴다. 곤란하고 괴로운 일이 생겨도 푸념하지 않고 수행이라 생각하며 나는 걸을 것이다.

유키가 절에서의 순례법에 따라 의식을 행한 뒤 본당 안에 있는 납경소로 들어갔다. 납경소 안에 순례용품들이 가지런히 진열되어 있었다. 납경장은 여러 형태이다. 88사찰의 본당이 그려져 있는 것과 무지로 된 것, 이미 만들어져 있는 족자에 도장과 묵서만 받아 집으로 돌아가서 그대로 걸어둘 수 있는 것까지 가격별로 다양했다. 도장을 받을 수 있도록 각 절의 번호와 도장이 붉은 색으로 프린트된 흰옷도 있었다. 난 인사동에서 사온 전통 한지로 만들어진 무지노트를 기분 좋게 꺼내 묵서를 납경해주는 이에게 내밀었다. 납경을 받은

후 내 납경장 겉표지에 아무 제목도 없는데 거기다 그의 글씨로 납경장임을 나타내주는 글씨를 써달라고 정중하게 부탁했다. 御朱印帖. 1번 절 료젠지의 납경 담당자인 이사오富本勳상이 무표정하게 써준 내 납경장의 제목이다.

납경을 받고 나오니 순례자들이 속속 산문으로 들어오고 있었다. 부지런히 발길을 돌려나오는데 유키가 산문을 나서면서 모자를 벗고 본당을 향해 인사를 한다. 그는 착실한 불자는 아니지만 자신을 지켜주는 신이 부동명왕이라고 믿고 있다.

산문을 나와 2번 절을 향했다. 시멘트길과 간혹 아스팔트길을 번갈아 걸으니 탄력이 없어 쉬 피곤해지는 느낌이다. 2번 고쿠라쿠지에서 코우보대사 지팡이를 샀다. 유키는 지팡이에 반야심경이 새겨진 것으로 샀고, 난 얇고 가벼운 것을 골랐다. 지팡이의 손잡이는 색깔이 다양한 천으로 주머니를 만들어 씌운다. 지팡이통에 잔뜩 꽂힌 지팡이들 사이에서 자기 것을 쉽게 찾기 위해서라고 한다. 난 초록빛

비단 모자를 쓴 지팡이를 선택했다.

산티아고 가는 길에서도 지팡이를 들고 다녔다. 처음에는 나무 지팡이 하나를 들고 다녔지만 지팡이의 유익함을 경험하고선 재차 산티아고를 걸을 때는 등산용 지팡이 두 개를 사용하며 걸었다. 발목 부상도 막고, 무릎이 훨씬 편안한 게 느껴진다. 장거리 도보여행자들에게 지팡이 두 개는 상비품이 된다. 독일과 벨기에에서 왔다는 이들이 막 사찰 입구로 들어왔다. 사업차 왔다가 88사찰 순례 맛보기를 하는 중인데, 훗날 시간을 내어 정식 순례를 해보고 싶다고 한다.

보통 절에 도착해 순례법대로 절을 들어서고 납경장을 받고 몇 곳을 둘러보면 2~30분이 후딱 흐른다. 부지런히 3번 절로 발길을 옮기는데 어느 집안에서 우리를 부르는 소리가 들렸다. "헨로상! 헨로상!" 아주머니 한 분이 대나무 바구니에 가지런히 주머니를 담아 나오셨다. 오세타이라며 하나씩 골라 가지라고 한다. 말로만 들었던 오세타이를 처음으로 받게 되었다. 예쁜 주머니를 하나 받고 서울에

서 준비해간 나의 기념품을 드렸다. "감사합니다. 이것은 제가 드리는 오세타이예요." 그분은 나보다 더 감격해하며 나의 오세타이를 받아들었다. 이 오세타이는 시코쿠에서만 경험할 수 있는 즐거움이다.

새 친구 크리스를 만나다

오늘은 사찰들이 멀지 않은 곳에 옹기종기 모여 있어, 1번에서 6번까지 다 해봤자 16km에 불과하다. 6번의 안라쿠지 본당을 들여다본 뒤 고개를 돌렸을 때다. 너울너울 춤추는 듯한 뽀얀 향불 연기들로 가득 찬 어두운 향로각 안으로 들어서는 키 큰 남자. 길고 풍성한 수염으로 얼굴을 반쯤 가린 그의 강렬한 눈과 마주쳤다. 삿갓에 하얀 백의 차림인 그는 마치 램프의 요정이 하얀 연기를 타고 갑자기 나타난 것 같기도 하고, 막 수행을 마치고 속세로 내려온 도인 같기도 했다. 크리스 피어스Chris Pearce. 그는 호주의 애들레이드에서 온 순례자이다. 숙소를 어디로 정할지 묻는 그에게 안라쿠지 츠쿠보를 권하면서 우리는 함께 안라쿠지에 머물게 되었다. 안라쿠지는 단체관광객을 우선으로 받지만 여유가 있으면 개인순례자도 받는다. 우리에게는 각자 다다미 열두 장이 깔린 방이 배정되었다.

숙소에서 배정해 준 저녁시간에 각자의 이름이 놓인 테이블에 앉아서 식사를 하는데, 승려가 나와 식사를 하기 전 무어라 이야기를 했지만 나의 짧은 일어 실력으로는 정말 알아들을 수가 없었다. 유키의 통역에 의하면 "한 알의 쌀에도 만인의 노력이 들어 있습니다.

한 방울의 물에도 천지의 은혜가 뿌려져 있습니다. 정성스럽게 마련된 음식이니 맛있게 드십시오"이다.

나는 무릎을 굽혀 바닥에 앉기가 힘든데, 몸집 큰 호주인인 크리스는 너무나 편안하게 앉아 식사를 했다. 함께 식사를 하는 사람들이 신기해하자 그는 가라데를 37년 동안 해왔기 때문이라고 설명했다. 왼손잡이인 크리스는 젓가락도 자유자재로 사용한다. 즐거운 식사 시간이 끝나면 원하는 이들은 저녁예불에 참석할 수 있다. 유키의 아내가 준 정보에 의하면, 이 저녁예불에 참석해야 절에서 일반적으로 공개하지 않는 절의 보물들을 볼 수 있다는 것! 유키, 크리스와 함께 들어선 본당의 강당 안에는 단체관광객이 앉아 있었고 우린 키 낮은 의자에 앉았다. 예불은 지루하게 이어진 긴 강연이었다. 난 뜻도 잘 모르는 강연에 금세 흥미를 잃고, 본당으로 가는 긴 실내 회랑에 걸린 보물급 만다라들과 각종 목조불상들을 넋놓고 바라보았다. 특히 목조불상들은 그리스 신화의 대리석 조각상들보다 더 정교하고 아름다웠다. 그 중심에 놀랍게도 백제의 금

동미륵보살 반가사유상과 같은 보살상이 있었다.

음음, 그러니까 대략 15년도 더 된 이야기다. 일본의 교토를 여행했을 때다. 조용하고 인적도 드문 고류지廣隆寺를 돌아보게 되었다. 일본 국보 1호인 목조 보관미륵보살 반가사유상이 거기 있다. 처음 그 반가사유상을 봤을 때의 감동은 지금도 생생하다. 다른 불상들에 비해 자그마했지만 그 기품이 대단했다. 신비롭고 고요한 미소는 거들먹거림 없이 편안하게 전달되었다. 한참동안 발길을 떼지 못하고 그 미소와 기품 속으로 흠뻑 빠졌던 경험을 잊을 수가 없다. 이 불상은 1897년 일본 국보로 지정된 이래 우리나라와 상관성이 있느니 없느니, 백제 혹은 신라에서 만들었을 것이라느니, 분분한 해석들이 있었는데, 어느 날 한 사건이 일어났다. 이 보살의 아름다움에 빠진 일본의 한 젊은이가 아무도 모르는 사이 미륵보살의 볼에 입을 맞추려다 그만 새끼손가락을 부러트리는 사고를 일으켰다. 놀라운 건 내가 찾아갔을 때도 아무런 보호장치 없이 전시되고 있었다는 거다! 정말, 나도 용감하게 만져보려고 했으면 얼마든지 그럴 수 있을 수준이었다. (지금은 늘 지키는 이가 있다고 한다.) 이 사건을 통해 보관미륵보살 반가사유상이 일본에 없는 한국의 적송으로 만들어졌음이 밝혀졌고, 이제 일본은 빼고 백제인이나 신라인 중 누가 만들었느냐에 대한 의견만 팽팽히 오가고 있다고 한다.

그런데 오늘도 우리 선조가 만들었음직한 미륵 반가사유상을 이곳 안라쿠지에서 만나는 행운을 얻은 것이다. 감상할 시간이 길게 주어지지 않아 서운했지만 말이다. 시코쿠 사찰 순례 첫 날, 반가운 미륵 반가사유상과 멋진 크리스를 만났다. 행복해할 이유 충분하다.

전설 따라 시코쿠 삼천리

1번_료젠지 靈山寺

전화번호 0886-89-1111 | 숙소 없음
찾아가기: JR고토쿠선 반도역T05에서 도보로 15분 정도

나라시대 쇼무천황의 기원에 따라 행기스님(668-749)이 연 절이다. 코우보대사(774-835)가 시코쿠를 돌며 이곳에서 21일간 수행을 할 때다. 하늘에서 사람이 나타나 사람들을 구하기 위해 88개의 절을 열기 바라며 이곳을 제1번으로 정하라는 말을 하고 사라졌다고 한다. 그 후 이곳에 석가여래를 새겨 본존으로 모시고 석가가 불교의 가르침을 설명했던 인도의 영산靈山을 절 이름으로 삼았다. 이 절을 처음 연 행기스님은 백제 왕인 박사의 후손으로 오사카의 바닷가 사카이에서 태어나 78세에 왕실 조정 최고의 대승정이 된 인물로 일본 불교와 고승을 논할 때 빠뜨릴 수 없는 위인이다. 자비와 자선으로 불우한 중생들을 보살피며 불교문화를 꽃피워, 당대의 살아 있는 보살로 평가받은 인물이다. 749년 쇼무천황은 행기로 인해 불교에 심취, 왕위를 딸에게 넘겨주고 스스로 머리를 깎고 출가했다. 그해 행기스님은 82세로 입적했다.

2번_고쿠라쿠지 極樂寺

전화번호 0886-89-1122 | 숙소 있음
찾아가기: 1번에서 1.4km 위치, 도보로 30분 정도

나루토 바다로부터 고쿠라쿠지는 꽤 떨어져 있는데도 이 절에 아미타여래를 본존으로 모시자 그 바다가 번쩍번쩍 강렬하게 빛나기 시작했다. 그 빛이 너무 센 나머지, 넉넉히 잡히던 물고기가 자취를 감춰버려 어부들의 시름이 깊어졌다. 그 이유를 의아해하던 어부들은 아미타여래의 후광이 원인이라고 생각하기 시작했다. 그렇지만 불심이 높았던 어부들이 고마운 아미타여래를 어찌하지는 못하고 전전긍긍하던 차 고쿠라쿠지 스님과 상담을 했는데 스님은 후광을 차단하는 방법으로 앞에 작은 산을 쌓아 올리는 것을 허락했다. 그러자 후광이 차단되어 나루토 바다에 전처럼 많은 물고기들이 몰려들었다는 것. 경내에는 코우보대사가 심었다는 장명삼으로 불리는 나무가 있으며, '순산 기원의 절'로서 아이를 원하는 여인들이 즐겨 찾는 사찰이다.

3번_고센지 金泉寺

전화번호 0886-72-1087 | 숙소 없음
찾아가기: ① JR고토쿠선 이타노阪野T07에서 도보 10분. ② 2번에서 2.6km, 도보로 40분. 차를 기다리는 것보다 걷는 것이 더 빠름.

고센지 경내에 들어가면 우측에 관음상이 있다. 이 성관세음은 '이길 운의 관음'으로 불리는데 대단히 운이 강한 관음으로 알려져 있다. 옛날 미나모토노 요시츠네가 야시마의 백과홍 전투로 향하는 도중 이 절에 들러 성관세음에게 승리를 기원했다. 그러자 성관세음은 요시츠네의 힘이 센지 약한지를 확인하기 위해 경내의 큰 돌을 들게 했는데 그 큰 돌을 번쩍 들어올렸다는 것이다. 이에 요시츠네는 몹시 만족하여 전투에 나가 대승을 거두었다고 한다. 이때 들었다는 돌이 뜰에 아직 남아 있으며, 현재에도 인생의 운과 사업의 개운을 기원하러 오는 참배객이 반드시 들르는 절이다.

4번_다이니치지大日寺

전화번호 0886-72-1225 | 숙소 없음
찾아가기: ① JR고토쿠선 이타노역107에서 가지야하라행 버스를 타고 라칸 정류장 하차, 도보 45분.
② 3번 사찰에서 5km, 도보 1시간 30분. 버스를 기다리는 것보다 걷는 게 좋을 듯.

일명 '정적의 절'로 불릴 정도로 숲과 나무들에 둘러싸인 고적한 절이다. 종루를 겸한 산문을 들어가면 본당이 있는데 본당과 대사당을 잇는 회랑에는 33체의 관음상이 있다. 유리로 막아 놓았지만 그 아름다운 모습을 살피는 데는 방해가 되지 않는다.

불교에서는 저승에 사는 악마로부터 이승의 모든 사람, 그리고 부처에 이르기까지 그 모두가 33체이며, 자비로운 관음은 이 33체로 화신한다는 것이다. 그래서 33체는 전체요 모두를 뜻하는 것이다. 우리나라에서도 고려 때 과거에서 33인을 뽑았는데 이것은 33인의 목민관으로 하여금 백성과 일체감을 갖게 하기 위함이며, 기우제에서도 동자 33명이 비를 빌었으니 모든 백성이 비를 갈구한다는 뜻을 담은 형식이었다. 1919년의 3·1독립선언 민족대표 33인도 전민족의 참여를 상징적으로 뜻하는 것이었다.

5번_지조지地蔵寺

전화번호 0886-72-4111 | 숙소 없음
찾아가기: ① JR고토쿠선 이타노역에서 가지야하라행 버스를 타고 라칸 정류장 하차, 도보 5분. ② 4번에서 2km, 도보 30분.

본당의 은행 노목은 대사가 직접 심었다고 전해진다. 본존불은 승군지장보살勝軍地藏菩薩인데, 시코쿠 88개소 중 이곳만이 유일하게 승군지장보살을 모신 절이다. 이곳의 명물 중 하나로 정말 다양한 표정의 오백나한을 꼽을 수 있다. 아와시마신을 모시는 아와시마당이란 작은 절집에 전하는 전설에 따르면, 수백년 전부터 '아와시마씨의 수세미'라는 전통이 있는데, 병명을 적은 종이를 마른 수세미 안에 넣고 일주일간 기도를 하면 병이 낫는다고 한다. 또 병든 여인은 소중한 머리카락을 잘라 아와시마씨에게 바치고 소원을 빌었다고 한다. 수세미는 한방에서도 약재로 쓰고 있다.

6번_안라쿠지 安樂寺

전화번호 0886-94-2046 | 경내에 숙소 있음(★강추숙소) | 6,500엔(2식 포함. 품격 있는 식사가 제공됨). 저녁예불에 참석하면 본당으로 이르는 회랑에 있는 멋진 보물들을 볼 수 있으며 아름다운 백제 관음상도 볼 수 있다.

찾아가기: ① JR고토쿠선 이타노역에서 가지야하라행 버스를 타고 히가시하라 정류장 하차, 도보 10분. ② 5번에서 5.2km, 도보 1시간 30분.

대사께서 소나무 숲속에서 예불을 드릴 때이다. 화살 하나가 대사를 향하여 날아왔다. 그런데 대사 옆의 소나무 작은 가지가 바람도 없는데 휘어지며 이 화살을 대신 받았다. 화살을 쏜 사람은 근처에 사는 젊은이로, 다리가 서지 않는 병으로 괴로움을 겪는 부친에게 멧돼지를 잡아드리려고 하던 중 잘못하여 대사를 향해 화살을 쏘았던 것이다. 이때 대사께서는 42세 대액의 해로 운이 아주 나쁜 때였다. 그러나 약사여래의 덕분으로 대액을 피할 수 있었으므로 대사는 기분 좋게 이 젊은이를 용서하였다. 젊은이에게는 화살로 접힌 작은 소나무 가지를 액막이의 기념으로 거꾸로 심게 했다. 이튿날 아침부터 젊은이의 부친은 다리를 쓸 수 있게 되는 기적이 일어났다. 이때 심은 소나무가 지금도 경내에 남아 있으며 '거꾸로 심은 소나무'라고 불린다.

7번_주라쿠지 十樂寺

전화번호 0886-95-2150 | 숙소 있음

찾아가기: ① JR고토쿠선 이타노역에서 가지야하라행 버스 타고 히가시하라 정류장 하차, 도보 25분. ② 6번에서 1.2km, 도보 20분.

본존은 아미타여래이다. 코우보대사는 인간이 가진 여덟 가지 고난을 넘어 열 가지 즐거움을 얻을 수 있도록 절 이름을 주라쿠十樂라고 했다. 몹시 넓은 가람이었으나 400년 전화戰火로 불탔다. 이때의 주지 진연은 불타는 본당에서 본존불, 협불, 사리불, 경문 등을 꺼내 다이몬원이라고 하는 곳까지 지고 날랐다고 한다. 산문을 들어서면 미즈코(유산한 아이) 공양의 지장보살 70체가 나란히 있다. 본당 왼쪽의 지장보살을 만지면 눈병에 효과가 있다고. 천정에는 용의 그림이 그려져 있는데 이 용의 위엄 아래에서 순례자가 지켜야 할 십선계와 삼신조를 받아 순례를 시작한다고 한다.

Day 03 _ 3월 12일 목요일

오늘의 숙소

· 비즈니스호텔 OIKE (★강추숙소) (0883-24-2459)
· 6,500엔(2식 포함) | 11번 후지이데라 근처인데 절까지 픽업을 나오며 이튿날 아침엔 다시 데려다준다. 음식 맛이 좋고, 주인 또한 친절함. 원하면 커피도 오세타이로 줌. (다른 곳에서는 커피값을 따로 청구하기도 하니까, 요주엔 넙죽넙죽 받아 먹었다간 나중에 흡~ 하고 놀라기 십상이다.)

오늘의 사찰

1일 합계 : 19.5km

8번 구마다니지熊谷寺(4.2km, 1시간 10분) → 9번 호린지法輪寺(2.4km, 30분) → 10번 기리하타지切幡寺(3.7km, 1시간) → 11번 후지이데라藤井寺(9.2km, 2시간 30분)

그대를 만난 것이 내 인생의 큰 기쁨이요 행운입니다

사찰의 아침 제공이 7시여서 출발이 늦었으나 여유를 갖고 걷기로 했다. 어제 저녁과 아침을 먹으며 얼굴을 익힌 일본 순례자들과 사찰에서 마주치기도 하고 헤어지기도 하며 마을 골목길과 지방도로를 따라 걷는다. 부부가 함께 온 순례자가 있는데 표정의 변화가 거의 없는 아내와 달리 남편 얼굴에선 환한 웃음이 떠나질 않았다. 그는 진정한 마음으로 순례를 하고 있다. 본전과 대사당에서 촛불을 밝히고 향을 태우며 경문을 낭독하는 몸짓 하나하나가 정성스럽다. 반면 아내는 마지못해 따라나선 모양새가 역력하다. 사실 이 부부는 남편이 원하여서 순례에 나섰다. 건강이 좋지 않은 아내의 쾌유를 기원하기 위해 나선 길이다. 사연을 알고 나니 그녀의 무표정을 조금 이해할 수 있었다.

크리스 피어스가 내게 정중하게 물었다. "난 너와 동행하고 싶은데, 유키와 네게 방해가 되지 않을까?" 난 대환영이다. 오히려 그가 혼자 걷고 싶다고 말할까 걱정이었는데, 뭘! 단 하루 같이 길을 걸었을 뿐이지만, 난 그가 편한 길동무임을 단박에 알아차렸다. 오래 전에는 목수였던 크리스는 대형 교통사고를 겪은 후 직업을 바꿔 37년째 가라데 지도자로 도장을 운영하며 지낸다. 가라데를 배우기 전에 태권도와 유도, 검도도 해 보았지만 가라데가 좋았다고 한다. 가라데로 인하여 일본과 만나고 승급 검증을 위해 자주 일본을 다녀가는 등 일본에 익숙해지면서, 일본

의 문화와 역사에도 관심을 기울였고, 그러다 88사찰 순례를 알게 되어 이번에 두 달 일정으로 여행을 온 것이다.

키가 185는 넘어 보이지만 얼굴을 덮고 있는 풍성한 흰 수염 때문인지 인자하고 평화로워 보이는 인상이다. 안경 너머 크리스의 눈빛은 형형했다. 처음 본 사람들이 나를 곧잘 일본인으로 생각하지만, 크리스는 단연코 길에서 돋보이는 서양인이며 언제나 상냥하게 먼저 인사를 하기에 인기 만점이다. 그를 본 일본인들은 산타클로스 같다며 웃음을 터뜨린다. 나와 유키는 크리스와 얘기하며 영어를 업그레이드시키고, 나는 또 크리스와 더불어 유키에게 일본어를 배우며 길을 걷고 있다.

1번부터 9번까지는 평지였다. 포장된 길만 아니라면 더 좋을 텐데. 마을길에 접어들면 집집마다 화사한 꽃들과 구부리고 늘어뜨려 멋지게 모양을 잡은 소나무들이 곳곳에서 "잠깐만요! 제가 한 몸매 하거든요"라며 맵시를 뽐내곤 했다. 그러다 불쑥 나타난 오르막길. 10번 기리하타지로 가는 길은 처음으로 만나는 가파른 언덕이다.

그래서인지 10번 길 초입의 오른쪽 우동가게에서 배낭을 맡아준다. 크리스의 배낭은 15kg 정도로 텐트와 침낭까지 있어서 한눈에도 무거워 보인다. (그는 88사찰 순례 후 좀 더 머물며 야영을 할 계획이다.) 우린 배낭을 그곳에 벗어두고 홀가분하게 10번을 올랐다. 액운을 막아준다는 계단이 나타났다. 여자는 32세, 남자는 42세에 대액운이 낀다는 것. 액운이 든 나이의 남녀는 계단에 동전을 놓고 오른다는데, 그래서 계단마다 1엔짜리 은색 동전들이 놓여 있었다.

본당과 대사당 위로 계단을 더 올라가면 멋진 나무로 만든 튼실

해 보이는 이중 다보탑이 놓여 있다. 이 기리하타지는 계단이 많아 힘들었지만 계단을 오를수록 아래로 멋진 풍경이 펼쳐져 허거거리며 오르는 고달픔이 제값을 했다.

배낭을 맡아준 우동집의 노인부부가 뽑아주는 수타 면발이 맛있었다. 우동 집 수건에 적힌 짧은 시가 눈길을 끌었다. "인생에 너를 만난 것이 내게는 큰 기쁨이요 행운이다." 크리스는 가볍게 손뼉을 치더니 내게 그 말을 해주었다. "내가 너에게 쓰는 시 한 편이네. 당신을 만난 것이 내게 큰 기쁨이요 행운이라오." 그러면서 내게 손을 내미는 제스처를 하는 크리스. 우리 셋은 이 말을 주고받으며 서로를 격려했다.

유키는 그새 물집이 생겨 고생이다. 그는 흰색 면 양발을 신었는데, 장거리 도보여행에는 어울리지 않는 품목이다. 땀에 젖고 발을 뜨겁게 만들기 때문이다. 물집은 그 결과다. 출발 전에 유키와 메일을 주고받으며, 산티아고 가는 길에서 물집 때문에 고생하던 유키의 모습이 떠올라 "신발과 양말 선택을 필히 잘하길 바란다"고 했건만… 크리스와 난 기능성 양말을 신었기 때문에 발은 항상 쾌적했다. 장거리 도보여행자는 적어도 발을 보호하는 데는 돈을 아끼지 말아야 한다.

11번 가는 길은 멀다. 평야를 흐르는 폭넓고 긴 요시노가와시강을 가로질러 건넜다. 강둑에 올라서 걸어온 길을 뒤돌아보니 하늘이 맑고 깨끗하여 저 멀리 이중 다보탑이 보였다.

4, 5월이면 보라색 등나무 꽃이 만발하여 절경을 이룬다는 후지이데라는 아직은 벚꽃만이 피어 우릴 반겼다. 이곳에서 쇼산지까지는

12.7km이다. 보통 이 정도의 거리는 3시간 반 정도면 간다. 그러나 가이드북은 8시간 거리라고 안내하고 있다. 일명 '헨로고로가시'로 불리는 코스이다. 헨로는 오헨로상, 즉 순례자를 말하고, 고로가시는 '넘어진다'는 뜻이니, 순례자들을 괴롭히는 난코스를 일컫는 말이다. 88개소를 도는 동안 이 헨로고로가시가 모두 9곳이 나오는데 12번 쇼산지 가는 길이 그 첫 번째다. 물론 버스를 타고 우회해 갈 수도 있다. 그렇지만 우린 걷기로 했다. 당찬 순례자답게! 걷기 시작한 지 이제 겨우 이틀째인데, 뭘!

미리 예약한 비즈니스호텔 주인장이 후지이데라로 우리를 데리러 왔다. 젊은 사람이다. 서울에 한국인 친구도 있다는 이 젊은 주인은 무척 친절하다. 숙소는 서양식과 다다미식이 겸비되어 있다. 생선회와 튀김, 생선조림, 우리네 김치처럼 일본의 식탁에 꼭 오르는 음식인 우메보시 등 이집 음식은 별점 다섯을 주고 싶을만큼 빼어났다. 매실 절임인 우메보시는 에도시대부터 만들어졌다고 하는데, 매실이 피를 맑게 하는 정혈작용과 아울러 해독, 살균 효능까지 있어, 도쿠가와 이에야스의 건강식으로 유명했다는 것. 이 매실 절임 맛이 올리브 절임 맛처럼 다양한데 어떤 경우는 너무 새큼해서 먹기가 힘들었다. 3년 묵은 우메보시가 제일 맛있다는데, 이집 우메보시가 딱 그 정도인지 자꾸만 손이 갔다. 정말 최적의 맛이었다.

저녁 식사 시간에 첫날 민숙에서 만났던 순례자 마사히로 상을 만났다. 발심의 도장인 제1국 도쿠시마현만 돌고 돌아간다는 사람이다. 마사히로 상은 은퇴 후 처음으로 걷기를 시작했는데 경험 삼아 일국만 순례한 후 돌아갔다가, 다시 제2국부터 순례를 재개해 완주할 생각이라고 한다.

저녁 식사 중에 비가 내리기 시작했다. 모든 순례자들이 젓가락질을 멈추고 시름 깊은 표정으로 창밖을 내다본다. 내일도 종일 비가 온다는 예보다. 헨로고로가시 길을 넘을 텐데 비가 오다니…. 염려가 깊어지는 가운데, 시코쿠 섬에서의 셋째 밤도 깊어간다.

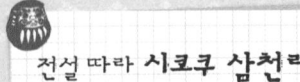

8번_구마다니지 熊谷寺

전화번호 0886-95-2065 | 숙소 없음

찾아가기: ① JR도쿠시마선 가모지마역B09에서 도쿠시마역행 버스를 타고 니조나카 정류장 하차, 도보 1시간. ② 7번에서 4.2km, 도보 1시간.

이 절의 안쪽에 있는 골짜기에서 수행을 하던 코우보대사가 등신대의 천수관음보살을 새기고 그 태내에 금으로 만든 작은 관음상을 납입하여 절을 열었다. 1687년 완성한 산문은 시코쿠에서 제일 큰 산문이다. 산문 좌우를 지키는 인왕상에 기이한 전설이 전한다. 이유는 알 수 없지만 이곳의 인왕상을 7번 사찰 주라쿠지로 옮겨야 했다. 마을사람들이 총동원되어 하루 걸려 무사히 주라쿠지로 옮기고 예를 올렸는데 하룻밤 지나고 보니 인왕상이 구마다니지 산문으로 되돌아와 있었다는 것. 놀란 마을 사람들은 다시 힘들여 주라쿠지로 옮겼지만, 다음 날 아침 다시 돌아와 산문에 서 있는 것이 아닌가. 이런 일이 몇 차례 거듭되자 결국 주라쿠지로 옮기는 것을 포기하였고, 그 덕분에 지금도 이 두 멋진 인왕상이 구마다니지 산문을 지키고 서 있는 것이다. 경내에는 용이 누운 것처럼 가지를 낮게 펼친 '와룡의 송'이 사람들의 눈길을 끈다.

9번_호린지 法輪寺

전화번호 0886-95-2080 | 숙소 없음

찾아가기: ① JR도쿠시마선 가모지마역B09에서 도쿠시마역행 버스를 타고 니조나카 정류장 하차, 도보 20분. ② 8번에서 2.3km, 도보 40분.

사방이 논밭으로 둘러싸인 곳에 자리 잡은 호린지는 코우보대사가 이 부근의 샘에서 불교에서 귀한 영물인 흰뱀을 발견하고 절을 지은 데서 시작되었다. 이 절의 본존불은 시코쿠에서 하나뿐이라는 석가여래 열반상이다. 하지만 너무 귀해도 탈이다. 1년에 한 번 공개한다는 것. 그래서 직접 볼 수는 없었다. 대신 본당에 순례자들이 튼튼한 다리로 순례를 마치도록 기원하는 작은 짚신들이 잔뜩 봉납되어 있는 것을 볼 수 있다.

10번_기리하타지 切幡寺

전화번호 0883-36-3010 | 숙소 없음

찾아가기: ① JR도쿠시마선 가모지마역B09에서 도쿠시마역행 버스를 타고 니조나카 버스정류장 하차, 도보 1시간 30분. ② 9번에서 3.7km, 도보 1시간.

기리하타지의 이중탑은 현의 문화재이다. 1번에서 9번까지는 평지에 위치해 있지만 기리하타지는 가파른 언덕길을 올라간 높은 산중에 있다. 이곳에 하타키리はたきり 관음이 있다. 산기슭에서 옷감을 짜며 혼자 살던 소녀가 있었다. 어느 날 이곳을 지나던 궁핍한 옷차림의 스님이 소녀의 집에 들러 헤진 옷을 수선할 옷감을 찾자 소녀는 아낌없이 새 옷감을 내놓았다. 감격한 스님이 소원을 말하라 하니 소녀는

"아버지는 무고한 죄로 유배되었고 임신한 어머니는 관음 덕으로 이곳에서 소녀를 낳았습니다. 어머니는 부처를 시중드는 몸이 되어 관음처럼 사람들을 구하고 싶다는 소원이 있었으나 소원을 이루지 못하고 돌아가셨습니다. 하여 소녀는 어머니를 대신해 부처를 시중드는 몸이 되어 사람을 구하고 싶습니다"라고 말했다. 스님이 소녀의 소원을 들어주어 출가를 시키자마자 소녀는 바로 천수관음보살의 모습으로 바뀌었다고 한다. 불교용어로 '즉신성불'을 했다는 것인데, 물론 그 스님은 코우보대사이다. '하타키리'는 '직물을 자른다'는 의미로 이곳 관음보살의 닉네임이 되었고, 절 이름인 기리하타切幡(먹수건을 자름) 또한 그와 연관되어 있다.

11번_후지이데라 藤井寺

전화번호 0883-24-2384 | 숙소 없음(인근 호텔 Oike 강추)

찾아가기: ① JR도쿠시마선 가모지마역B09에서 도보 40분. ② 10번 사찰에서 9.2km, 도보 2시간 30분.

후지이데라藤井寺의 등藤은 등나무이다. 절의 이름대로 경내에는 코우보대사가 손수 심었다는 등나무가 무성하다. 이곳에서 대사가 약사여래를 새겨 본존으로 열고 바위 위에 앉아 17일간 수행을 한 뒤 오색의 등나무를 심은 데서 사찰의 이름이 생겨났다. 4~5월에 걸쳐 보라색의 등나무 꽃이 필 때면 최고의 절경을 보여주는 절이다. 이곳의 약사여래는 액막이 약사로 불리는데, 예부터 후지이데라는 몇 번이나 전쟁과 화재로 인해 경내의 건물이 소실되는 재앙을 겪었으나, 그때마다 이 약사여래만은 스스로 피난을 하거나 주지에 의해 옮겨져 무사하였다. 이 본존상에는 1148이라는 기록이 남아 있어 만들어진 연호를 알 수 있으며, 시코쿠 영지 최고의 불상으로 국보로도 지정되어 있다.

Day 04 _ 3월 13일 금요일

오늘의 숙소

· **료칸 카도야**かどや

· 6,500엔(7,200엔) | 13번 다이니치지 바로 옆이다. 숙박비가 7,200엔이라고 해서 비싸다고 했더니 금세 6,500엔으로 할인해줬으나, 오세타이인줄 알고 아침 저녁으로 먹은 커피 두 잔 값을 700엔이나 받았다. 친절하지도 않다. 인근에 다른 숙소도 있다.

오늘의 사찰

1일 합계 : 12.7km

12번 쇼산지燒山寺 (12.7km, 8시간)

쇼산지를 내려와 마을 초입에 요리이나카 버스정류장이 있다. 이 버스를 타고 다이니치지로 간다(하루 3회 운행. 7:25, 13:15, 16:31. 요금 250엔). 16:31 차를 타고 약 10분 걸리는 곳에서 도쿠시마역으로 가는 버스를 갈아탄다. 버스를 내린 곳에 서 있으면 몇 분 후(16:48) 버스가 온다(16:00, 17:45, 18:45도 있는데, 17:45차는 토·일요일 운행 안 함. 요금 720엔). 이 버스를 타고 다이니치지에서 내렸다. 원래 다이니치지 츠쿠보에 머물려고 했는데 하루 쉬는 바람에 료칸에 머물게 되었다.

헨로고로가시 길의 승려 이구치

비가 내리는 가운데 후지이데라에서 출발했다. 숙소 주인장이 친절하게 차로 후지이데라 주차장까지 데려다 주었다. 빗속에 순례길 떠나는 오헨로들에게 건네는 오세타이. 그 배려하는 맘이 따뜻하다. (실은 사찰과 떨어진 곳에 숙소를 운영하는 경우 대개 이런 서비스들을 해준다. 그래도, 오세타이로 생각하고 감사하는 게 순례자들의

도리에 더 합당해 보인다.)

11번 후지이데라 앞에 도착하니 7시 반. 어제 납경을 받아두었으니 곧장 12번을 향해 출발이다. 본당 가까이 신사가 있는데, 그 사이로 난 좁은 길에 12번 쇼산지로 가는 길을 알리는 이정표가 서 있다. 거기서부터 계속 오르막 길이지만, 길가에 88사찰의 미니어처들이 펼쳐져 있어 볼거리가 풍부하다. 시코쿠를 통틀어 가장 아름다운 길을 꼽으라면 이 길도 마땅히 포함될 정도로 빼어나고 멋진 길이다.

88사찰 순례길에서 여덟 군데에 이르는 유독 험한 구간을 헨로고로가시라고 부르는데, 오늘 그 첫 번째를 가는 것이다. 각오를 단단히 하고 접어든 산길, 작은 오지조우 상(지장보살의 애칭)들이 끊임없이 길을 안내하는데, 마치 여행자를 돕는 그리스의 신 헤르메스 같다. "오하이오, 오지조우 상! 아리가또, 오지조우 상!" 때론 세련된 여인으로, 때론 귀여운 아이로 나타나는 오지조우 상에게 우리는 흥겨운 인사를 건넸다. 보살상의 다양한 표정에 흐뭇해하며 헨로고로가시의 고달픔을 달랬다.

빗줄기는 간혹 강풍을 동반하기도 했는데, 누구든 앞서가는 이가 특히 조심해야할 구간이다 싶으면 고함을 질러 경고했다. "헨로고로가시! 헨로고로가시!" 물론 감탄사처럼 쓰는 거지만, 문자 그대로 번역하면 "순례자 자빠진다, 순례자 자빠진다"이니, 그 외침이 터질 때마다 우린 함께 키득댔다. 워낙 험한 길이 비 때문에 더욱 미끄러웠다. 비 내리는 중에도 이런 즐거운 인사말들을 나누며 가니 걷는 즐거움이 더욱 컸다.

등산으로 단련된 유키는 산다람쥐처럼 산을 잘 탔다. 무거운 가방을 짊어진 크리스도 가라데 사범답게 꾸준히 앞서갔다. 지팡이에 의지하여 낑낑거리며 가파른 길을 올라오는 나를 내려다보며 두 사람이 위에서 한 목소리로 노래를 부른다. "You are my sunshine, my only sunshine. You make me happy~" 내 화답의 노래도 "You make me happy~"이다.

힘겹게 정상에 올라 일망무제로 펼쳐진 넓은 들판과 마을을 굽어보며 숨을 고른 뒤 봉우리 하나를 넘어 작은 당을 만났다. 비가 내리고 일찍 오른 탓인지 아직 문이 닫혀 있다. 누군가가 봉헌한 넉넉한 미소의 미즈코(유산한 아이) 공양의 지장보살이 우리를 맞아주었다. 그 미소가 크리스를 닮았다. 순례길을 알리는 표지가 잘 되어 있어서 길을 잃을 염려는 없다. 길은 험한데서 잃어버리는 게 아니라 늘 편한 곳에서 잃어버리곤 한다. 험한 곳일수록 곳곳에 길 표시가 잘 되어 있기 때문이다.

복사꽃이 꽃망울을 막 터트리고 있는 과수원을 지났다. 복사꽃 늘어진 한 편에 아직도 비린내가 진동하는 야생 멧돼지 털을 널어놓았다. 환한 스마일 아이콘이 대번에 찡그린 아이콘으로 돌변하는 순간이다. 그래도 길은 멋지다. '아니, 이 정도를 헨로고로가시라고 한다고?' 그렇게 여유를 부릴 정도였다.

산 하나를 넘어 다른 산을 오르기 전 아침에 숙소에서 오세타이로 싸준 주먹밥을 먹었다. 우메보시가 가운데 콕 박힌 주먹밥은 꿀맛이었다. 배가 고프기도 했지만 주먹밥 하나 싸는 데 기울인 정성이 여간 아니었기 때문이다. 짧은 휴식 후 길은 또 가파른 산길로 이

어진다. 아차하면 자빠질만큼 미끄럽고 거칠었다. 산속은 아름드리 소나무와 삼나무들로 빼곡했다. 열병하듯이 줄을 지어 서서 순례자를 위해 길을 안내하는 소나무들의 맵시가 어찌나 탐스러운지!

비까지 내려 더욱 조심스러운 길. 온몸이 뻐근하도록 잔뜩 힘주어 걷느라 뻣뻣한 마네킹처럼 되기 직전에야 겨우 쇼산지에 도착했다. 거대한 삼나무와 소나무에 둘러싸인 쇼산지는 어둡고 고요했다. 유키와 크리스가 정성스럽게 순례의 예를 올리고 경내를 둘러본 뒤 납경을 받고 쉬고 있는데 승려와 신도 일행이 산문으로 들어선다.

안면이 있는 승려 이구치 세이시요우井口靖章 일행이다. 젊은 승려 이구치는 유쾌한 사람으로 사찰 신도들을 데리고 버스 순례를 하는 중이다. 그는 6번 안라쿠지에서 아침에 출발하는 크리스와 내게 편백나무 가루를 개미 눈물방울만큼씩 손바닥에 뿌려주었다. 피로 회복에 좋다면서. 향 가루에서는 진한 나무냄새가 났다. 그 향의 상쾌함이 코 끝에, 가슴속에 오래도록 풍겼었는데….

9번 호린지에서 다시 만났을 때에는 오세타이라며 순례 캐릭터가 그려진 스티커를 주었다. 이제 12번 쇼산지에서 세 번째 만난 것이다. 오늘은 폼 나는 금강지팡이에 옛날 우리나라 순라군 같은 복장에 삿갓을 썼다. 그 옷이 매우 잘 어울렸다. 이구치 승려는 오늘 일부 젊은 신도들과 함께 후지이데라에서부터 걸어왔다고 한다. 영어를 좀 하는 그는 자신의 캐릭터가 그려진 명함을 주고 그 명함을 드린 분들을 위해 특히 알츠하이머가 걸리지 않도록 사찰에서 늘 기원을 해준다고 한다. 아마도 고마운 승려 이구치를 다시 만나긴 어려울 것이다. 버스로 이동하는 그들 일행과 일정이 갈수록 벌어질 것

이기 때문이다. 나는 이구치가 늘 기도하는 명함을 받았기에 절대로 알츠하이머가 걸리지 않을 것으로 믿을 것이다. 크리스는 명함을 다시 한 번 더 챙기며 자신의 머리를 쓰다듬으며 내게 윙크를 했다. '그래, 크리스. 당신한테도 알츠하이머 따위는 없을 거야!'

비는 거의 멈추었지만 비에 젖은 길이 미끄러운 가운데 하산 길에 들어섰다. 난 네 번이나 넘어졌다. 유키는 "킴 고로가시"라며 깔깔거렸지만, 어휴, 그건 웃을 일이 아니었다. 얼마나 아팠는지 모른다. 크리스도 넘어졌다. 오직 유키만 넘어지지 않고 헨로고로가시 구간을 벗어나 산 아래 마을로 내려왔다.

마을 공터에서 지역특산품을 팔던 노인들이 오세타이로 커피를 내주었다. 오세타이를 대접 받으면 순례자는 납찰을 써서 건넴으로써 감사의 뜻을 표한다. 이런 납찰들이 그 집이나 가게에 촘촘하게 붙어 있는데, 이곳 휴게소에도 빛바랜 납찰지들이 수두룩했다.

노인들은 군고구마를 팔았는데, 너무 반가워 하나를 덜컥 샀다. 고구마 하나가 300엔. 그러니까 대충 4,500원이었다. 300엔을 300원으로 깜빡 착각한거다! 고구마 하나를 셋이 나눠먹으니 맛이 더 좋다. 이곳까지 오는 데 정말 딱 8시간이 걸렸다. 겨우 13km 정도를 말이다. 50m도 못가서 쉴 정도의 가파른 등산길도 있었지만, 무엇보다 빗길이어서 더 힘들었다. 헨로 고로가시! 킴 고로가시! 크리스 고로가시! 하지만 어떤가, 첫 고로가시 길은 멋지기만 했다.

> 일본인들은 왜
> 오지조우 상을 좋아할까?

88사찰 순례길에서도 수없이 만나게 되는 지장보살 오지조우 상. 일본을 여행하다 보면 시골과 산길은 물론 도쿄 같은 큰 도심지의 길모퉁이나 주택가 곳곳에서도 지장보살을 볼 수 있다. 처음에 작은 지장보살을 보았을 때 서울 곳곳의 스카이라인을 수놓는 수많은 십자가를 떠올린 적이 있다. 땅에 서 있는 지장, 하늘을 향해 솟은 십자가, 그 수많음이란 정말 대단하지 않은가!

일본인들은 지장보살을 오지조우 사마라고 존칭한다. 오지조우 사마는 대개 돌로 조각한 보살상인데 보통 1m 내외이다. 그런데 시코쿠의 산길에는 30~50cm 크기의 지장보살상들이 이정표처럼 늘어서 있다. 때론 너무 작아서 눈에 띄지 못하고 지나치는 경우도 많다. 이 지장보살상 앞에는 꽃이 놓여 있기도 하고 초와 향불이 켜 있기도 하고 돈이 놓여 있기도 하다. 대부분의 지장보살상은 거의 붉은 천으로 만든, 가끔은 다른 재밌는 천(가령 미키마우스나 하트 무늬)으로 만든 앞치마 같은 것을 목에 두르고 있다. 정말 산골 깊은 곳에 있는 오지조우 상도 멋진 앞치마를 두르고 있는 것으로 보아 누군가 늘 돌보고 있음을 알 수 있다.

일본인들은 오지조우 상을 특히 어린이들을 위한 수호자로 받든다. 어머니나 할머니들은 오지조우 상을 새겨 절이나 마을 입구, 길가, 집 등에 두고 늘 합장을 하며 건강하고 무사하게 잘 자라기를 기원한다. 유산한 산모도 유산한 아이를 돌봐주기를 지장보살에게 기원한다. 아이를 유산한 신심 깊은 산모는 깊은 산속에 지장보살을 세우고 죽은 아이를 위해 기도한다. 산중을 걷다 보면 화려한 바람개비가 길가에 꽂혀 있는 경우도 있는데 이것도 유산한 아이의 영혼을 위해 기도하는 어머니의 애절한 정성이라고 한다. 아이가 잠을 못자도 오지조우 상이다. 밤 울음을 멈추게 해주는 영험이 있는 오지조우 상도 있으니 말이다. 어려서부터 오지조우 상과 익숙한 청

소년들은 자라서도 그들의 수호자로 생각해 시험에 잘 붙도록 오가며 오지조우 상에게 합장기도를 올린다.

홍윤기 박사의 『일본문화 백과』에 도쿄의 유명한 지장보살 둘이 소개되어 있다. 하나는 네리마의 나카무라 하치만 신사의 지장당에 있는 '목 연결 지장보살'로, 그 이야기는 1932년으로 거슬러 올라간다. 나카무라 하치만 신사에는 목이 없이 몸뚱이만 있는 지장보살 석상이 있었다. 그 사실을 알게 된 한 여인이 자기 집에 있던 지장보살 머리를 갖고 와 맞춰보았는데, 서로 딱 들어맞아 지장당을 세우고 목을 연결시킨 지장보살을 모셨다. 이때 마침 실직한 지 3년째 되던 사람이 이 목 연결 지장보살을 찾아와 공양을 했다. 그 후 신통하게도 곧 취직이 되었다는 소식이 알려지면서, 목 연결 지장보살이 실직자 등에게 험험 있는 지장보살로 받들어진다.

또 다른 하나는 센소우지 가토우 지장보살로 1940년의 일화로부터 그 이야기가 시작된다. 센소우 근처에 살던 한 여인이 길을 가다 누군가 부르는 소리에 돌아보니 지장보살의 머리가 흙 속에서 나왔다고. 그래서 지장보살의 머리를 집어 드니, 다른 쪽에서도 소리가 나 그곳을 보니 관음석상의 머리가 나타났다는 것이다. 이 여인은 두 개의 석불 머리를 발견하고 근처를 살펴서 목이 잘린 몸체도 발견하여 서로 연결하여 센소우지에 안치시켰다고. 이 석상들의 머리가 부러진 것은 1868년 메이지유신 때 신불분리 정책을 펴며 군국주의 황국사상으로 불교탄압을 하면서 훼불을 할 때 벌어진 일이었다. 불상을 발견한 그 여인은 목과 몸이 분리된 지장보살상을 연결시키며 2차대전으로 전쟁에 끌려간 아들이 전쟁터에서 무사히 돌아오기를 바라는 기도를 올렸다고 한다. 그 여인의 아들은 무사히 전쟁터에서 귀환하였고 이로 인해 유명해졌다고 한다.

복을 비는 데 사랑이 빠질 수는 없다. 미모와 사랑을 성취시켜주는 오지조우 사마도 있는 것. 도쿄 미나토구의 사찰인 교쿠호우지에는 '화장하신 지장보살'이라는 뜻의 '오케쇼우 지장'이 있고 메구로구

의 절인 반류우지에는 화장품인 '흰 분'을 뜻하는 '오시로이 지장'이 유명하다.

오케쇼우 지장 이야기는 이렇다. 교쿠호우지의 스님이 전국을 돌며 수행하다가, 몹시 손상되어 다리 근처에 뒹굴고 있던 지장보살을 발견하고는 근처의 농가에서 흰 분을 얻어서 지장보살의 헐벗은 부분을 발라주며 정성껏 손질을 했다. 그리고 1651년에 지장당까지 세워서 안치했는데 그 후 이상하게도 스님의 얼굴이 훤하게 잘생긴 모습으로 변하게 되었다는 것이다. 이때부터 이 지장보살에게 화장을 해주면 그 사람도 아름다워진다는 소문이 퍼져 얼굴뿐만 아니라 온몸이 베이비파우더로 새하얗게 뒤덮일 정도였다고. 그 후 일본 각지의 지장보살의 얼굴들도 흰 분칠을 한 게 자주 목격된다고 한다.

메구로의 반류우지 지장보살 역시 흰 분을 칠한 하얀 얼굴에 새빨간 입술로, 오케쇼우 지장보살과 비슷하게 여성들의 사랑과 행복한 결혼의 소망을 이루는 효험으로 유명하다. 에도시대의 가부키 배우들이 이 오시로이 자장을 찾아와 지장보살에게 흰 분을 칠하고 자기 얼굴에도 흰 분을 잔뜩 칠하면서 잘생긴 얼굴과 행복을 소망했다고 한다. 오랜 세월동안 소망을 비는 이들로 인하여 오시로이 지장보살은 양쪽 볼이 움푹 팰 만큼 닳았다고 한다. "No pain, no fashion"이라더니, 아름다운 일본사람들을 위해 엉뚱하게도(?) 지장보살들은 살이 파이는 고역을 감내해야 했던 게다.

전설 따라 시코쿠 삼천리

12번_쇼산지 燒山寺

· 전화번호 0886-77-0112 | 숙소 있음
· 찾아가기: ① JR도쿠시마역T00/M00에서 요리이나카행 버스를 타고 종점에 내려, 쇼산지행 버스로 환승. 하차 후 도보 1시간 20분. 산을 오름. ② 11번에서 12.7km, 도보 8시간. 그 정도 거리면 4시간이면 충분하지만 해발 800m로 올라가는 길이 험해 오래 걸린다.

길고 험한 순례길이다. 산문을 들어서면 우람한 덩치의 삼나무가 본당으로 인도한다. 표고 800m의 산상에 있다. 11번 후지이데라를 지나 산봉우리 둘을 넘는데 산이 거칠고 미끄러운 돌들로 덮여 있다.

옛날 이 산에 불을 뿜는 마력을 가진 큰 뱀이 있어 마을에 내려와 날뛰거나 화염을 토해 농작물과 인명을 해쳤다. 수행자가 이곳에 와 부처를 모시자 큰 뱀이 점잖아졌는데 수행자가 물러나면 다시 날뛰었다. 이것을 들은 대사께서 고쿠조우虛空藏 즉 허공장보살의 도움을 빌어 뱀 굴을 큰 바위로 봉해버리고 야케야마지라 명명하고 절을 열었다.

Day 05 _ 3월 14일 토요일

오늘의 숙소

· **료칸 치바**ちば (0885-33-1508)
· 숙박비 4,000엔 | | 17번 이도지에서 18번 온잔지까지 18km 루트는 도쿠시마 도시 외곽으로 벗어나는 길로 하룻길이다. 그래서 버스로 건너뛰는 이들이 많다. 이도지 근처에 버스정류장이 있다. 이곳에서 버스를 타고 도쿠시마역으로 가서 역 옆의 버스정류장 6번 홈에서 16:15분에 출발하는 가라하야행 버스(30분 소요, 350엔)를 타고 온잔지마에 버스정류장에 하차한다. 내려서 온잔지 가는 길로 15분 정도 걸어가면 치바 료칸이 나온다. 여기서 숙박하지 않고 바로 온잔지에 들러서 19번 다쓰에지까지 4km를 더 가서 일정을 마쳐도 된다.

오늘의 사찰

1일 합계 : 29.8km

13번 다이니치지大日寺(22km, 8시간) → 14번 조라쿠지常樂寺(2.4km, 40분) → 15번 고쿠분지國分寺(0.8km, 15분) → 16번 간온지觀音寺(1.8km, 25분) → 17번 이도지井戶寺(2.8km, 45분)

다이니치지에 한국인이?

오늘도 비 내리는 가운데 출발을 했다. 다이니치지는 숙소 바로 옆에 있었다. 유키와 크리스가 촛불을 켜고 향을 피우는 동안 신사를 둘러봤다. 멋진 청동의 말은 빗속을 달릴 것처럼 시선을 멀리 두고 있었다. 다이니치지는 신불 분리 전에는 이 신사의 종무소와 같은 역할을 했었다. 그러니까 주인이 신사였던 것이다. 지금도 신사는 다이니치지 못지않게 화려하고 볼거리가 많다. 납경시간에 맞추어 다이니치지 납경소로 갔다. 납경을 해주던 여자 분이 내가 한국인

임을 알고서는, 다이니치지에 춤으로 유명한 한국인 김명자 씨가 있다고 일러주었다. 아쉽게도 그녀가 없어서 만나볼 수는 없었지만 납경소에서는 외국인에게만 준다는 다이니치지 방문 기념 수건을 내게 건네주었다.

아쿠이가와 강을 따라 가다 다리를 건너 마을을 지나면 14번 조라쿠지다. 멀지않은 곳의 고쿠분지를 들렀다 간온지 가는 길에 아주 큰 글씨로 '무료 숙박소'란 간판을 다리에다 붙여놓았다. 시코쿠 순례 첫날부터 무료 숙박소를 주의해 살펴보았는데, 내가 발견한 곳으로는 6번 안라쿠지 산문 누각에 하나, 12번 쇼산지로 가는 산길 하나를 넘어서 내려간 곳에 있는 작은 초막 하나, 그리고 오늘 이곳까지 세 군데다. 지나온 두 곳은 무료로 숙박할 수 있는 곳인지조차 모른다. 그리고 숙박하기에 적절치 않았다. 특히 여성 순례자에게는 말이다. 침낭 또한 필수이어야 한다. 이번에는 직접 확인해보려고 화살표를 따라 찾아가니 이곳 또한 바람막이를 해 놓은 것에 불과하고

잠잘 수 있는 곳은 다다미 12장 정도 크기의 평상이었다. 귀신 나오는 집 같았다. 스페인 카미노의 알베르게는 정말 저렴하고 이용하기 편했는데 그에 비해 시코쿠는 염가의 숙소 형편이 너무 열악했다. 이곳은 유스호스텔과 민숙, 료칸, 호텔 등을 이용해야 하는데 1박에 최하 2,100엔에서 5,000엔 수준이다. 식사가 포함되면 약 1,500~2,000엔 정도가 추가된다. 숙박만 저렴하게 해결된다면 곳곳의 편의점이나 저렴한 식당에서 식사를 해결하여 경비를 절약할 수 있겠지만, 끄응, 묘책이 없어 보인다.

17번에서 18번까지는 18km. 우린 버스를 이용하기로 했고 도쿠시마 시내에서 유키의 카메라를 사기로 했다. 이틀 전에 카메라를 떨어뜨려 고장이 났던 것. 17번 이도지를 마치고 유키의 오세타이로 택시를 타고 야마다란 가전제품 상가로 갔다. 구형 캐논 카메라를 싸게 살 수 있었다. 경품으로 12색 칼라 펜까지 덤으로 챙긴 뒤, 다시 택시를 타고 도쿠시마역으로 갔다.

오늘의 숙소는 18번 온잔지 인근. 버스 시간이 많이 남아 도쿠시마역 지하의 먹을거리 즐비한 식품매장에서 늦은 점심도 먹고 저녁과 아침거리도 장만하며 맛난 커피까지 즐겼다. 도쿠시마역에서 온잔지까지는 버스로 그리 멀지 않다.

오늘밤은 잠을 자려고 누웠는데도 정신줄이 어수선하게 꼬이는게, 차분해지질 않고 자꾸 산만한 기분에 시달린다. 간만에 대형 쇼핑몰에 푸드코트까지 어슬렁거렸던 탓이렷다?

묘선과 효선의 만남을 위하여

 2009년 7월 16일, 세워진 지 1,200년 가까이 된 일본의 유서 깊은 사찰에 한국인 여성이 주지 스님으로 임명되어 화제를 모았다. 그 주인공이 바로 지난 번 다이니치지를 갔을 때 납경소에서, 료칸에서, 식당에서, 내가 한국인임을 알면 바로 이름이 나오던 김명자라는 분이다. 김명자는 세속명이고 묘선이 법명인 이 분이 전통 깊은 시코쿠의 다이니치지 주지가 되었다는 뉴스가 연합뉴스에 실린 것이다.

 기사 내용을 요약하자면 이렇다. 오사카 한국문화원과 다이니치지 등에 따르면 김묘선 씨는 2007년 불가에 입문한 뒤 지난 4월부터 시코쿠 지역의 유명 사찰인 대일사大日寺·다이니치지의 주지를 맡아 절을 이끌고 있다. 주인공은 승무와 살풀이춤 등 한국 전통 무용가로 유명한 김묘선(52). 이 분은 인간문화재 이매방 선생에게 춤을 사사받고 2005년 문화재청에 의해 준문화재인 전수교육조교로 임명된 무용가이다. 다이니치지는 시코쿠 4국 순례 중 첫 번째 발심도량의 장인 도쿠시마현에 위치한 제13번 사찰로 815년에 세워져 창건 1,200년을 눈앞에 두고 있는 유서 깊은 사찰이다. 일본 불교의 양대 종파 중 하나인 진언종의 주요 사찰 중 하나이다. 시코쿠 순례길의 88사찰 중 외국인이 주지 스님 직에 오른 것은 처음인데, 더군다나 여성 주지의 취임 또한 김묘선 씨가 처음이라고 한다.

 이 분과 다이니치지의 인연은 한국의 전통춤에서 비롯되었다. 1995년 자신의 무용단을 이끌고 시코쿠에서 공연을 벌인 김명자 씨를 보고 다이니치지의 당시 주지였던 오구리 고에이大栗弘榮 스님은 김명자 씨와 춤의 매력에 흠뻑 빠졌다. 진언종은 스님의 결혼 즉 대처帶妻를 인정한다. 오구리 스님은 그녀를 만나기 위해 춤 공연을 빌미로 자주 초청하여 친분을 쌓고 드디어 김명자 씨에게 적극 구애를 하며 청혼했다. 스님의 청혼을 받아들여 두 사람은 이듬해 결혼을 했고, 이후 김명자 씨는 한국 국적을 그대로 유지한 채 한국과 일본을 비롯한 전 세계를 돌며 활발한 공연 활동을 펼쳤다.

제1국 도쿠시마현을 지날 때 만나는 사람마다 내게 "김명자! 김명자!"를 되뇐 이유도 그 때문이었다. 2007년 오구리 스님이 뇌경색으로 쓰러져 투병하다가 아내에게 다이니치지의 주지가 되어줄 것을 당부하고 숨을 거두었다. 김명자 씨는 스님의 유지를 받들어 불교에 귀의했고 밤을 새우며 공부에 매달린 끝에 8개월 만에 까다롭기로 유명한 일본의 승려자격시험에 합격했다. 1년 뒤에는 종단 고승들의 엄격한 심사를 통과해 주지 스님으로 임명되었다. 물론 전례 없이 외국인이자 여성이 주지 자리에 오르기까지 종단 내부에서 반대의 목소리가 있었지만, 수행에 정진하는 그녀의 정성과 노력을 인정한 종단이 뜻을 모아주었던 것이다.

인터뷰에서 그녀는 "불가 입문은 스님이 되기를 권했던 남편의 뜻과 당시 9살이었던 아들의 적극적인 권유 때문이기도 했지만 그동안 내게 많은 도움을 줘왔던 불교와의 보이지 않는 인연의 끈이 큰 힘이 되었다"고 했다. "앞으로 주지로 절과 신도들을 이끄는 한편으로 한국 무용을 세계에 알리는 활동도 꾸준히 계속할 것이고, 과거 일본에 불교를 전파했던 고대 한반도의 승려들이 그랬던 것처럼 승려와 무용가로서 한국과 일본의 다리 역할을 하고 싶다"는 게 그녀의 바람. 멋진 춤꾼 김명자 님! 멋진 김묘선 스님! 언제 다시 다이니치지로 간다면 인연이 되어 꼭 뵙고 싶습니다. 전 김효선이니까, 묘선과 효선의 만남을, 하하하!

전설 따라 시코쿠 삼천리

13번_다이니치지大日寺

전화번호 0886-44-0069 | 숙소 있음

찾아가기: ① JR도쿠시마역Too/Mooo에서 요리이나카행 버스를 타고 이치노미야 후다쇼마에 정류장 하차. 바로 그 앞임. ② 12번에서 22km, 도보 8시간. ③ 12번 쇼산지 버스정류장에서 버스를 타고 도쿠시마역 옆의 버스정류장 6번 홈에서 버스를 환승하여 타고 이치노미야 후다쇼마에서 내림. 바로 그 앞임.

코우보대사가 이곳에 당을 지어 수행을 하고 있을 때 대일여래가 출현해 절을 열었다. 그래서 대일여래가 본존이다. 다이니치지는 일명 '황태자의 절'이라고 불리는데, 바로 길 건너편 황태자 신사의 별당이었기 때문이다. 이 지역에서 아주 격이 높은 이치노미야의 신사의 사무를 보는 역할을 하는 곳이 다이니치지이다. 신불분리 이전에는 황태자 신사가 본당이었고 절은 납경소였다.

다이니치지에는 변소의 기적이 전해진다. 이곳 절의 12대 주지 륭에이와 상 때이다. 그 무렵에 본당 뒤 어둑한 대나무 숲 한쪽 구석에 당장 무너질 듯한 낡은 변소가 있었다. 폭설이 내린 어느 날 양다리가 불편한 순례자가 왔다. 여러 번의 순례로 륭에이와 상과도 낯익은 사이였다. 납경을 끝내고 부자유스런 걸음걸이로 변소로 갔다. 잠시 후 경내에 울음소리가 들려 무슨 일일까 싶어 변소로 가니 순례자의 양다리가 고쳐져 일어서게 되었는데 기쁜 나머지 울고 있었던 것이다. 오늘날 전설의 그 변소는 사라지고 이야기만 전해진다.

14번_죠라쿠지 常樂寺

전화번호 0886-42-0471 | 숙소 없음

찾아가기: ① JR도쿠시마역에서 요리이나카행 버스를 타고 죠라쿠지마에 정류장 하차, 도보 5분. ② 13번에서 2.4km, 도보 40분.

미륵보살을 본존으로 모시는 곳은 시코쿠에서 이곳뿐이다. 경내에 '유수바위의 뜰'이란 이름의 뜰이 있는데 물 흐르듯이 자연스럽게 노출된 암석이 계단으로부터 본당까지 이어진 모양을 하고 있다. 죠라쿠지에는 아라라기(떡갈나무)대사의 전설이 전한다. 본당 옆의 떡갈나무를 당뇨병을 앓던 노인에게 달여 먹이며 기원을 했는데 당뇨가 치료된 것이다. 이를 떡갈나무에 대사가 계심으로 하여 효험을 본 것이라고 여겨, 떡갈나무대사로 부르게 된 것이다.

15번_고쿠분지 國分寺

전화번호 0886-42-0525 | 숙소 없음

찾아가기: ① JR도쿠시마역에서 요리이나카행 버스를 타고 고쿠분지마에 정류장 하차, 도보 10분. ② 14번에서 0.8km, 도보 15분.

나라시대 쇼무천황이 행기보살을 시켜 건립한 절이다. 행기대사가 시코쿠에 세운 사찰만 30개에 이르니, 그 중 하나이다. 고쿠분지란 이름의 절은 시코쿠에 네 곳이 있다. 당시의 단위로 2정 사방 크기의 큰 토지에 금당이나 7층탑, 제당들이 줄지어 있었지만 쵸우소카베 모토치카의 병화로 인해 당이나 탑이 소실되었다. 코우보대사 시대 들어 법상종에서 진언종으로 개종하였다. 에도시대인 1741년에 다시 재건을 하여 조동종(일본의 주요 선종 중 하나)으로 개종하여 본당을 지어 현재에 이르고 있다. 이곳의 오슬사마명왕은 더러운 것을 제거해주는 역할을 맡는데 분노한 얼굴 모습으로 화장실의 수호신, 순산을 기원하는 신이다. 경내 전체가 도쿠시마현 지정 사적이다.

16번_간온지 觀音寺

전화번호 0886-42-2375 | 숙소 없음

찾아가기: ① JR도쿠시마선 고우역B04에서 도보 20분. ② 15번에서 1.8km, 도보 25분.

민가와 상점이 줄지어 선 골목을 따라가면 간온지가 나온다. 19세기의 일이다. 한 여성 순례자가 젖은 백의를 모닥불로 말리다가 옷에 불이 붙어 화상을 입게 되었다. 이 순례자는 시어머니를 타다 남은 땔감으로 때렸던 적이 있어 그 벌을 받았다고 생각을 했다. 그녀는 죄를 반성하고 불길에 싸인 여성의 그림을 이 절에 봉납했다고 한다. 요나키지조우라는 밤 울음 지장보살이 있는데 아이의 밤 울음에 영험이 있다고 한다. 아기가 밤에 너무 울어 힘에 부친 엄마들이 요나키지조우에게 밤 울음을 봉해주는 부탁을 하면 아기의 밤 울음이 안정된다고 하는 고마운 지장보살이다. 그래서 밤 울음 지장의 목에는 요즘도 여러 개의 턱받이가 걸려 있다.

17번_이도지 井戸寺

전화번호 0886-42-1324 | 숙소 있음

찾아가기: ① JR도쿠시마역에서 가쿠엔행 버스를 타고 이도지구치 정류장 하차. ② 16번에서 2.8km, 도보 45분.

이도지 즉 우물절의 유래는 이렇다. 이 지방의 물은 탁해 음료수로 좋지 않았다. 코우보대사가 수행하며 이곳에 오게 되었다. 마침 물로 곤란을 겪는 사람들을 위해 대사는 자기 지팡이로 하룻밤 동안 우물을 팠다. 그 우물에서 맑은 물이 나왔고, 그곳에 절을 열어 우물절이라 불렀던 것이다. 그 우물가에 대사의 얼굴을 그린 돌상을 새겨놓았는데 그 돌상이 작은 당 안에 니지켄다이시日限大師로 모셔져 있는데, 이는 일주일 혹은 한 달 등 기한을 정해 빠트리지 않고 참배를 하면 소원이 이루어진다고 해서 유래된 것이다.

Day 06 _ 3월 15일 일요일

오늘의 숙소

· 후레아이노사또ふれあいの里 (0885-44-2110) (http://fureai-sakamoto.hp.infoseek.co.jp)
· 숙박만 3,700엔(2식 포함이면 6,300엔) | 사카모토さかもと 폐교를 이용한 숙소로, 깨끗하고 친절하다.

오늘의 사찰

1일 합계 : 22.1km

18번 온잔지恩山寺(18km, 5시간 30분) → 19번 다츠에지立江寺(4.1km, 1시간)

오세타이로 걷는 길

굽이굽이 비탈길을 따라 오른 온잔지에 아침 햇살이 들기 시작했다. 실루엣이 묘하게 아름다웠다. 어디선가 지령을 흔들며 경문을 읽는 여인의 목소리가 들려오기 시작했다.

7시도 안 된 시간. 아직 납경소 문도 열지 않았다. 경문 소리가 끝나더니 갑자기 키 작고 검은 옷을 입은 젊은 여인이 햇살 속으로 들어왔다. "오하요 고자이마스!" 크리스가 다정한 목소리로 인사를 건넸는데 그녀는 화들짝 놀라 뒷걸음을 쳤다. 키가 큰 외국인을 보고 놀란 게다. 이내 손을 모아 고개 숙여 인사에 답을 하더니 종종거리며 다른 곳으로 가 다시 지령을 흔들며 경문을 외었다. 지령소리를 들어보니 그녀는 이 절의 모든 당을 도는 것 같다. 우리 일행이 납경을 받고 나올 때쯤 그녀는 이미 당을 다 돌았는데도 떠나지 않고 있었다. 귤을 오세타이로 주기 위해서 우리를 기다리고 있었던 것이다. 그녀는 차를 타고 온잔지 절 마당 주차장까지 왔다. 무슨 사연이 그리 깊어 이 절 곳곳을 정성스레 돌고 가는 것일까? 대사는 효도를 위해 이 절을 여인금지에서 풀었는데(82쪽 참조) 이 작은 여인도 어머니를 그리워함이던가?

새삼 돌아가신 나의 어머니가 그리워졌다. 난 어머니를 위해 무엇을 했던가? 일 년에 한번 추모예배에 참석하는 게 전부다. 이 여인은 어머니의 저승 삶의 편안함을 위하여 저리도 정성스럽게 기원을 한 것일까? 사찰을 마치고 내려오는 짧은 길, 엄마 생각에 그만 울컥 목이 멘다. 기대에 못 미친 딸이었고 애교 하나 없는 딸이었고 그저 받을 줄만 알던 철없는 딸이었다. '엄마, 나도 딸을 키워보니 엄마 심정 조금은 알겠어, 이제야 엄마에게 잘할 것 같은데… 엄마! 나 용서해줘.' 이 말은 생전에 드렸어야 할 말인데, 돌아가신 뒤 후회하는 못난 자식이 되고 말았다. 뜨거운 눈물이 쏟아졌다. 유키와 크리스에게 나의 눈물을 보이고 싶지 않아 뒤에 뚝 떨어져 걸으며 감정을 다스렸다.

내려오는 길에 좀 돌아가지만 예쁜 숲길을 따라 내려왔는데 그 사이 스쿠터를 타고 순례를 온 대학생들이 온잔지를 마치고 내려오고 있었다. 이들은 크리스를 보고서 같이 사진을 찍고 싶다며 멈춰섰다. 유쾌한 젊음들의 환호성이 한바탕 왁자하더니, 부르릉, 스쿠터 소음과 함께 그들이 먼저 내려갔다. 저 젊은이들에게 온잔지의 추억은 산타클로스 크리스가 될까? 내 온잔지의 추억은 그 키 작은 여인과 엄마 생각일 터. 같은 시간 같은 곳을 경험해도 모든 여행자는 저마다의 기억을 쌓는다. 하나 공통점이 있다면 그 여행의 기억을 자기 삶의 미래를 꿈꾸는 원동력으로 삼는 것일 테고.

　19번 다츠에지는 멀지 않은 곳에 있다. 고즈넉한 대나무 숲길이 아름답다. 마당과 밭, 들판에 막 피어나기 시작한 벚꽃과 복사꽃, 매화꽃들이 검은 기와지붕 일색인 마을을 화사하게 수놓고 있다. 가츠우라가와강을 따라 걷기도 하고 차가 빈번히 다니는 지방도로를 따라 걷기도 한다. 재밌는 것은 가끔 길가 둔덕에 뱀 경고판이 꽂혀 있는 것이다. 풀밭에 털썩 주저앉을 때는 무조건 조심!

　틀림없이 3월인데 이상기온으로 한여름 땡볕이 이글거린다. 더위 속을 걷다 배고프고 지칠 즈음 다코야키たこ燒 집에서 쉬게 되었다. 문어풀빵 다코야키는 계속 돌려가며 정성스레 익혀낸 거라, 일인당 550엔(커피+다코야키 10개)의 가격이 전혀 비싸게 느껴지지 않을 만큼 맛있었다. 거기서 잠시 앉아 쉬는데, 비번이라 쉰다는 경찰 아저씨가 딸기를 오세타이로 내왔다. 다코야키 집 주인장도 연양갱과 귤을 오세타이로 내놓았다. 배낭 무거워지는 게 걱정일 정도다. 넘치는 인심과 친절에 울적했던 내 기분이 다시 밝아지기 시작했다. 이 근처는 목재소가 유난히 많았다. 그때마다 크리스는 기웃기웃 관심이 많다. 얼쩡거리며 구경하는 우리를 발견했는지 어느새 나타난 목재소 주인이 차가운 캔 커피 오세타이를 들고 왔다.

하나인형축제

오늘 길을 걷는 가츠우라초勝浦町는 곳곳에 히나인형ひな人形(일본전통인형)을 장식해 놓았다. 중고차를 파는 곳에서는 일렬로 세워둔 차의 트렁크를 열어 인형을 전시했다. 집집마다 문밖에 히나단을 놓고 인형들을 전시하여 길을 걷는 즐거움이 크다. 이 가츠우라쵸는 빅히나축제로 유명한 곳이다. 매년 2월 하순에서 3월 하순 사이에 열리는데 올해는 2월 22일부터 3월 22까지다. 일본 전역에서 모여든 수많은 히나인형이 선보이는 축제이다. 그 히나축제의 하나로 큰 전시가 열리는 인형문화교류관을 오늘 지나게 된 것이다. 순례 중에 말로만 듣던 히나마츠리를 덤으로 보는 것이다. 입장료가 300엔이었지만, 유키의 능청맞은 애교 덕분에 오세타이로 입장을 했다.

이 히나마츠리ひなまつり는 오히나사마축제 혹은 모모노셋쿠もも

のせっく라고도 부르는데 복숭아꽃 절기에 펼쳐지는 액막이 행사라는 뜻이다. 홍윤기 박사의 『일본문화백과』를 보면, 옛날에 3월 첫 뱀날에 사람 몸에 붙은 재앙, 죄, 부정한 것들을 신에게 용서받기 위해서 심신을 깨끗이 하는 목욕재계와 같은 의식을 하거나 가진 물건을 버리는 풍속을 행했다고 한다. 그 당시에는 종이로 인형을 만들어서 소녀가 인형을 손으로 잔뜩 매만지고 나서 입김을 불어 넣은 것을 동네 샤만인 음양사가 강물에 띄워보냄으로써 인형이 소녀의 재앙을 대신 떠맡는 주술 퍼포먼스를 했다고. 원래 종이 인형을 쓰다가 나중에는 나무인형을 만들어 비단옷을 입히고 장식을 해 쓰면서 다이리비나だいりびな(천황궁의 왕족부부를 한 쌍으로 해서 만든 인형)라고 불리게 되었으며 여기서 히나마쓰리가 생긴 것이라고 한다.

즉 헤이안시대平安時代(794~1192) 초기부터 어린이의 무병장수를 기원하던 의식이 무로마치시대室町時代(1336~1573) 들어 절기 중 하나인 3월 3일로 고정되었고, 나아가 여자아이를 위한 마츠리로 정착하게 된 것은 에도시대江戸時代(1603~1867)부터이다. 실제로 서민들이 예쁘게 장식된 인형을 사게 된 것은 메이지시대明治時代(1868~1912)부터라고 한다. 옛날에는 어린이의 사망률이 높았기에 부모들의 애절한 소망을 담은 이런 의식이 천 년 이상의 시간을 두고 계속 이어졌을 것이다.

그런데 이런 풍습의 원형이 중국에도 있으며 고대 조선에도 음력 3월이 되면 소녀들의 각시놀이가 있었다고 한다. 각시놀이란 대나무 조각에다 풀뿌리를 실로 매고 머리를 땋아 가느다란 나무로 쪽을 지고 노랑저고리와 붉은 치마를 만들어 입혀 새 각시 모양을 만들고 이불, 요, 병풍까지 차려 놓는 놀이라고 한다. 일본의 히나마츠리가 백제인 칸무천황 지배의 헤이안시대를 전후해서 백제 등 우리나라에서 일본으로 건너간 것일 수도 있다는 게 홍 박사의 견해이다.

유래와 전래는 그렇고, 오늘날 히나마츠리는 여자어린이가 있는 각 가정에서 인형을 장식하는 히나단ひなだん(7단의 피라밋)에다 인형을 장식하는 축제가 되었다. 맨 위에는 병풍을 세우고 왕과 왕비를 앉힌다. 그 아랫단은 3명의 궁녀를, 그 밑단에는 5명의 악사들을, 그 아래에는 2명의 대신을, 그 밑엔 3명의 호위사관을 둔다. 대부분의 히나단은 7단이지만 인형의 수는 다르다. 히나단에는 인형만 전시하는 것이 아니다. 복숭아꽃 술 도오카슈とうかしゅ부터 해서 차를 달이는 다기 세트, 경대, 왕의 수레와 왕비의 가마, 악기 모형 등 다양한 것이 장식된다. 이 날을 위한 특별한 떡인 히시모치ひしもち(우리나라의 무지개떡과 같이 흰 색과 분홍색이 3단 정도로 쌓여 있다)와 쌀 튀김 과자 히나아라레ひなあられ(흰색과 분홍색으로 된 방울 같은 과자)도 준비되고, 꽃이 달린 복숭아 나무 가지를 사서 화병에 꽂아둔다. 인형과 장식품들이 모형이지만 대단히 정교하여서 가히 예술품 수준이다. 그러니 비싸다. 물론 소박하고 값싼 히나마츠리용 인형세트도 있어서 형편껏 하기도 한다. 그 중 태어나 처음으로 맞은 3월 3일을 장식한 히나인형은 히나닝교우ひなにんぎょう라고 해서 소중하게 보관하여 매년 히나단을 장식한다고 한다.

3월 3일 이후에는 히나단을 치우는데 그 이후에도 계속 전시를 하면 시집을 늦게 간다는 설 때문이라고. 가정에서 전시가 끝난 많은 인형들이 한곳으로 보내져 빅히나축제를 하는 곳 중 가장 큰 장소가 이곳 가츠우라초의 인형문화교류관이다. 이곳의 히나단 피라미드는 넉넉잡아 30단 정도 될 것 같다. 히나단 위에 삼만 개가 넘는 히나인형들이 전시되어 있다고 하니 그 규모를 짐작할 만하다. 이곳에서의 전시가 끝나면 히나인형보존회 회원으로 가입한 이들이 마음에 드는 인형들을 가져가 자기 집에 보관하기도 한다.

소녀들의 행복을 비는 특별한 행사로 3월 3일의 히나마츠리가 있다면, 5월 5일은 남자어린이를 위한 날이다. 천으로 만든 큰 잉어를 장대 높이 매달아서 깃발처럼 공중에서 바람결에 띄워두는 코히노보리こいのぼり가 그것이다. 일본을 여행하다 보면 이 코히노보리가 깃발처럼 바람에 너풀대는 것을 종종 보게 된다. 5월 5일은 쇼우부노셋쿠로 집집마다 창포절기의 액막이 행사를 갖는다고 한다. 집안에는 투구와 무사인형, 전투부대, 깃발 장식을 하고 마당에 코히노보리를 드높이 세우는 것이다.

잉어를 매다는 것은 중국고사에 나오는 등용문登龍門에서 유래했다. 중국 황하의 상류에 용문龍門이라는 급류가 있는데 그 밑에는 많은 잉어가 모여 살았다. 그 대부분이 급류를 오르지 못하는데, 만약 오르면 용이 된다는 것. 이것이 변해 과거에 급제하는 것을 지칭하게 되었고 오늘날에는 입신출세를 위한 관문과 운명을 결정짓는 중요한 시험을 뜻하는 말이 되었는데, 이 잉어처럼 아이들이 세상의 거센 물결을 헤치고 입신출세를 하길 바라는 마음으로 공중에 세우는 것이다. 그러니 이 또한 중국의 풍속에서 유래된 것이라 하겠다.

오늘 인형문화교류관에서는 히나인형 축제와 더불어 가츠우라 주민들의 자작패션쇼도 열렸다. 집에 늘 처박아두던 비싸고 불편한 기모노를 멋지게 리폼하여 활동복으로 입도록 만든 것을 본인들이 입고 나와 패션쇼를 하는 것이다. 올해 처음으로 하는 행사라고 하는데 그 열기가 제법 뜨거웠다. 꼬부

랑 할머니에서부터 중년이 훌쩍 넘은 평범한 몸매의 동네아줌마들이 모델로 나서 어색한 동작으로 무대를 돌아다녔지만, 그 어눌한 맵시가 내겐 감동적이었다.

오늘 우리가 머물 곳은 가츠우라에 있는 폐교를 숙소로 만들어 마을에서 운영하는 곳이다. 20번 가쿠린지를 가는 길에서 좀 벗어나 있지만 가쿠린지로 들어가는 길목에 있는 편의점에서 전화를 하면 데리러 오고, 다음날 그곳까지 데려다 주는 서비스를 하니 순례자들에겐 그리 불편할 게 없다.

우릴 데리러 온 아저씨는 특별서비스까지 해주었는데 토모아키 모리모토 씨 댁으로 우리를 데려다 준 것이다. 그 댁은 집 자체가 문화재급이다. 뒷마당은 마치 커다란 종을 엎어놓은 모양의 아름다운 산봉우리가 들어 앉아 있고 집 곳곳에 수많은 히나인형이 전시되어 있다. 에도시대의 진귀한 히나인형도 있다. 이 집의 히나인형 전시는 NHK와 다른 나라의 방송국에서도 촬영해 갈 정도로 유명하다. 집주인 부부는 겸손하고 소박한 분위기의 사람들이다. 집안 곳곳을 데리고 다니며 진귀한 인형들을 안내해주었다. 심지어 잘 세팅된 인형들 사이에 앉아서 사진을 찍으라며 권하기도 했다.

집을 나오며 잘 구경한 보답으로 준비해간 선물 중 한국 전통 복장을 입은 남녀가 있는 책갈피를 선물로 드렸더니 무척 고맙게 받아주었다. 대문을 나오려고 하니 주인아주머니가 선물을 들고 나온다. 전통과자를 오세타이로 주신 것이다. 이런, 내 감사의 답례가 그만 되로 주고 말로 받은 격이 되었다. 하하하!

숙소로 가는 길에 긴 마을 골목을 지날 때도 친절한 주인아저씨는 차를 세워놓고 집집마다 문 앞에 전시된 히나인형들을 보도록 배려를 해주었다. 이런 친절과 행사들로 인해 가츠우라초가 자꾸만 내 맘을 사로잡았다. 숙소는 예전 학교 건물로, 교실 전체를 다다미로 꾸민 방들이 크고 말끔했다. 단체손님이 오면 어른 30명도 너끈히 잘 수 있는 방이다. 유키와 크리스도 같은 크기의 방에 배정되었지만, 이들은 둘이 쓰고 난 독차지다! 목욕탕도 남녀로 분리되어 있었다. 이날 난 넓은 목욕탕을 혼자서 쓰는 호사를 누렸다. 맘껏 노래를 부르며 말이다. 목욕을 즐겁게 마치고 나오니 크리스가 봉투를 하나 준다. 그 안에는 오는 길에 들렀던 모리모토 씨 집에서 찍었던 사진들이 소복하게 들어 있었다. 이곳에 데리고 온 아저씨의 카메라로 찍은 것을 그 사이에 인화해서 우리에게 오세타이로 준 것이다. 오늘은 이른 아침부터 늦은 저녁까지 오세타이의 감동이 넘치고 또 넘치는 날이다.

18번_온잔지恩山寺

전화번호 0885-33-1218 | 숙소 없음

찾아가기: ① 도쿠시마기차역 옆에 버스정류장 6번 홈에서 가야하라행 버스를 타고(350엔) 온잔지마에 정류장 하차, 도보. ② 17번에서 18km, 도보 5시간 30분. ③ 17번 가까이 버스정류장에서 버스를 타고 도쿠시마역으로 간 뒤 ①번 방법대로 간다. ④ 온잔지 아래 마을에서 하루 묵고서, 아침에 배낭을 맡기고 온잔지 순례를 20분 정도에 끝내고 다시 내려와 배낭을 찾아 다음 목적지로 가도 좋다. ⑤ 17번을 끝내고 도쿠시마에서 하루나 이틀 정도 머물며 도쿠시마를 즐겨봄도 좋을 듯. 반대로 도쿠시마 시내 관광을 주로 하는 경우에도 주변 사찰을 둘러보면 좋을 것이다.

온잔지에 오르기 전 식당과 함께 운영되는 숙소가 있다. 도쿠시마기차역 지하에서 엑기벤도, 과일 등 다양한 먹을거리를 준비할 수 있다. 물론 료칸 식당에서 사먹을 수도 있다.

온잔지는 코마츠시마小松島로부터 남서로 들어간 산허리에 있다. 산문을 지나 경내까지 줄줄이 비탈길이다. 이곳에 코우보대사의 어머니 타마요리 고젠을 모시는 작은 당이 있다. 이 절은 쇼무천황에 의해 행기보살이 액막이를 위해서 약사여래를 본존으로 건립한 곳이다. 그 후 백 년 남짓 지나 대사가 이곳에 머물 때이다. 당시 이 절은 여인금지였다. 아들인 대사를 보기 위해 멀리 가가와현에서 온 어머니는 곁에 와서도 절에 오를 수 없었다. 만날 수 없음에 한탄하여 슬피 울었는데, 이를 들은 대사가 어머니를 위해 17일간 폭포를 맞아가며 여인해금의 비법을 기원했다.

대사의 소원은 이루어져 어머니를 모시고 절에 올라 열심히 효도를 다했다고 한다. 대사의 어머니는 불제자가 되기 위해 두발을 자르고 납입했다고 한다. 대사는 절의 이름을 모양산 보수원 은산사 즉 온잔지로 고쳐 스스로 상을 새겨 안치했다고 한다.

19번_다츠에지立江寺

전화번호 0885-37-1019 · 숙소 있음

찾아가기: ① JR무기선 다츠에역M08에서 도보 5분. ② 18번에서 4.1km, 도보 1시간. 18번에서 19번까지 걷는 길이 무척 아름답다.

이 절은 관소지關所寺 중 하나이다. 관소지는 코우보대사가 순례의 평상시 행동을 체크하는 절이다. 행동이 나쁘면 그보다 앞으로 나갈 수 없다고 한다. 관소지는 19번 다츠에지, 27번 고노미네지, 60번 요코미네지, 66번 운펜지 네 곳이다. 다츠에지에는 경과 쵸조우의 전설이 전한다. 옛날 시마네에 경이라는 기생이 있었다. 경은 오사카에서 기생을 할 때 요조라는 남자와 사랑을 했다. 고향에 돌아가 부부의 연을 맺었다. 그런데 경은 쵸조우라는 다른 남자를 만났다. 요조가 방해가 된 경은 쵸조우를 부추겨 요조를 살해하였다. 이 둘은 사누키의 마루가메로 도망쳤다. 일년 후 도망치는 신분을 숨기기 위함인지 죄의식 때문인지 이들은 순례를 하기 시작했다. 이들이 다츠에지 본당에서 소원을 빌려고 할 때 갑자기 경의 머리카락이 종의 밧줄에 감겨 올라갔다. 경은 괴로움에 주지에게 죄를 고백하고 참회를 했다. 그 후 경은 두발이 몽땅 살점까지 뜯긴 채 벗겨지고 겨우 목숨만 살아나 밧줄에서 풀려났다. 경과 쵸조우는 후회하며 요조의 영혼을 극진하게 섬겼다는 전설이다. 다츠에지에 가면 경의 두발이 보관된 작은 당을 살펴보길. 단, 온몸에 돋은 소름이 아주 오래가니, 그게 싫다면 패스~

Day 07 _ 3월 16일 월요일

오늘의 숙소

- **기요미**きよ美 **료칸** (0884-77-0550)
- 숙박만 3,500엔 | 22번을 마치고 23번까지(21km, 도보 7시간)는 기차로 이동. 아라타노역에서 타고 히와사역에서 내림.(시간표는 13:53, 14:46, 16:17, 17:27, 18:37) 히와사역을 등지고 왼쪽으로 도보 8분 거리다.

오늘의 사찰

1일 합계 : 32.0km
20번 가쿠린지鶴林寺 (14km, 5시간) (등산로 입구에서 약 3km, 1시간 30분 → 21번 다이류지太龍寺 (6.5km, 3시간) → 22번 보도지平等寺 (11.5km, 3시간 30분)

아름다운 기요미상

우린 숙소에 도착해 저녁을 먹고 쉬면서 다음날 일정, 묵을 숙소 예약 등을 처리한다. 어제 저녁, 오늘 묵을 숙소를 예약하며 유키가 여관주인과 통화를 할 때다. 크리스와 나는 유키가 숙소예약 전화를 할 때면 옆에 같이 앉아 전화가 끝날 때까지 기다린다. "예약을 하고 싶은데요. 방 있습니까? 남자 둘, 여자 한 명입니다. 아! 방이 있다구요. 그럼 예약을 하겠습니다. 저녁도 하겠습니다. (혹은, 숙박만 하고 싶습니다.) 우린 약 5시쯤에 도착할 겁니다. 혹시 저희가 19번에서 끝나는데 데리러 오실 수 있나요? 오실 수 있다고요 아! 감사합니다." 대충 이 정도면 금세 끝날 것 같은데, 오늘따라 내용을 알 수 없는 대화가 무지하게 길다. 유키의 대화가 끝나고 예약이 완료되었음은, 대화 중에 "다카오카 유키"라고 예약자의 이름을 일러주는 말과 "요로시쿠 오네가이시마스!"(잘 부탁드리겠습니다)라는 말이 들릴 때다. 이때까지 귀를 쫑긋 세우고 있던 크리스와 나는 하이파이브를 하며 예약 세리머니를 하곤 했다.

유키는 오늘따라 전화기 너머의 목소리가 상냥하고 꾀꼬리 소리만큼이나 듣기 좋다며 여관 주인이 미모의 젊은 여성일 거라고 했다. 어쩐지 "요로시쿠 오네가이시마스"를 더 정중하게 건네고 휴대폰을 접는 유키의 얼굴이 아연 기대감에 상기되어 있더라니.

20번 가쿠린지를 가는 길에서도 보았지만, 이곳까지 오는 동안 훌륭한 나무들이 많았다. 그래서인지 재목들이 쌓여 있는 목재소나 소규모의 목공소들이 퍽 많았다. 일본은 나무가 많은 나라이다. 그것도 아름드리 재목으로 쓸 수 있는 노송 노삼들이 많다. 그러니 예로부터 2층, 3층부터 7층에 이르는 목탑들이 즐비했다. 물론 난리와 화재로 많이 타버렸지만 아직도 남아 있는 아름다운 목탑들이 많다. 건축물이란 주변재료에서부터 달라짐을 실감한다. 우리나라의 탑들은 화강암 석탑이 주를 이룬다. 화강암을 쉽게 구할 수 있었기 때문일 것이고, 중국은 목탑과 석탑보다 흙을 구워 만든 전탑塼塔들이 많지 않던가. 넓은 땅 켜켜이 쌓여지는 진흙들이 쉽게 구할 수 있는 좋은 재료였을 테니 말이다. 일본은 나무가 많으니 목탑이 주를 이룬다. 가쿠린지에도 규모가 큰 3층 목탑인 다보탑(다보여래의 사리를 모신 탑, 또는 이를 근원으로 후세에 세워진 탑)이 있다. 토쿠시마현 최고라 한다.

오늘은 21번 다이류지에서 그동안 사찰에서 만나고 헤어지고를 거듭하면서 얼굴이 익숙해진, 동경에서 온 61세의 다카하라 상과 65세의 스미모토 상과 헤어진다. 이들과 자주 대화를 나누지는 못했다. 길을 걷는 속도가 달랐고, 숙소도 서로 달랐다. 그저 사찰 납경소나 경내에서 마주치면 웃으며 인사하고 또 헤어지며 지금까지 걸어왔는데 그것도 만나기가 힘들게 되었다. 이들은 온전히 걸어서 순례하는 아루키 헨로이다. 오로지 걸어서만 간다. 우린 이제부터 먼 거리는 기차와 버스를 이용해서 가기 때문에 내일부터는 일정 차이가 벌어진다. 다시 사찰에서 만나는 일도 없을 것임을 알기에 서로 덕담을 주고받으며 헤어졌다. 불교의 인연으로 설명하면 지금은 이렇게 스쳐가는 인연이지만 언젠가 더 좋은 인연으로 먼 세월 함께 걸을 날도 있지 않을까.

21번 다이류지를 마치고 내려가다 완벽한 순례복장을 한 여성 순례자를 만났다. 어찌나 야무지게 차려입었는지 보기가 좋았다. 상의는 흰 옷을 입고 머리에도 흰 두건을 두르고 삿갓을 썼다. 배낭은 한눈에 보기에도 그녀의 작은 키에 알맞게 보이고 장갑과 제대로 된 등산화에 산야봉투를 앞치마로 만들어 둘렀다. 자기 몸에 맞게 손수 만든 것이라고 하니, 야무져 보인 이유가 있었다. 코우보대사의 모자도 벗겨지지 않도록 단도리だんどり를 잘 했다. 교토에서 온 60세의 미지요 상이다.

그녀는 버스와 승용차로 이미 두 번 순례를 했고 세 번째인 지금은 도보 순례를 하는 중이다. 이미 두 번의 경험을 통해 야무지게 준비한 아루키 헨로 상이다. 그녀와 함께 쉬며 들은 얘기로는, 일본 순

례자들은 시코쿠를 먼저 자동차로 돌면서 아름다운 시코쿠에 매료되어 도보 순례를 나서게 된다는 것이다.

23번 야쿠오지로 JR무기선을 타고 가는 동안 유키는 들뜬 소년 같았다. "오! 아름다운 여인 기요미 상이 기다리는 야쿠오지로!" 히와사역에 도착해 한걸음에 기요미 여관을 찾았다. 아름다운 기요미 상, 어디 계세요? 여간 문을 열고 안으로 들어서니 전형적인 일본여인의 모습을 한 팔순 노인이 우리를 맞는다. 키 작고 주름 가득한 얼굴로 활짝 웃으며 우리를 맞는, 아, 아름다운 기요미 상! 기요미의 유난히 크고 비뚤비뚤한 치아가 눈에 들어왔다. 방을 배정받고 뒤돌아서서 아쉬워하는 유키에게 크리스가 위로(?)의 말을 건넸다.

"유키, 너무 아쉬워하지 마. 젊은 시절 기요미 상도 무지하게 이뻤을 거라구. 으하하하핫!"

전설 따라 시코쿠 삼천리

20번_가쿠린지 鶴林寺

전화번호 0885-42-3020 | 숙소 없음

찾아가기: ① JR도쿠시마역에서 요코세니시행 버스를 타고 이쿠나 정류장 하차. 도보 1시간 40분. ② 19번에서 14km, 도보 5시간. ③ 19번~20번 사이의 숙소에서 자고 걸어 올라가도 좋다. 이 경우 추천 숙소는 후레아이노사또 ふれあいの里 사카모토 さかもと.

가쿠린지 가는 길은 순례자가 울고 넘는다는 헨로고로가시 중 두 번째다. 해묵은 삼나무 숲속 깊고 깊은 곳에 자리 잡은 절이다. 아름드리 재목이 많은 나라, 일본. 그래서 절집의 탑을 우리나라의 석탑, 중국의 전탑과 달리 목탑이 많다. 이곳에도 3층 목탑이 있는데 도쿠시마현 최고라 한다. 가쿠린지는 '학의 숲'이란 뜻의 이름이다. 코우보대사가 이곳을 방문하였을 때 암수 두 마리의 학이 날개를 가려 6cm 크기의 금빛 지장보살을 지키고 있었다. 코우보대사는 약 90cm의 지장보살을 조각하여 그 안에 6cm의 작은 지장보살을 납입하고 본존으로 했다.

이 본존은 국보이며 별명이 시부지조 우矢負地蔵라고 한다. 옛날 절 기슭의 마을에 사냥꾼이 살았다. 어느 날 아무것도 사냥할 수 없었던 그는 궁리 끝에 가쿠린지의 산림에 가면 무엇인가 있을지 모른다고 생각하여 원래 살생금지 지역이었던 그곳으로 갔다. 한동안 숲속을 헤매던 사냥꾼은 큰 멧돼지를 발견하여 화살을 쏘아 명중시켰다. 그러나 화살을 맞은 멧돼지는 화살을 매달고 절의 본당으로 달려 들어갔다. 사냥꾼도 본당으로 따라 들어갔지만 그곳에서 멧돼지를 발견할 수 없었다. 이상하게 생각한 사냥꾼은 일의 자초지종을 주지에게 이야기하였다. 이를 이상하게 여긴 주지는 본존 지장이 모셔져 있는 함을 열었다. 그러자 본존 지장보살의 가슴에 화살이 꽂혀 있었다는 전설이다. 지장보살이 화살을 몸으로 막아 살생을 막았다는 전설인 것이다.

21번_다이류지 太龍寺

전화번호 0884-62-2021 | 숙소 없음
찾아가기: ① JR무기선 미노바야시역M13에서 가와구치행 버스를 타고 와지키히가시 정류장 하차, 로프웨이까지 도보 15분. ② 20번에서 6.5km, 도보 3시간.

다이류지는 세 번째 헨로고로가시이다. 6.5km 정도의 거리는 두 시간도 걸리지 않는데 세 시간이 걸린다는 것은 그만큼 길이 힘들다는 것이다. 이곳 역시 삼나무 거목들이 늘어선 곳이다. 표고 618m이다. 코우보대사 청년 시절의 수행 장소이다. 절의 이름이 암시하듯 이곳의 전설에는 용이 등장한다. 남사심악의 4km 끝에는 100m 남짓의 태용굴이란 종유석 동굴이 있다. 대사가 이곳을 방문했을 때 마을사람들이 모두 근심어린 얼굴을 하고 있어 그 연유를 물으니 큰 용이 나타나 마을사람들이 열심히 경작한 농작물을 망쳐버린다는 것이다. 대사는 이 용을 불법의 위력으로 벌 주어 이 태용굴에 가두고 바위로 봉했다고 한다. 이때 대사에 의해 절의 본존인 허공장보살을 새겨 안치했다고 한다. 그래서인지 지불당持佛堂 복도 천정에 지금도 용의 그림이 꿈틀거리고 있다.

22번_뵤도지 平等寺

전화번호 0884-36-3522 | 숙소 없음
찾아가기: ① JR무기선 아라타노역M16에서 도보 30분. ② 21번에서 11.5km, 도보 3시간 30분.

이 절의 이름 '평등'은 코우보대사가 모든 사람이 행복하기를, 모든 사람이 구제되기를 바라는 의미로 붙여졌다고 한다. 대사가 이곳을 방문했을 때 하늘에 오색의 서운이 길게 뻗치고 그중에 금빛으로 빛나는 범자梵字가 나타났다. 대사가 빌자 그 범자는 약사여래의 존상으로 바뀌었다. 그때 대사는 기도에 사용할 물이 필요해 우물을 하나 팠는데, 우물에서 젖과 같은 유백색의 영수가 솟아 흘러넘쳤다. 이 물로 몸을 맑게 한 대사는 100일간 수행한 뒤 약사여래를 새겨 본존으로 안치했다. 대사가 파놓은 우물에서는 지금도 아무리 가물어도 물이 샘솟고 있다. 이 우물은 개운의 우물로 여겨져 운수가 좋기를 바라는 사람이 찾아와 마시고 있으며, 만병에 효험이 있는데 특히 다리의 장애에 영험이 있다고 소문이 나 소중하게 여긴다고 한다. 천정에는 풀꽃 그림들이 그려져 있다. 잊지 말고 고개를 들어 천정을 보고 감탄하시길.

제2국

수행의 도장
고치

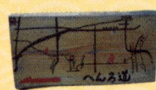

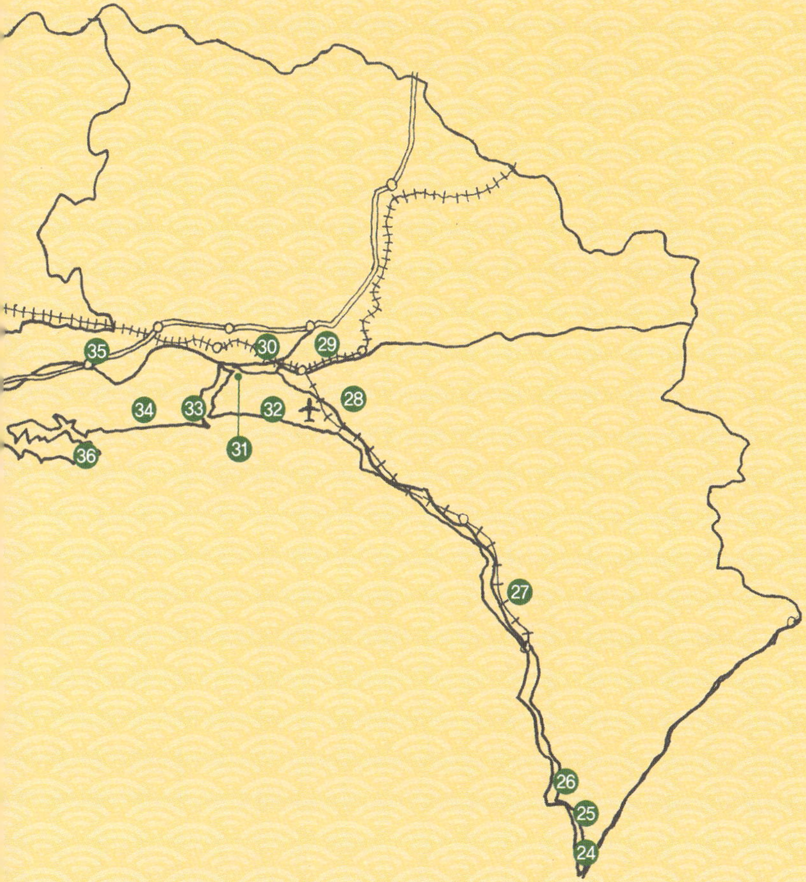

고치高知현은 시코쿠 4국 중 제2국으로 옛 이름은 도사土佐이다. 88순례길 측면에서는 수행의 도장修行の道場으로서, 순례를 하며 정신성을 높이는 훈련의 장이라고 여겨진다. 24번부터 39번까지 16개 사찰이 있으며 총 408km의 거리다.

Day 08 _ 3월 17일 화요일

오늘의 숙소

· 하마요시야浜吉屋 료칸 (0887-38-6589)
· 숙박비 4,000엔(석식 1,050엔, 조식 525엔, 예약 필수). 버스정류장에서 아주 가깝다. 27번 절 오르는 길목이기도 하다.

오늘의 사찰

1일 합계 : 108.0km

23번 야쿠오지藥王寺(21km, 7시간) 버스 이용 → 24번 호쓰미사키지最御崎寺(75km, 24시간) 기차 +버스 이용 → 25번 신쇼지津照寺(7km, 2시간) → 26번 곤고초지金剛頂寺(5km, 2시간) 택시 이용

고래 고기와 고래잡이 금지

23번 야쿠오지를 마치고 히와사역에서 출발하는 기차를 타니 순례자들이 여럿이다. 그 중 특히 곱게 화장하고 백의를 입은 멋쟁이 할머니 내외가 눈에 띄었다. 오사카에서 오신 70세의 할머니는 매년 봄 시코쿠 순례를 돌고 있다고 한다. 많은 순례자들이 이렇게 기차와 버스를 이용하기도 하며 순례를 한다. 온전히 걸어서만 가는 순례자, 관광버스 순례자, 홀로 또는 친구들과 승용차로 하는 순례자, 자전거 순례자, 오토바이 순례자 등 어떤 방식을 선택할지는 순례자 본인이 선택하기 나름이다.

오늘은 코우보대사가 쿠우카이空海란 이름을 얻게 되었다는 수행의 장소도 들렀다. 19세 청년 시절 나라의 대학을 중퇴한 대사는 이곳 미쿠라도우御廚人窟의 굴 안에서 하늘과 바다만 내다보며 수행을 했고, 그래서 '공해'란 이름을 갖게 되었다는 것. 미쿠라도우에서 대사의 시선을 따라 밖을 바라보았건만 동굴 앞에 주차된 차들 때문에 시원한 바다와 하늘을 한눈에 담기가 여의치 않았다.

24번 호쓰미사키를 내려와 고래로 유명한 무로토 항을 끼고 걸었다. 자연스레 고래 이야기가 나왔다. 시코쿠에는 고래를 관찰할 수 있는 곳이 곳곳에 있다. 고래관광의 역사만도 수백 년에 이른다. 일본은 세계 환경보존단체에서 그렇게 감시를 해도 도통 듣지를 않고 여러 이유를 들어가며 고래사냥을 한다. 그린피스가 일본 포경선을 쫓아다니며 항의시위를 해도 그들은 고래사냥을 멈추지 않는다. 고래 고기에 대한 일본인의 애착이 남다르기 때문일까.

7세기에 철저한 불자였던 덴무天武천황이 살생과 육식을 금하는 칙서를 내린 이래 메이지 유신으로 이 명령이 풀리기까지 1,200년 동안 일본 사람들은 육식을 못했다. 그 동안 길들여진 것이 생선과 고래 고기다. 고래 고기는 특히 스키야키すきやき(전골)로 애용되었다. 2차대전 후엔 굶주린 일본인에게 긴요한 단백지 공급원이었다. 1986년 포경금지협약이 발효되면서 상업 목적의 고래잡이가 금지되었지만 연구 목적 포경은 허용된다는 점을 이용해 아직도 한 해 수천 마리씩 고래를 잡아 단지 나이를 알아보는 연구(그들은 필수 연구라 주장한다)를 하느라 귀만 자르고는 어시장에서 버젓이 사고판다. 유키는 고래 고기는 향수를 자극하는 먹을거리이며 자기네만의 전통이라고 한다. 한국이 개고기를 먹고 프랑스가 원숭이 골을 먹는 것과 무엇이 다르냐는 항변까지 내놓으면서! 이걸 세련된 문화상대주의로 봐줘야 하나, 아님 그냥 갑작스런 물귀신 작전? "그런데, 킴! 한국에서

도 고래 고기 먹는다고 들었는데, 너도 먹어봤어?" "어, 먹어봤어. 그렇지만 나는 맛이 없던데." "크리스는?" "어제 편의점에서 산 고래고기 통조림으로 맛을 봤지. 그저 그렇던데."

오늘 숙소는 예약 없이 버스를 타고 내려서 27번 오르는 길에 있는 하마요시야 료칸으로 정했다. 다행히 방이 있었다. 참으로 오래된 일본 집으로, 순례자들을 맞이한 지가 53년이나 되는 료칸이다. 크리스를 본 주인장은 순례자들이 보내온 감사의 편지들을 자랑스럽게 보여주었다.

오늘 이 료칸에 외국 사람 둘이 더 있다고 한다. 아무리 그들이 보고 싶어도 일단 방에 들어간 순례자들을 만나기는 나랏님 알현보다 어렵다. 피곤해서 일찍 잠자리에 드는 게 순례자들의 생리니까. 우린 2층에 배정되었는데 미닫이로 분리된 다다미 8개 크기의 방 세 곳을 배정받았다. 좁은 통로 건너편에 재래식 화장실이 있는데, 마치 방의

윗목에다 요강 들여놓고 볼일을 보는 기분이 들 것 같다. 다행스럽게도 아래층에도 화장실이 있었다. 우린 미닫이로 나누어진 각자의 방에 누워 서로 대화를 나누었는데 갑자기 마을 스피커로 쾅쾅 안내방송이 나왔다. 그것도 두 번이나. 유키에게 물으니 날씨가 매우 건조하니까 불이 나지 않도록 주의를 기울이라는 방송이라고 한다. 시골 이장님의 정겨운 마을방송이었던 거다.

두 번째인 9시 방송이 끝난 후에는 아예 노래까지 한 곡 흘러나왔는데, 가곡 '여수'였다. "깊어가는 가을밤에 낯설은 타향에, 외로운 맘 그지없어 나 홀로 서러워. 그리워라 나 살던 곳 사랑하는 부모 형제, 꿈길에도 방황하는 내 정든 옛 고향." 아! 밤안개 내리듯 곤하게 깊어가는 이른 봄날의 밤, 낯설은 타향을 고달프게 도는 나의 마음은 애틋한 향수에 젖고…. 그 순간 유키는 고베에 있는 아내와 아들의 재취업에 관한 통화를 진지하게 나누고…. 크리스는 안내방송의 내용이 화재 예방을 위한 것이란 걸 안 뒤 만일 불이 나면 바로 피할 수 있도록 배낭을 꾸려 창가에 놓고 깊은 잠에 빠지지 않도록 헛잠이 들었고…. 내 옆방, 비를 쫄딱 맞고 들어오신 어느 순례자는 몹시 고단했는지 대뜸 코골이가 한창이고…. 순례 8일째 밤의 넓은 다다미방, 얇은 미닫이문으로 나누어진 각 방의 풍경은 그러하였다.

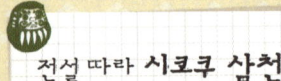

23번_야쿠오지 藥王寺

전화 0884-77-0023 | 숙소 있음

찾아가기: ① JR무기선 히와사역M21에서 도보 10분. ② 22번에서 21km, 도보 7시간.

산문을 지나 본당에 통하는 돌층계는 여 액판이 33단, 남 액판이 42단이 있고 본당에서는 환갑의 액판 61단이 있는데 계단을 하나씩 오르며 액막이 기원을 하며 동전을 놓는다. 그래서 돌층계마다 참배자들이 남긴 동전이 떨어져 있다. 절에도 액년 판이 세워져 있는데 그해 운이 나쁜 나이들이 남녀별로 표시되어 있다. 모든 절에 이런 액땜 돌층계가 있는 것은 아니다. 9세기 초이다. 천황의 명령을 받은 42세의 코우보대사는 야쿠오지를 방문, 약사여래의 존상을 새겨 본존으로 안치했다. 그 후 액막이 기원소로 번창해 고귀한 분으로부터 이름도 없는 백성에 이르기까지 액을 피하기 위해 많은 사람들이 이 액판을 오르내렸다. 800년 전 대화재로 모든 당이 타버릴 때 불의 기세가 워낙 격렬해서 본존을 피난시킬 수 없었다. 그러나 본존은 스스로 빛을 발하면서 불의 기세를 눌렀다. 후에 가람을 재건해 새로운 본존 약사여래의 개안공양이 끝났을 때에 원래의 본존이 돌아왔다고 한다. 이 때문에 본당에는 본존 둘이 사이좋게 모셔져 있게 되었다고 한다.

24번_호쓰미사키지 最御崎寺 (24번부터 고치현 지역이다.)

전화 0887-23-0024 | 숙소 있음

찾아가기: ① 고멘-나하리선 나하리역GN21에서 간노우라甲浦岸壁행 버스를 타고 무로토室戸 정류장 하차, 도보 30분. ② 23번에서 75km, 도보 24시간. ③ JR무기선 히와사역M21에서 가이후海部행 기차(8:50 혹은 12:21)를 탄다. 내려서 반대편으로 가면 곧 간노우라甲浦행 기차가 도착하는데, 이걸 타고 종점인 간노우라역AK30에 내린다. 역 바로 아래 버스정류장으로 가면 기차시간에 맞춰 버스가 도착한다. 거기서 (1)버스를 타고 무로토 정류장까지 바로 가는 방법이 있고, (2)버스 타고 가다 중간에 번외인 미쿠라도우御蔵人窟에 들렀다 가는 방법이 있다. 미쿠라도우는 대사가 쿠오카이空海란 이름을 얻은 곳이니까, 이곳을 둘러보고 순례 이정표를 따라 24번 사찰로 올라가는 편이 좋다.

호쓰미사키 절은 대동2년(807) 당에서 돌아온 코우보대사가 다시 이 곳을 방문하여 고쿠조우 보살을 새겨 본존으로서 안치한 것이 시작된다. 절 근처에 '비틀림 바위'라고 하는 낮은 동굴이 있다. 코우보대사가 이 산에서 수행할 때의 일이다. 어머니인 타마요리 고젠이 코우보대사를 걱정해 남장하고 산에 오르기 시작했다. 그런데 갑자기 날씨가 거칠어지며 불이 비처럼 쏟아져 내리기 시작했다. 이것을 알고 놀란 대사는 즉시 달려들어 염불을 외면서 큰 바위를 비틀어 엎어누르고 그 아래에 어머니를 피난시켰다고 한다. 절은 그 후에도 메이지 초까지 여인 금지가 계속되었으므로, 여성 순례자는 기슭에서 참배하고 납경은 남성에게 부탁하였다고 한다. 무로토곶의 약간 높고 평평한 곳에 위치해 있다. 시코쿠 안에서도 이곳은 온난하여 아열대 식물이 잘 자란다. 호쓰미사키지에는 스모 경기장도 있다.

25번_ 신쇼지 津照寺

전화 0887-23-0025 | 숙소 없음

찾아가기: ① 무로토 버스 정류장에서 도보 10분. ② 24번에서 7km, 도보 2시간.

무로토항에 있는 신쇼지는 츠데라라고도 불리며 코우보대사가 대동2년(807)에 건립했다고 전한다. 신쇼지의 본존인 연명지장보살은, 대사가 태평양에 나가 일하는 어부를 위해서 풍어와 바다의 안전을 빌며 새겨 안치한 불상이다. 연명지장보살은 읍취지장揖取地藏이라고 불리는데 다음과 같은 이야기가 전한다. 게이쵸慶長7년(1602) 가을 도사(고치현의 옛 이름)의 야마노우치 가즈토요공一豊公이 무로토곶을 향해 중, 갑자기 폭풍우를 당해 조난을 당했다. 그때 난데없이 한 승려가 나타나 배를 이끌어 무사히 무로토항에 도착하였다. 그러나 정신을 차리고 보니 도와준 승려는 사라지고 없었다. 폭풍우가 멎은 후 가즈토요공은 신쇼지로 무사함의 답례로 참배를 갔는데 놀랍게도 본존의 전신이 바닷물에 흠뻑 젖어 있었다. 가즈토요공은 폭풍우로부터 구해준 승려가 이 본존이었음을 알아차리고 진심으로 감사하고 답례를 했다. 그 후 신쇼지의 본존은 바다에서 일하는 어부들의 수호신 부처로 두터운 신앙을 받고 있다. 산문이 다른 곳과 다르게 중국풍이어서 눈길을 끈다.

26번_ 곤고초지 金剛頂寺

전화 0887-23-0026 | 숙소 있음

찾아가기: ① 고멘-나하리선 나하리역GN21에서 간노우라행 버스를 타고 모토하시 정류장 하차, 도보 1시간. ② 25번에서 5km, 도보 1시간 40분. ③ 우리는 25번을 마친 뒤 택시로 26번까지 이동했다. 우리가 26번을 마칠 때까지 기다려준 택시를 다시 타고 버스정류장까지 이동했다 (택시비 1,900엔, 셋이 나눴다). 26번 절 근처 버스정류장에서 고치高知, 아키安芸 방면 버스를 타면(버스시간 [전략] 15:14, 16:34, 17:06, 19:28, [후략]), 27번 사찰 근처에 내려준다(1시간 반쯤 걸린다). 기차와 버스는 해변을 달리는데, 그 풍경이 빼어나다.

아득하게 무로토곶을 바라보는 대지 위에 곤고초지가 있다. 이곳에 텐구天狗라는 상상 속의 괴물이 살고 있었는데 곤고초지에도 나타나 수행하는 승려를 괴롭혔다. 이를 들은 대사는 텐구들과 문답을 하며 불佛의 고귀함을 가르쳤다. 문답 끝에 대사는 "내가 여기 있을 때는 결코 와선 안 된다"고 다짐한 뒤, 자신의 모습을 연못에 비추어 조각해 작은 당에 두었다. 그 상을 대사라고 생각한 텐구들은 대사의 명령에 따라 다시는 나타나지 않았다. 대사 자신이 조각했다고 하는 상이 오늘날에도 대사당에 안치되어 있다.

Day 09 _ 3월 18일 수요일

오늘의 숙소
· 레인보우 호쿠세이 レインボー北星 (0888-26-4680, 0908-97-0288)
· 5,000엔(2식 포함). 음식도 좋다. 30번 사찰 근처 길가의 식당+료칸이다. 주인부부 친절하다. 주인이름은 히로타 이사오弘田功. 29번 사찰의 납경소에서 본 안내광고를 보고 전화를 하니 29번 절로 데리러 왔다.

오늘의 사찰
1일 합계 : 80.2km
27번 고노미네지神峰寺(33.0km) 기차로 이동 → 28번 다이니치지大日寺(38.0km, 11시간) → 29번 고쿠분지國分寺(9.2km, 2시간 30분)

탁발도 수행이라네

27번 고노미네지 가는 길은 헨로고로가시 중 하나다. 첫 번째 고로가시인 쇼산지의 경험을 교훈삼아, 되도록 가까운 곳에서 출발하려고 스케줄을 짰고 배낭도 료칸에 맡기고 가벼운 걸음으로 등산로 입구에서 순례를 시작했다. 고노미네지로 오르는 길은 굽이굽이 자동차도로와 헨로도로가 이어진다. 거의 사찰 입구에 다다랐을 때이다. 정자에서 한 순례자가 잠자리를 정돈하고 있었다. 산 아래 마을이 한눈에 훤히 내려다보이는 곳에 위치한 정자이다. 그의 이름은 나카무라. 도쿄 인근에 사는 60세의 아저씨다. 50일 정도의 일정으로

텐트와 배낭을 갖고 야영을 하며 순례를 한다. 어제 저녁에 도착해 정자 마루에 텐트를 치고 늦게까지 잠을 잤다고 한다. 정자 근처에는 물이 나오는 화장실도 있으니 아쉬운 대로 씻을 수 있겠고 음식도 해 먹을 수 있어 보였다. 그는 27번을 올라 참배를 하고 29번 고쿠분지까지 47km에 이르는 길을 걸어갈 것이라고 한다. "그럼 경내에서 뵈어요. 먼저 올라갈게요~."

대부분의 대사의 석상들이 힘 있는 캐릭터의 모습으로 다부지게 서있는 모습이지만 27번 고노미네지의 대사상은 "나를 따르라"란 의미로 한발을 앞으로 내딛고 매우 힘차게 움직이는 모양을 하고 있다. 절을 순례하고 내려오는데 어느새 정자에서 올라온 나카무라 상이 절 입구에서 탁발수행을 하고 있다. 삿갓에 백의를 입고 한손에는 지팡이를, 한손에는 나무로 만든 바리를 올려놓고 서 있는 것이다. 탁발도 수행의 일부라고, 순례 중에 가끔 탁발을 하며 가는 순례자가 있다고 들었지만 실제로 보기는 처음이라 살짝 놀랐다. "오헨로 상! 오세타이입니다." 내가 약간의 오세타이를 하고 돌아서니 크리스도 동전들을 꺼내 "나카무라 상, 오세타이예요. 감사합니다"라고 인사하며 합장을 한다. 멋쟁이 크리스!

다시 꼬불꼬불 산길을 내려오다 두 외국인 순례자를 만났다. 35년간 일본에서 교수로 재직하다 은퇴한 69세의 미국인, 또 20년 동안 일본에서 교수 일을 하고 있다는 영국인이다. 백의와 삿갓을 쓴 모습이 잘 어울렸다. 이들은 고치현만 도는 일국순례를 하는 중이다. 두 분은 친구 사이로 이미 작년 가을에 도쿠시마현을 돌았다고 한다. 일본말을 유창하게 하니 어디를 가도 불편함이 없는 그들은 일본인보다 더 익숙하게 일본을 즐기는 중이다.

풍광이 빼어나다는 고멘-나하리선 기차를 타고 28번 근처로 이동해 다이니치지 가는 길, 벼농사를 짓기 위해 논에 물을 대고 정리하느라 농부들의 손길이 바쁘다. 길가의 작은 신당들 앞에는 순례자들이 집어가라고 물과 오렌지가 공양되어 있었고, 헨로도로를 따라 오지조우상들이 곳곳에 있어 순례자의 걸음을 인도했다.

오늘은 삿갓에 백의를 입고 걷는 70세의 작고 마른 체구의 할아버지와 동행을 했다. 오하시 상이다. 이분은 노래를 흥얼거리며 걷기도 하고 길에서 만난 노인들과 이야기도 풀어가며 마음껏 인생을 즐기고 가는 중이다. 지팡이가 없어 여쭤보니 잃어버렸다고, 몇 번 다시 샀지만 자주 잃어버려서 다시 들고 다니지 않겠다고 한다. 우릴 보면 천진한 소년처럼 맑게 웃으며 인사하신다. "헬로우~!" 어찌나 깔끔하게 옷을 입고 다니는지 백의가 빛이 난다. 매일 세탁을 한 후 반듯하게 손으로 펴서 입는다고 한다.

조용한 다이니치지에 쟁그랑거리는 방울소리와 둔탁한 코우보대사의 걸음소리가 산문 가득 울려 퍼진다. 줄지어 들어오는 헨로들, 버스로 움직이는 단체 순례자들이다. 가방에 작은 방울들을 단체로 매달았기에 이 헨로 상들이 움직이는 동선마다 방울소리가 울렸다. 딸랑대는 방울소리와 묵직한 나무지팡이 내딛는 소리가 묘하게도 어울려 듣기 좋았다. 그 묘한 하모니가 지금도 귓가에 들리는 듯하다.

29번 고쿠분지가 있는 곳은 가까이에 과거 도사의 관청이 있을 정도로 번화한 곳이었다. 바로 이쯤에서 이야기를 해야 할 인물이 있다. 이곳 도사 관청에서 4년간 머물며 국

정을 맡았던 백제인이 있었기 때문이다. 그는 『고금화가집』古今和歌集(古今短歌集이라고도 함)을 편찬한 와카和歌 작가인 기노 쓰라유키紀貫之, 872~945이다. 이 기노 쓰라유키가 백제 멸망(660) 후 일본으로 망명한 도래인渡來人임은 일본 왕실족보인 신찬성씨록 기씨 가문의 계보에 명기되어 있다. 당시 일본 왕족과 귀족들은 백제인들이 주축이었고 그들이 와카를 즐겨 읊었다고 한다. 기노 쓰라유키는 환갑의 나이에 도사의 쿠니시(지방장관)로서 930년부터 4년간 국정을 맡은 것으로 알려져 있다. 그런데 기노 쓰라유키는 온 집안 식구를 데리고 부임해 왔는데 그가 임기를 끝내고 돌아가는 길에 어린 딸이 병에 걸려 죽고 말았다. 자식을 잃은 애틋한 마음을, 935년 도사(현재 고치)를 출발해 수도인 교토에 도착할 때까지 55일간의 뱃길 기행 형식으로 엮은 것이 그 유명한 『도사일기』이다. 정말 귀중한 역사 자료로 남아 있는 것이다.

와카의 고향에서 불러보는 트로트메들리

28번 납경소에서 일어 끝에 한자로 '北星'이라 적힌 료칸 안내지를 보게 되었다. 별이 들어간 료칸을 오늘의 숙소로 정하자는 내 제안을 일행들이 받아들여 전화를 했다. 29번은 호시쿠의 근본도장이기도 하다. 호시쿠星供란 자신의 연령에 해당되는 별에게 액막이를 기원하는 기복 신앙이다. 뭐 그런 생각에 별星이 들어간 료칸을 택한 것은 아니지만, 다행히도 29번을 마치고 전화를 하면 데리러 온다고 한다. 그것도 30번 근처라고 하니, 내일 8km 걸어야 할 것을 승용차로 덤으로 넘어가게 되는 것이다. 크리스와 유키는 내게 행운을 만드는 헨로 상이라며 엄지를 세웠다.

식당과 함께 료칸을 운영하는 주인아저씨는 기공치료사이기도 하다. 그분이 나의 무릎과 종아리를 만져 주셨는데 처음에는 손을 댈 때마다 아팠는데 몇 번 만지고 나니 신기하게도 다리가 부드러워졌다. 크리스도 치료실로 데리고 가 몸을 만져주셨다. 밖으로 나온 크리스의 얼굴이 환해져서 한결 몸이 가벼워졌다고 한다. 우린 정말 기공치료가 된 것일까?

오늘 이 료칸에 여자 손님은 나밖에 없다. 그래서 내 방은 기공치료실로 배정되었다. 그런데 치료실 한쪽 벽이 커튼으로 가려져 있는 게, 왠지 그곳이 조상신을 모시는 불단이거나 신단이겠거니 싶어 슬그머니 겁이 났다. 밤새 이 집안 조상신이나 온갖 귀신들이 괴롭혀 잠 못 들면 어쩌지? 길 떠나기 전 공부한답시고 읽은 책에 등장하던 온갖 요괴와 귀신 얘기와 전설들이 휘리리릭 비디오로 눈앞에 펼쳐졌다. 일본의 구천을 떠도는 혼령들은 어쩌면 그렇게도 많고, 또 그들의 얘기는 어쩜 그렇게 으스스하단 말인가! 아, 진짜 이럴 땐 모르는 게 약인데…. 누구 말대로 최고의 신 하나님 여호와를 부르면 사악~ 사라질까? 에고에고, 피곤한 몸, 베개에 머리를 대자마자 곯아떨어져 푹 자버리길 바라는 수밖에. 이렇게 마음을 정리하고 편히 누워 목욕시간을 기다리는데 안주인이 날 불러냈다. 남자들이 목욕탕을 사용하는 동안 내가 한참을 기다려야 하니까, 남편더러 나만 살짝 승용차로 온천에 데려다 주라고 부탁했다는 것이다. 나름 특별

배려인 것.

  온천은 동네에 있는 공중목욕탕이다. 6시가 넘은 시간인데 온천에는 여탕은 물론 남탕에도 사람이 없었다. 인적이 없는 목욕탕, 아, 무섭다…. 하지만 목욕탕 하나는 맘에 쏙 든다. 목조건물인데다 욕탕도 모두 히노끼탕이다. 목조 벽을 장식한 하얀 두루미도 너무 아름다웠다. 일본 공중목욕탕의 역사는 나라시대(710~784)로 거슬러 올라간다. 승려들은 불공 드리기 전에 목욕재계를 하기 때문에 절에는 목욕탕이 있었다. 절에서는 중생에게 공덕을 베푸는 일로 마을 사람들에게 일정한 시간 목욕탕을 개방하기 시작했다. 절간의 뜨거운 욕탕의 인기가 올라갔고 결국 경내에 대중용 큰 목욕탕을 만들기

에 이르렀다. 본격적인 대중탕은 에도시대(1603-1867)에 잔돈푼을 받는 것을 시작으로 생겨났다.

오늘 이 멋진 공중목욕탕을 독차지한 김효선, 금세 두려움 따위는 잊고 목욕탕과 콘서트장을 즐겁게 헷갈리기 시작한다. 이 지역은 엔카의 고향이며 나의 선조인 백제인들이 즐겁게 때론 애달프게 읊었던 와카의 고향이지 않던가. 완전 필 받아 트로트 뽕짝으로 텅 빈 목욕탕을 채우며 행복한 목욕을 즐겼다. 살짝 귀띔해 드릴까요? 넓은 공중목욕탕의 에코라면 못 말리는 음치도 절세의 명가수로 둔갑시킨다는 팁을!

일본의 노래 와카 和歌

『만요슈』萬葉集에 의하면 와카ゎゕ는 한자로 和歌이다. 和는 일본, 그러니까 와카란 일본의 노래라는 뜻이다. 일반적인 노래와 달리 와카엔 곡조가 없다. 그저 운문이라는 정도의 의미로서, 일본 고대 시가의 총칭으로 쓰인다. 상고시대 와카는 장가長歌, 단가短歌, 세도카旋頭歌, 부소세키가佛足石歌, 렌가連歌 등으로 다양했으나, 헤이안 시대 이후 근대와 현대에는 단가 이외의 형태는 자취를 감췄다. 일본이 고대국가의 면모를 갖추어 나가는 데 중심적인 역할을 한 것은 도래인渡来人이라고 불린 한반도와 중국에서 건너온 사람들이었는데, 특히 중심적인 역할을 한 것은 백제였다. 백제의 왕인 박사가 405년에 지은 난파진가難波津歌는 일본 최초의 시가로 우리말로 풀면 5·7·5·7·7의 다섯 구로 구성된 단가이다.

『만요슈』는 현존하는 일본의 가집 중에서 가장 오래된 책자로 4,516수의 와카가 실려 있다. 『만요슈』에 기록된 와카 중에서 가장 최근작이 758년 정월 초하루에 지은 것이라 하니 약 1,300여 년 전의 와카인 것이다. 『만요슈』에 실린 와카들은 성격에 따라 소몬相聞, 반카挽歌 輓歌, 조카雜歌로 분류된다. 소몬은 서로 말을 주고받는 노래로 사랑의 노래이고, 반카란 관을 끌면서 부르던 노래라는 의미로 장례의 자리에서 불리던 노래였다. 조카란 한자로 읽을 때 '잡가'이지만 '여러 가지 노래'라는 의미로 왕의 행차와 같은 공적인 행사에서 불리던 국토를 찬양하는 노래와 같은 것이 있다.

전설 따라 **시코쿠 삼천리**

27번_고노미네지 神峰寺

전화 0887-38-5495 | 숙소 없음

찾아가기: ① 고멘-나하리선 도노하마역GN24에서 도보 1시간 30분. ② 26번에서 33km, 도보 12시간. ③ 26번 근처 버스정류장에서, 모토하시 버스정류장에서 출발한 고치高知, 아키安芸 방면 버스를 타고 27번 사찰 근처에 내림.

헨로고로가시 중 하나로 '도사 제일의 험한 곳'이라고 하는 고노미네 가람은 깊은 산속에 있다. 급경사의 비탈면이 거듭해서 이어지는 진짜 헨로고로가시 지역이다. 절 앞에서도 자지러지게 가파른 155개의 돌층계를 올라야 본당과 대사당이 나온다. 지금은 차로 절의 입구까지 갈 수 있지만 과거에는 고행을 하면서 걸어 올라야만 했다. 십일면관음보살이 본존이다. 종루 옆에 '고노미네노미즈'라는 샘이 솟고 있는데, 중병을 앓던 여성이 꿈속에서 코우보대사가 시킨 대로 이 물을 마시고서 목숨을 건졌다는 전설이 전한다. 계단을 올라선 곳에 있는 대사의 상은 다른 상과 달리 발을 앞으로 내밀고 서 있는 모습으로 매우 힘차게 움직이려는 인상을 준다. "나를 따르라"는 의미의 글귀도 새겨져 있다.

28번_다이니치지 大日寺

전화 0887-56-0638 | 숙소 없음

찾아가기: ① 고멘-나하리선 노이치역GN37에서 도보 30분. ② 27번에서 38km, 도보 11시간. ③ 27번에서 내려와 고멘-나하리선 도노하마역에서 기차를 타고 노이치역에서 내린다. 기차역 옆에 대형 쇼핑몰에서 식사와 간식을 해결할 수 있다. 고멘-나하리선은 매시간 운행.

대동 연간에 시코쿠 순배 중 대사가 다이니치지에 들렀더니 절집 형편이 말이 아니었다. 다이니치지의 본존인 대일여래가 서민들에게 친숙하지 않았기 때문인데, 이에 대사는 다이니치지 동쪽 100m 정도에 있던 녹나무에 손톱으로 약사여래를 새겨 사람들이 부담 없이 참배하며 행복을 빌도록 했다. 약사를 새긴 녹나무는 시들어 버렸지만 그 자리에 당을 지어 녹나무를 소중하게 모셨는데, 언제부터인지 이 약사를 '손톱으로 새긴 약사'란 뜻의 츠메호리야쿠시爪彫リ藥師라고 불렀고, 목과 위병을 치유하는 약사여래로 서민들의 사랑을 받았다. 츠메호리야쿠시에 기원하여 그 소원이 이루어진 사람은 감사의 뜻으로 구멍이 뚫린 돌을 납입했다고 한다.

29번_고쿠분지 國分寺

전화 088-862-0055 숙소 없음

찾아가기: ① JR도산선 고멘역D40/GN40에서 우에타행 버스를 타고 고쿠분지도오리 정류장 하차, 도보 10분. ② 28번에서 9.2km, 도보 2시간 30분.

인왕문 상층부의 범종과 본당이 중요문화재이다. 보물로 지정된 문화재가 많다. 나라시대 쇼무천황(701~756)이 741년 나라의 불안을 가라앉히기 위해 곳곳에 고쿠분지를 건립토록 명을 내렸을 때 행기보살이 이 절을 세웠다. 여승들이 머무는 절이었고, 이 일대가 도사 지역에서 정치와 교통, 문화의 중심지였다. 오늘날에도 고쿠분지로부터 동쪽 1km 지점에 도사 지역을 다스리던 관청의 흔적이 남아 있다. 29번 고쿠분지는 호시쿠로星供의 근본 도장인데, 호시쿠란 자신의 연령에 해당되는 별에게 빌면서 액을 막고 복을 기원하는 것이다.

Day 10 _ 3월 19일 목요일

오늘의 숙소

- **민박 사가모토** (0888-41-2348)
- 숙박만 4,500엔. 옛날 가옥이다. 주인아줌마가 무척 친절하며 옷을 무료로 세탁하고 말려주는 서비스를 해준다. 33번 사찰 가는 길, 가쓰라하마 바닷가 근처이다.

오늘의 사찰

1일 합계 : 20.0km

30번 젠라쿠지善楽寺(8.0km, 2시간 20분) → 31번 지쿠린지竹林寺(6.0km, 2시간) → 32번 젠지부지禅師峰寺(6.0km, 1시간 20분)

승려의 금지된 사랑 이야기

오늘은 고치시를 통과한다. 도쿠시마에 아와오도리축제가 있다면, 고치에는 요사코이마츠리가 있다. 8월의 한 여름을 달구는 요사코이마츠리는 그룹을 지어 화려한 복장을 하고 심플한 동작의 춤으로 나루코鳴子(작물을 노리는 새를 쫓아내는 농기구)를 치면서 행진하는 것이다. 난 일본의 축제를 매우 훌륭하게 평가한다. 지역의 발전과 애향심, 결속을 다지는 데 기여함은 물론이고, 무엇보다 스트레스를 확 날릴 만큼 재미가 있기 때문이다. 대부분의 축제가 구경꾼으로서가 아니라 본인 스스로 참여하고 만들어가는 축제이기 때문이다. 집 나간 며느리 전어 굽는 냄새로 돌아온다고 했던가, 일본은 고향의 마츠리를 즐기고 참여하기 위해 돌아온다고 한다.

일본은 2차 세계대전 후 재건을 위해 전국적으로 무라오코시(지역만들기) 운동을 펼쳤다. 우리나라의 새마을운동과 같은 것이다. 참으로 재밌는 것이 이들은 축제를 통해 지역을 활성화 시켰다는 것이다. 일본에서는 축제를 만들어 내어 경제를 살리는 데 성공한 지역들이 많다. 고치현에서 만들어낸 요사코이 축제도 이웃인 도쿠시마현의 아와오도리가 성공을 거둔 것에서 시작된 것이다. 마츠리를 좋아하는 나는 언젠가 뜨거운 여름의 요사코이 축제에 팀을 이루어 참가해보는 상상을 해본다.

고치시를 걷다보면 승려가 어여쁜 여인에게 비녀를 꽂아주는 그림을 자주 보게 된다. 이 그림에는 고치시의 호리강에 있는 작은 홍예다리인 붉은 핏빛의 하리마야바시에 대한 전설이 전해진다. 그 강렬한 빛만큼 애절한 사랑의 이야기다. 고다이산에 있는 31번 치쿠린지의 승려 쥰신은 땜장이의 어여쁜 딸 오우마와 남몰래 사랑을 나누었다. 사랑하는 여인을 위해 승려는 하리마야바시의 장신구가게에서 연인을 위해 비녀를 샀다. 승려가 여인을 위한 장신구를 산 것은 이내 소문이 나는 일이라, 금지된 사랑의 주인공 쥰신과 오우마는 멀리 도피하였지만 결국은 붙잡혀 와 생이별을 하여야 했다. 이들의 사랑이야기가 도사민요에 등장하였고 "쥰신 마馬의 슬픈사랑"이란 TV 드라마로도 방영되었기 때문에 매우 유명하다.

헨로 취중 고로가시

31번 지쿠린지로 오르는 가파른 언덕 가득 3월의 배꽃이 흐드러졌다. 가쁜 숨을 몰아쉬며 올라서니 마키노 식물원이 먼저 순례자를 반긴다. 분재를 다듬는 정원사들의 손길을 유심히 지켜보고 있는데, 식물원의 한쪽 숲을 둥지 삼아 두루미들이 바다 위의 하늘로 오르락내리락거리는 풍경이 가히 절경이다.

기념품가게에서는 오세타이로 도사의 술들을 시음했다. 다양한 사케와 각종 과일주다. 그 중 오렌지주, 매화주, 레몬주, 토마토주를 맛보는데, 시음이라고 마구 들이키다간 헨로 취중 고로가시가 될 것 같아서 마음을 주저앉혔다. 난 레몬주가 제일 좋았는데 크리스는 토마토주를 최고로 꼽았다. 지쿠린지는 합격 기원을 위한 절로 유명하다더니 각종 기원의 뜻이 나무팻말에, 종이에, 예쁜 앞치마에 가득 적혀 넘치도록 매달려 있다.

시코쿠를 준비하며 읽은 역사 자료에는 가뭄으로 물 고생을 한 기록들이 많았다. 사찰의 전설도 가뭄에 얽힌 게 많았다. 그러나 이번에 시코쿠를 돌며 보니 맑은 물이 풍부하게 흐르고 곳곳에 저수지도 넉넉해 보였다. 냇물에서 팔뚝만한 물고기들이 떼를 지어 다니는 것을 흔히 볼 수 있다. 아닌 게 아니라 이곳에선 물을 저장하기 위해 인공저수지를 많이 만들었으며, 그래서 하늘에서 보면 저수지가 마치 점박이 달마시안의 패턴처럼 찍혀 있다고 한다.

비가 내리기 시작했다. 나그네 처량하게 가라고 가랑가랑 가랑비가 내렸다. 미끄러운 빗속을 걸어 당도한 산꼭대기의 32번 젠지부지는 고요 그 자체였다. 고요가 넘쳐 처량한 느낌…. 순례자가 한 사람도 없는 본당에서 우연히 납경통을 뒤적이는 소년을 보았다. 아니, 그 속에서 무엇을 찾나? 소년과 내 눈이 마주친 순간 흠칫거리는 게, 아 진짜 수상하다. 오히려 놀란 것은 나여서 엉겁결에 돌아 나오는데, 그 아이는 자리를 옮겨 대사당의 납찰통까지 뒤지는 것이다.

난 도망치듯 납경소로 가, 크리스와 유키에게 소년 이야기를 했다. 잠시 후 그 소년의 부모인 듯한 사람들이 왔는데 이들의 차림새도 곱지는 않아서, 마치 소년을 앵벌이시키는 사람처럼 보였다. 그 소년 일행 때문일까? 아니면 비 때문? 심사가 우울하다. (나중에 알게 된 사실로는, 이들이 하는 행위가 납찰통에 있는 납찰들 중에서 금색(55~99회까지 순례를 한 사람이 사용하는 납찰서)이나 비단(100회 이상) 납찰서를 찾는 것이었다. 이 두 가지 납찰서는 행운을 준다고 하여 몰래 가지고 가는 경우가 있다고 한다.)

 오늘 우린 비를 흠뻑 맞았다. 고맙게도 32번 절까지 마중 나온 료칸 주인 사가모토 씨의 차를 타고 숙소로 왔다. 사가모토의 아내는 비에 젖은 우리의 옷과 비옷을 세탁하여 말려주겠다며 세탁바구니를 들고 왔다. 사가모토 씨의 집도 오래되어서 옛날 전통 일본식 화장실이었지만 그래도 깨끗했다. 넓은 다다미방을 미닫이문을 이용해 6개의 방으로 나눴는데, 각 방으로 순례자들이 한 명씩 들어가 잔다. 그러니 옆방 순례자의 코고는 소리는 물론 날라리 방귀소리까지 고스란히 다 들린다.

 순례자에게 9시는 한밤중인데 그 시간 유키의 목소리가 다다미방을 나직하게 울린다. 다카오카 유키, 그는 밤마다 고베의 아내에게 전화를 걸어 하루의 순례기를 시시콜콜 중계방송 하고서야 잠자리에 드는 65세의 자칭 '로맨틱 가이'이다.

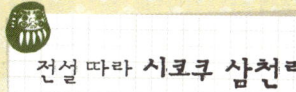

30번_ 젠라쿠지 善楽寺

전화 0888-46-4141 | 숙소 없음

찾아가기: ① JR도산선 도사잇쿠역D43에서 도보 25분. ② 29번 사찰에서 8km, 도보 2시간 20분.

시가지에 있는 사찰로, 아미타여래가 본존이다. 여기에도 아름다운 다보탑이 있다. 헤이안 시대에 도사에 있던 스가와라 도진 공의 장남이 도진 공의 영혼을 위해 절을 지어 안라쿠지라고 했다. 조금 떨어진 곳에 코우보대사가 지은 젠라쿠지가 있었고, 메이지의 신불분리 즉 불교 배척 정책에 의해 폐사가 되면서 그곳 본존이던 아미타여래를 안라쿠지로 옮겼고, 그때부터 안라쿠지가 30번 영지가 되었다. 그 후 1929년 젠라쿠지가 부활되어 30번 사찰 두 곳이 경합하는 해프닝이 벌어지면서 어느 쪽이 원조 30번 사찰인지 소동이 일었으나 1994년 1월 1일 협의에 의해 젠라쿠지가 30번 사찰이 되고 안라쿠지는 '안쪽의 원'이 되었다.

31번_지쿠린지 竹林寺

전화 0888-82-3085 | 숙소 없음
찾아가기: ① 도사전철 고멘선 가즈라시마히가시즈메역에서 도보 30분. ② 30번에서 6km, 도보 2시간.

고다이산의 정상에 있는 절집으로, 인왕문은 2층이다. 벚꽃 길을 따라 돌층계를 오르면 오른편에 중요문화재인 문수보살이 안치된 본당이 있다. 왼쪽이 대사당이며 경내에서 고치시와 가쓰라하마 해변이 한눈에 펼쳐진다.

724년 45대 천황인 쇼무聖武천황이 중국의 고다이산에서 문수보살에게 비는 꿈을 꾸었다. 천황은 자신의 나라에도 문수보살을 모시기에 어울릴 영지를 찾아내도록 행기보살에게 명했다. 행기는 온 나라를 걸어 돌아다닌 끝에 도사에 이르러 고다이산의 절경이 적지라고 판단. 절을 세우고 문수보살을 새겨 본존으로 했다. 그 후 코우보대사가 여기에 오랫동안 머무르며 수행을 한 후 88영지가 된 것이다. 17세기 이후엔 학문의 절로 도사 지역에서 신앙과 문화의 거점이 된 곳이다. 문수보살은 오른손에 지혜를 상징하는 보검을 들고 왼손에는 연화와 경권을 지닌 면학의 부처이다. 그래서 이곳은 문수의 지혜를 닮으려고 참배하는 사람이 끊이지 않고 있다. 특히 수험기간에는 합격 기원을 위해 많은 사람이 방문한다.

32번_젠지부지 禅師峰寺

전화 0888-65-8430 숙소 없음
찾아가기: ① JR도산선 고치역K00/D45에서 남쪽으로 뻗은 대로인 하리마야바시 교차로의 버스터미널에서 고멘마치행 버스를 타고 미네지도오리 정류장 하차, 도보 15분. ② 31번 사찰에서 6km, 도보 1시간 20분.

산봉우리에 위치하여 험한 길을 계속 오른다. 이곳 사람들은 그래서 '산꼭대기의 절'이란 뜻으로 미네지峰寺라고도 부른다. 젠지부지의 경내에서 내려다보면 태평양의 해안선이 활처럼 펼쳐진다. 석양을 받았을 때 그 모습이 웅대하여 감동을 받은 코우보대사가 "여긴 보살이 사는 천축의 보타낙산"이라고 했다. 코우보대사는 도사바다를 항해하는 배의 안전을 기원하며 십일면관음보살을 본존으로 절을 건립하였다. 센콘간논船魂観音이라 불리는 이 관음은 어부들로부터 두터운 신앙을 받고 있다.

Day 11 _ 3월 20일 금요일

오늘의 숙소

· **산요소**三陽莊 (0888-56-0001)
· 5,250엔. 36번 가는 길에 있다. 36번 사찰 근처 우사오하시 정류장에 내리면 산요소에서 데리러 온다. 우리가 머물고 싶었던 곳은 '국민숙사 도사'(0888-56-2451, 숙박만 4,500엔, 2식 포함하면 6,800엔. 예약 필수! 영어 가능)인데, 예약이 꽉 차 산요소로 갈 수밖에 없었다.

오늘의 사찰

1일 합계 : 23.9km

33번 셋케이지雪蹊寺(7.4km, 1시간 45분) → 34번 다네마지種間寺(7.0km, 2:40분) → 35번 기요타키지清滝寺(9.5km, 3시간)

유키, "스위트 & 로맨틱"

이틀 전부터 해변을 걸어보고 싶다는 유키의 성화가 대단했다. 그럴 만도 한 것이 고치현에서 가장 유명한 관광지로는 단연 가쓰라하마 해변이 으뜸으로 꼽힌다. 그 해변에 이 고장의 영웅 사카모토 료마坂本龍馬, 1835~1867의 동상이 바다를 내려다보고 있으며, 뒤로는 국민숙사와 료마기념관이 있는 곳이다. 이곳 국민숙사에 묵으려 전화를 했지만 아쉽게도 방이 없었다. 배낭을 숙소에 맡기고 바닷가를 따라 걸어 가쓰라하마 해변으로 갔다.

가쓰라하마는 생각보다 작았지만 기대보다 훨씬 예뻤다. 동그란

백사장이 밀려드는 파도를 아늑하고 정겹게 맞이하는 듯한 경치는 그대로 어여쁜 그림엽서였다. 휘영청 달빛이 비칠 때가 가장 절경이라고 하지만, 초저녁 잠을 탐닉하는 떠돌이 여행자가 밤늦게 그런 풍경을 즐기기는 지나친 호사일 듯.

해변에 들어서자 자칭 "스위트하고 로맨틱한 남자"라는 유키는 파도를 밟듯 물가를 따라 걸었다. 나와 크리스는 해변의 작은 조약돌을 주우며 멀찌감치서 그런 유키를 살폈다. 유키는 우리더러 낭만을 모른다고 투덜댔지만, 사실 우리는 유키의 낭만과 스위트함에 살짝 피곤해진 상태이다. 어제 비에 젖은 내 바지와 크리스와 유키의 밀린 빨래들을 료칸 아줌마가 깨끗이 세탁하고 말려서 아침에 내주었고 바로 그 옷을 입고 즐거워했는데, 그만 파도에 바지자락이 젖는 바람에 파도 밟기는 싱겁게 끝이 나고 말았다.

가쓰라하마 해변의 언덕에는 사카모토 료마의 동상이 있다. 한손을 옷 속으로 집어넣고 바다를 바라보는 료마의 모습이 나폴레옹을 연상시키도록 연출된 듯한 건, 나만의 착각일까. 일본 근세사 1000년을 통틀어 일본인들이 가장 존경하는 인물 1위를 차지한 인물이 바로 사카모토 료마다. 임진왜란 이후 평화기를 다졌던 도쿠가와 막부의 시조 도쿠가와 이에야스가 2위이고, 왜란의 주인공 도요토미 히데요시가 6위라면, 료마가 좀 더 궁금해질 법도 하다.

근대 일본의 출발점이 된 메이지 유신의 화려한 주역이었던 료마는 1835년 도사(지금의 고치현)에서 지방무사의 둘째아들로 태어났다. 1853년 일본 에도만 우라가에 미국인 함장 페리 제독이 이끄는 군함 네 척이 개항을 요구하며 상륙했다. 일본 변혁의 도화선이 된 구로후네黑

船 사건이 일어난 것이다.

일본 전역은 서양인들의 신식 무기와 엄청난 체격에 혼비백산했다. 쇠약해진 도쿠가와 막부가 아무 대책도 세우지 못하는 사이 일본열도는 개국과 쇄국의 갈림길에서 피바람에 휩쓸리게 된다. 이때 19세의 나이로 에도(지금의 도쿄)에 있던 료마는 개국파의 거두인 가쓰 가이슈를 암살하러 갔다가 오히려 그에게 설복 당하여 개국론자가 되었다.

그는 규슈의 '사츠마'와 혼슈의 '초슈' 지역에서 주도권을 놓고 서로 반목하던 세력을 규합해 '삿쵸 동맹'을 만들어 도쿠가와 막부와 맞서면서 새로운 국가체제를 구상하고 메이지 유신의 밑그림을 그려갔지만 33세 젊은 나이에 암살당한다. 그래서일까, 고향 언덕에서 해변을 내려다보고 있는 료마의 얼굴에는 쓸쓸한 표정이 역력하다.

젊은 영웅 료마의 기록에서 흥미를 끄는 건, 그가 일본 최초로 신혼여행을 한 인물이라는 사실이다. 1866년 료마는 1월에 막부측 관리의 급습을 받았는데 그때 애인이었던 오료의 도움을 받아 상처만 입고 겨우 피신을 할 수 있었다. 그 후 오료와 정식으로 결혼을 하고

3월부터 한 달 동안 상처도 치료할 겸 가고시마로 온천여행을 했다. 그리고 돌아와 1년 7개월 뒤인 1867년 11월 15일 교토에서 암살당한 것이다.

가쓰라하마의 해변에서 시선을 저 멀리 태평양을 향해 두고 서 있는, 불꽃처럼 인생을 살다간 젊은 영웅 료마와, 스위트하고 낭만적인 남자 유키, 그리고 흰 수염이 멋진 가라데의 고수 크리스를 한 풍경에 담고 우린 발길을 돌렸다.

33번에서 납경을 받고 쉬며 버스를 기다리는데 제 시간이 되어도 감감무소식이다. 아차, 일요일이라 버스가 없다는 게 아닌가. 기다린 시간이 아까워 우리는 택시로 이동하기로 맘먹고 일어서는데, 레인보우 호쿠세이 료칸의 주인장인 히로타 이사오 씨가 간밤에 자신의 숙소에서 묵은 순례자를 데리고 산문으로 들어섰다. 그는 나를 보더니 손뼉을 치며 반가워하고는 자신의 차로 되돌아가 흰 수건을 들고 뛰어 왔다. 내가 그의 집에서 묵을 때 두고 간 거라며, 혹시나 만날까 싶어 이틀 동안 차에 싣고 다녔다는 것이다. 아무리 챙긴다고 애를 써도 이렇게 무엇을 잃어버렸는지조차 모를 때도 있다. 어젯밤에는 손톱 전용 크림 하나를 찾느라 배낭을 발칵 뒤집었는데도 찾지를 못했다. 손톱과 손가락 끝이 찢어지고 갈라지는 데 특효라 내겐 얼굴 크림만큼 필수인 품목인데…. 그렇게 찾아도 없던 크림이 아침에 내 머리맡에 얌전히 놓여 있어서 은근히 화가 나기도 했었다.

  잊어버린 줄도 몰랐던 수건 한 장이지만 이렇게 정성스레 포장한 선물처럼 건네받으니 기쁘고 반갑고 감사하다. 오늘은 기분 좋은 일이 참 많다. 유키와 나를 보고서 사람들이 부녀 사이 아니냐고 묻곤 하는데, 오늘은 심지어 어떤 학생이 내게 "학생이냐?"고 물어서 크리스와 함께 배를 잡고 웃기도 했다.

오늘의 숙소인 산요소 료칸에는 온천이 있는데 노천탕까지 갖추어져 있었다. 노천탕에서 바라보는 청보라빛 하늘에 별들이 총총하다. 일본인들은 바로 이 청보라빛을 매우 사랑하여 고급물감을 만들어 애용한다. 쪽빛 혹은 코발트 블루라고도 하는. 그렇지! 이번 여행의 기념품으로는 이 쪽빛으로 물들인 수건 한 장을 챙겨가야겠다. 일본의 밤하늘을, 저 태평양을 내 창가에 옮겨다놓는 가장 손쉬운 방법 아닌가!

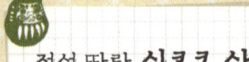

33번_ 셋케이지 雪蹊寺

전화 0888-37-2233 | 숙소 없음

찾아가기: ① JR도산선 고치역에서 남쪽으로 뻗은 대로인 하리마야바시 교차로의 버스터미널에서 가쓰라하마행 버스를 타고 나가하마슛쵸쇼 정류장 하차, 도보 5분. ② 32번에서 7.4km, 도보 1시간 45분. ③ 33번 인근에서 숙소를 잡을 경우 숙소에 따라 민박 주인이 픽업을 해준다.

명승 가쓰라하마 해변 근처에 셋케이지가 있다. 이곳의 전설 또한 재밌다. 16세기 말경 겟포우오쇼月峰和尚 스님이 절을 방문해 하룻밤 묵으려고 했다. 마을사람은 절에는 무서운 요괴가 살고 있으니 그곳에 묵지 말라고 말렸다. 스님은 신경쓰지 않고 묵게 되었는데 한밤중 좌선을 하고 있는데 울음소리와 함께 "물도 속세라고 하는 곳일까"라는 소리가 들렸다. 겟포우오쇼는 이것이 단가의 와카 첫 구를 제대로 지어내지 못해서 성불할 수 없는 영혼일거라고 생각하고 다음날도 묵었다. 다시 좌선을 하는데 어젯밤과 같은 목소리가 들려왔고, 스님은 이렇게 대꾸했다. "검게 물들인 옷을 씻으니 그 물도 옷과 같아지네. 물도 속세라고 하는 곳일까" 그러자 울음소리는 그치고 두 번 다시 요괴는 나오지 않게 되었다고 한다. 그 후 겟포우오쇼는 주지가 되어 절을 훌륭하게 일으켜 오늘날에 이르게 했다.

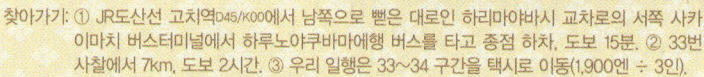

34번_ 다네마지 種間寺

전화 0888-94-2234 | 숙소 없음

찾아가기: ① JR도산선 고치역D45/K00에서 남쪽으로 뻗은 대로인 하리마야바시 교차로의 서쪽 사카이마치 버스터미널에서 하루노야쿠바마에행 버스를 타고 종점 하차, 도보 15분. ② 33번 사찰에서 7km, 도보 2시간. ③ 우리 일행은 33~34 구간을 택시로 이동(1,900엔 ÷ 3인).

민타즈텐노敏達天王 577년 오사카의 시텐노우지四天王寺 건립을 위해서, 쿠다라(백제)에서 왜로 건너와 있던 조사工匠寺工들(화가, 장인, 목수 등)이 절을 완성하고 귀국하던 중 도사바다에서 폭풍우를 만났다. 가까운 항구였던 이곳에 피난하여 약사여래를 만들어 본오야마本尾山의 정상에 안치하고 항해의 안전을 빈 뒤 무사히 귀국할 수 있었다고 한다. 그 후 코우보대사가 약사여래를 본존으로 절을 열었다. 이 때 당에서 가지고 돌아온 오곡 (벼, 보리, 조, 수수, 콩)의 종자를 기려 다네마지種間寺라고 불렸다. 옛날 다네마지의 연못 기슭에 '등명의 송'灯明の松이라 불리는 아름다운 소나무 한 그루가 있었다. 매월 8일 이 소나무에 등불이 켜지면 소나무 위로 오색구름이 길게 끼었다는 것. 본존의 약사여래를 모실 때는 여기에 불을 밝혀 공양하는데 이때 등명의 송과 그것을 비추는 연못으로 오색구름이 길게 끼는 모습은 이 세상의 정토淨土와 같다고 한다.

35번_ 기요타키지 清滝寺

전화 0888-52-0316 | 숙소 없음

찾아가기: ① JR도산선 고치역에서 다카오카에이교쇼행 버스를 타고 종점 하차, 도보 50분. ② 34번 사찰에서 9.5km, 도보로 3시간, 고치시를 벗어나 니요도가와 강을 건너는 큰 다리를 건너서 도사시를 지나 북쪽 산으로 올라간다.

88단의 액막이 계단을 힘들게 올라가면, 우뚝 솟은 키다리 약사여래상이 맞아주는 곳이다. 이 약사여래상의 아래는 태내순회를 할 수 있도록 되어 있다. 태내순회는 약사여래상의 아래 부분 어두운 지하 즉 약사여래의 태내라고 하는 몸에 손을 대고 도는 것이다. 이곳의 전설은 이라즈노야마와 신뇨真如 고승에 대한 것이다. 다카오카 마죠는 헤이제이천황의 셋째 황태자로 태어났지만 '후지와라노' 쿠스코의 변'으로 궁에서 쫓겨나게 되었다. 궁에서 나온 황태자는 출가하여 도다이지에 들어가 이름을 신뇨라고 정하고 코우보대사에게 사사, 진언의 수행을 받고 16제자 중 한 사람이 되었다. 그리고 불교를 더 공부하기 위해 당나라로 떠날 때, 신뇨는 기요타키절에 이라즈노야마(생전에 세우는 무덤으로, 타지에서 죽음을 맞을 경우를 대비해 영혼이 방황하지 않고 돌아와 머물 수 있도록 미리 만들어 두는 것이다)를 지어놓고, "내가 도중에 죽어도 영혼이 돌아와 영원히 이 절을 지켜 많은 사람들을 구해 부처의 세계로 이끌 것이다" 라고 새기고 떠났다. 신뇨는 당에 건너간 후 더 나아가 인도까지 가다 숨을 거두었지만, 그의 영혼은 그가 생전에 지은 이라즈노야마에 돌아왔다고 하는 이야기이다.

Day 12 _ 3월 21일 토요일

오늘의 숙소

- **민숙 아시즈리**足摺はっと (0880-88-0753, 0902-78-0753)
- 6,500엔(2식 포함). 주인아저씨가 어부여서 활어회 요리가 빼어나고, 아주 친절하다. 38번 사찰에서 가깝다. 인근 상가로 가서 민숙 아시즈리로 전화 부탁을 하면 차로 38번 사찰까지 데리러 온다. 38번 사찰에도 숙소가 있고, 유스호스텔도 있다(0880-88-0324).

오늘의 사찰

1일 합계 : 168.9km

36번 쇼류지青龍寺(13.9km, 4시간) → 37번 이와모토지岩本寺(60km, 18시간) → 38번 곤고후쿠지金剛福寺(95km, 30시간)

인생의 황금기를 즐기는 유키!

부지런하게 움직인 하루다. 아침 일찍부터 서둘러 36번 쇼류지부터 37번과 38번까지 약 160km를 소화했다. 물론 버스와 기차를 이용했다. 37번 이와모토지에서도 탁발하며 순례하는 할아버지를 보았다. 곱게 늙으신 할아버지는 사극에 나오는 모델처럼 멋있었다. 크리스와 내가 약간의 오세타이를 했다.

유키의 사진 찍기는 거의 광적이다. 그가 카메라를 꺼내들면 난 거의 본능적으로 슬금슬금 피하는 지경에 이르렀다. 반면 크리스는 하루 종일을 가도 10장쯤 찍을까 말까다. 유키는 새로 산 카메라를

쉴 새 없이 눌러댄다. 자신이 포함된 사진을 찍을 경우 크리스에게 부탁을 하는데, 그럴 때마다 꼭 크리스가 찍어준 사진을 줌으로 당겨 확인하고 마음에 들 때까지 타박을 해가며 여러 번 다시 찍는다. 가끔 나와 크리스가 그의 모델이 되기도 한다. 휴대폰으로도 찍는다. 알리바이라고, 사진을 찍어 아내에게 자신이 어디 있는지 보내기 위해서라고 하지만, 아니, 순례자의 알리바이가 무슨 소용이람?

유키는 셀카질도 열심이다. 2기가 메모리만 믿고 저렇게 열심인데, 아무래도 메모리카드 몇 장 더 사야 할 정도가 아닐지? 유난 떠는 유키에게 그나마 잘 응대하던 크리스도 이제 슬쩍 자리를 피할 정도다.

낭만적인 남자 유키는 기념으로 주운 큰 돌을 들고 다니기 때문에 가방도 무지하게 무겁다. 그 안엔 못 쓰게 된 카메라까지 들어 있다! 이렇게 내가 투덜거리며 유키 얘기를 한다고 해서 오해는 마시라. 유키는 멋진 인생을 살고 있다. 운동도 꾸준히 하고, 동네 친구들과 어울려 자원봉사도 열심히 한다. 배낭을 꾸려 해외로 나가 여행을 할 때엔 적극적으로 친구를 사귀고 그 사귄 친구의 집으로 놀러도 가고 그들을 일본의 자기 집으로 초대해 함께 일본여행도 즐긴다. 지금 나에게 하듯이 말이다. 자신의 삶을 느긋이 즐기며 행복한 인생의 황금기를 보내고 있다. 내가 강연을 통해 유키처럼 지내는 은퇴 후의 삶을 한국의 은퇴자들에게 종종 추천하기도 하는 이유는, 그래서 충분하다.

아, 아시즈리미사키!

아시즈리는 왼쪽으로는 일출을, 오른쪽으로는 일몰을 볼 수 있는 절묘한 위치에 자리 잡은 곳이다. 절 또한 뒤로는 산을 등지고 앞으로는 바다를 품었다. 사찰 경내에서는 연못과 바위로 만든 정원이 특히 눈길을 끈다. 납경을 하는데 크리스와 내가 외국인이라며 작은 순례인형이 매달린 핸드폰 고리를 선물로 주었다. 가끔 외국인에게 기념품을 주는 경우가 있는데 크리스는 한눈에 외국인임을 알지만 난 일본인으로 보여서 이런 선물을 놓친 적이 왕왕 있다.

우리가 따로따로 납경을 받으러 갔을 때이다. 한가롭게 납경소에 앉아 있던 스님 한 분이 우리에게 오더니 영어로 말을 걸며 자신의 정원을 소개하기 시작했다. 그는 자신이

이 정원을 직접 설계해 열심히 만들어 가는 중이다. 그의 말에 의하면 하늘에서 내려온 용이 절 뒤로 병풍처럼 펼쳐진 산을 휘감고 바다로 표현한 물의 정원으로 내려오는 모양을 만드는 중이란다. 용의 모습이 구체적으로 드러나는 게 아니라 상징적으로 그런 형세를 그리며 정원을 꾸민다는 것이다. 제법 넓은 못의 가장자리는 중국에서 가져온 기암괴석으로 꾸몄고, 그 중 넓은 바위 하나가 매우 중요한 위치인데 그가 앉아서 떠오르는 해를 맞으며 아침예불을 드리는 곳이라고 한다. 이 아침예불 후에야 손님을 받는다고. 정원의 주제를 신과 자연 그리고 사람이라고 소개하는 이 분이 바로 38번 곤고후쿠지 주지인 멋쟁이 나가사키 쇼쿄 스님이다.

이분은 한국의 33관음 사찰투어를 해보고 싶다고 했다. 그 투어를 해보았느냐는 질문에 그런 게 있다는 사실조차도 모르고 낯선 나라 사찰 순례를 온 나 자신이 내심 부끄러웠다. 궁색하게 "불자가 아니라서…"라고 얼버무리려니, 나가사키 스님이 잠깐 기다리라며 한국관광공사가 발행한 안내책자를 들고 나온다. 서울에서 찾아보고 더 도움이 될 만한 정보가 있으면 보내드리겠다고 했다. 언제든지 이 절에 오면 자기를 찾아오라며, 시간이 허락한다면 우리를 안으로 초대하겠다고 했지만, 유키가 밖에서 기다리는 바람에 초대에 응하지 못하고 아쉬운 마음으로 헤어졌다.

한국은 우리의 어머니

곤고후쿠지에도 숙소츠쿠보가 있지만 휴일이라 순례자를 받지 않았다. 기념품가게에서 추천한 숙소에서 절의 입구로 우리를 데리러 왔다. 츠쿠보가 쉬는 관계로 관광객과 순례자들이 모두 인근 숙소에 머물러야 하는 주말이어서 빈 방이 많지 않았다. 우린 한방에서 머물러야 할 형편이었다. 비교적 큰 다다미방이었다. 민숙 아시즈리는 주인이 어부이고 아내가 민숙을 운영한다.

선한 눈동자의 주인아저씨가 나를 바라보며 정중하게 이야기를 꺼내는데, 아들이 시드니에서 5년째 디자인을 공부한다고. 외지에서 공부하는 아들 영향일까, 짧은 영어로 중국은 아버지, 한국은 어머니, 일본은 아들이라고 하신다.

유키의 통역으로 더 얘기를 나눴는데, 그 대강은 이렇다. "한국의 많은 문화와 풍습을 우리가 받아들였다. 돌아다녀 보니 비슷한 점이 많지 않더냐? 지난날 우리가 한국에 지은 죄로 우리를 너무 나쁘게 생각하지 않기를 바란다. 그래야 당신의 시코쿠 여행이 즐겁지 않겠느냐?" 그리고 엔이 많이 오르고 원이 떨어져서 여행비가 많이 들겠다는 염려 끝에, 어서 모든 것이 잘되었으면 좋겠다고 한다. 예순은 훌쩍 넘었을 작은 시골마을의 어부가 제대로 된 역사를 알고 진중한 마음으로 손님을 접대하는 모습에 나는 감동하지 않을 수 없었다. 마음에서 우러난 그의 태도는 비굴함도 나약함도 아니었다. 내공이 깊은 자신감에서 나오는 겸손함이었다. 굽신거리며 지겨울 정도로 되뇌는 "스미마셍"이나 "아리가또"로도 채워지지 않는 뭔가가 있었는데, 눈이 큰 이 어부의 얘기를 들으며 문득 따뜻한 마음의 교류는 바로 이런 것이 아닐까 싶었다.

저녁식사 시간, 우리 모두는 입을 다물지 못했다. 한국의 내로라하는 일식집보다 더 푸짐하고 멋스럽게 차려진 상차림이었다. 눈을 살짝 껌벅거리는 생선을 보고 찔끔 기겁해 채소로 얼른 덮긴 했지만, 맛은 기가 막혔다. 감탄이 절로 났다. 맛을 음미하며 잠시 젓가락질을 멈춘 사이, 저 눈 껌벅이던 생선이 윤회의 사이클을 따라 다음 생에서는 부디 나처럼 맛있게 드셔보는 입장이 되기를 빌기도 했다.

맛난 회의 유혹과 더불어 도미찜과 도미튀김도 환상이었다. 에도 막부의 그 유명한 쇼군 도쿠가와 이에야스는 도미와 매실주를 즐겨먹었다고 한다. 왜? 정력에 좋다고! 하긴 40여 명의 소실을 거느

린 남자였으니! 그러나 쇼군은 그렇게 즐기던 도미튀김을 먹은 게 화근이 되어 숨을 거둔다. 쇼군의 사망진단서에 적기엔 어처구니 없을 정도로 초라한 이유이지만, 오늘은 나도 도미와 함께 매실주를 마셨다. 감히 쇼군의 식사를 흉내 내어, 정력 보강을 위해 한 잔! 살균을 위해 또 한 잔! 소화를 위해서도 한 잔! 아, 달콤한 매실주여!

정토로 가지 못해 '발을 구르고' 떠난 곳이라 아시즈리라고 불리는 이곳(143쪽 참조). 훗날 아시즈리를 떠올리면 나는 이 흐드러진 만찬부터 떠올라 발을 동동 구르며 그리워할 테니, 그대는 무조건 별 다섯이요!!!

전설 따라 **시코쿠 삼천리**

36번_쇼류지 青龍寺

전화 0888-56-3010 | 숙소 없음

찾아가기: ① JR도산선 고치역에서 우사행 버스를 타고 스카이라인이리구치 정류장 하차, 도보 30분. ② 35번에서 13.9km, 도보 4시간. ③ 35번을 마치고 도사시청/경찰서 방면으로 거의 직진하듯 내려온다. 경찰서 앞 버스정류장에서 16:24 차를 타고 고치시로 가다 다리 앞에서 내려 바로 맞은편으로 건너가 우사행 버스로 갈아타고(16:38 차이므로 갈아탈 시간이 넉넉지 않다) 우사오하시에 내린다. 그곳에서 산요소나 국민숙사 도사로 전화를 하면 픽업하러 온다. 산요소와 국민숙사 도사는 36번 가까이 있는 숙소이다. 이들 숙소는 다시 37번 가는 버스(9:34 차 타고 갈아탐, 1,000엔)를 타는 곳까지 태워준다.

산문을 들어서면 옆으로 폭포가 떨어진다. 가파른 돌층계를 100단 넘게 올라야 가람이 펼쳐진다. 쇼류지는 대사가 당에 유학을 가 진언의 비법을 공부할 때 장안성 청룡사의 스승이었던 혜과스님의 은혜에 보답하기 위해 건립한 것이다. 대사가 절을 짓는 장소를 결정하기 위해 명주의 바닷가에서 일본을 향해 독고저(불교용구)를 던졌는데, 훗날 시코쿠에 들러 독고저가 쇼류지 위치의 소나무 위에 머물러 있는 것을 발견하고 사가 천황에게 헌상하고 절을 지었다. 본존으로 나키리 부동명왕을 모신 것은 대사가 당나라에서 돌아올 때 폭풍우를 만났으나, 부동명왕이 나타나 무사히 길을 인도한 데서 유래한다. 그래서 본존의 나키리 부동명왕은, 어부를 비롯하여 바다에서 일하는 사람들의 해상 안전을 위하여 널리 받들어지며, 시코쿠의 선원들은 바다에 나오기 전 반드시 쇼류지에 참배하고 배는 항해의 안전을 위해 절의 앞바다에서 세 번 돌면서 빌고 난 뒤 출범했다.

★잊지 말고 본당 천정을 보시라. 어부들이 봉납한 말 그림 액자들이 반길 것이다.

37번_이와모토지 岩本寺

전화 0880-22-0376 | 숙소 있음

찾아가기: ① JR도산선 구보카와역K26/TK26에서 도보 10분. ② 36번에서 60km, 도보 18시간. ③ 36번 마치고 스카이라인이리구치 버스정류장에서 9:34 버스를 타고 스사키 정류장 하차. JR도산선 스사키역K19에서 10:33 기차(540엔)를 타고 JR도산선 구보카와역K26/TK26 하차, 도보 10분.

36~37번 구간은 약 60km로 몹시 길어서 '수행의 도장'이라고 불린다. 불교 진흥에 앞장섰던 45대 쇼무천황의 지시에 따라 행기대사는 729~749년에 인왕경에 나오는 칠난즉멸七難卽滅 칠복즉생七福卽生을 기원하여 절을 열었다. 행기대사는 당시 하늘의 일곱 별을 상징하는 칠복사라는 이름을 지었다. 그 후 코우보대사가 이곳을 방문해 새로이 고카지五力寺를 건립해 또 본존을 안치하였다. 그리하여 현재 이와모토절에는 부동명왕, 관세음보살, 아미타여래, 약사여래, 지장보살의 오체본존이 모셔져 있는데, 그런 곳은 시코쿠 88개소는 물론 일본 안에서도 이곳뿐이라고 한다. 절에는 대사의 위대함을 전하는 일곱 가지 불가사의가 전하고 있으니, 벚꽃나무 아래에서 난산에 괴로워하는 여자를 위해 기도했다는 '코야스의 벚꽃'子安桜, 일 년에 세 번 밤을 딴다는 '삼도율'三度栗, 사람의 다리에 결코 들러붙지 않는 '거머리'蛭, 벚꽃이 진 무렵에 찾아오신 대사를 위해 지면에 뿌려졌다고 하는 '벚꽃조개'桜貝, 대사께서 붓을 묻은 장소에서 돋아난, 붓 모양 뿌리를 한 한 '필초'筆草, 문을 닫지 않아도 결코 도둑이 들어오지 않는 '문을 짓지 않은 촌장의 집' 등이다.

> **믿거나 말거나**_본당 천정은 다양한 그림액자들로 장식되어 있는데, 잘 살펴보시라, 마릴린 몬로의 섹시한 모습도 거기 있으니 말이다.

38번_곤고후쿠지 金剛福寺

전화 0880-88-0038 | 숙소 있음

찾아가기: ① JR도사구로시오선 나카무라역TK40의 버스터미널에서 아시즈리미사키足摺岬행 버스를 타고 종점 하차. 1시간 50분 걸림. 버스시간표는 8:30, 10:33, *11:15, 12:05, 13:45, 15:33, 17:23, 18:30, *19:10[*는 평일에만 운행] ② 37번에서 95km, 도보 30시간. ③ 37번 마치고 JR도산선 구보카와역으로 와서 스쿠모역TK47행 기차를 타고 나카무라역 하차. 기차역 바로 옆이 나카무라 버스터미널이며, 그곳 2번 홈에서 아시즈리미사키행 버스를 타고 종점 하차.

시코쿠 최남단의 아시즈리미 곶은 정말 멋진 곳인데, 우리나라 무안 도리포 해변처럼 해돋이와 해넘이를 함께 즐길 수 있는 곳으로 유명해 그믐날과 설날에는 첫 참배를 겸한 설날 해돋이를 보려고 많은 사람이 방문한다. 37~38번 구간 거리가 약 95km로 최장 구간이다. 대사는 아시즈리미 곶을 둘러보고 이곳의 아름다움이 관세음보살이 사는 보타낙補陀洛에 가장 가까운 곳이라고 52대 사가嵯峨천황에게 보고했다. 이에 천황은 대사에게 보타낙동문補陀洛東門이라고 친히 쓴 액자를 하사해 절이 개원되었다. 보타낙은, 관세음보살이 사는 정토淨土로 숭배되는 이상의 세계이다. 관음보살을 만나고 싶은 사람들이 이 아시즈리미사키에서부터 출범해 보타낙으로 항해를 떠나곤 했는데, 결국은 돌아오지 못하는 여행이 되곤 했다. 어느 날 이 보타낙 항해를 위해 사부 가토오죠진賀登上人과 제자 니지엔죠진日円上人이 방문했다. 이들이 식사를 하려는데 한 명의 수행 승려가 나타났다. 굶주렸던 그는 먹을 것을 나눠주기를 청했다. 자비심 깊은 니지엔죠진은 음식을 나누어 주었지만 가토오죠진은 나누려고 하지 않았다. 드디어 배가 출항할 때, 배는 수행 승려와 니지엔죠진을 싣고 보타낙을 향해 가버렸으니, 실은 관음보살이 수행 승려로 나타난 것이었다. 남겨진 가토오죠진은 발을 구르며 후회를 하고 떠났는데, 그 후 이곳을 '발을 구르기'라는 의미의 아시즈리로 불렀다.

믿거나 말거나_수세기가 지난 후 아시즈리는 자살로도 유명해지게 된다. 특히 아시즈리미사키에서 춤을 추면서 뛰어내린 젊은 게이샤의 이야기가 유명하다고.

제3국

보리의 도장
에히메

시코쿠의 제3국 에히메현愛媛縣. 옛 이름은 이요伊予다. 88사찰 순례길 중 보리의 도장菩提の道場으로서 번뇌를 끊고 극락정토로 향하는 장으로, 40~65번 사찰까지 26개소가 있으며 총 365km이다.

Day 13 _ 3월 22일 일요일

오늘의 숙소

· **우와지마 유스호스텔** (0895-22-7177)
· 2,100엔, 헨로 할인, 외국인 할인 가능. 우와지마 언덕 산중에 있는 유스호스텔이다. 40번 절을 마치고 입구 우체국 앞에서 우와지마행 버스(15:05)를 타고 우와지마역 하차(1,350엔), 유스호스텔에서 우와지마역으로 데리러 온다. 다음날 역으로 돌아올 때는 택시를 불러 타고 왔다(900엔). 그래도 료칸보다 싸다.

오늘의 사찰

39번 엔코지|延光寺(65km, 20시간) → 40번 간지자이지|観自在寺 (30km, 9시간 30분)

황금납찰의 행운이여

옛날 시코쿠는 귤 농사로 돈벌이가 좋았다. 내수도 좋았지만 수출까지 하여 귤나무는 돈(錢)나무였다. 오늘날에는 이 귤 농사의 수익성이 신통찮다고 한다. 우리의 제주도 귤도 한때 '대학나무'라 불렸지만 요즘은 그 경기가 예전만큼 못하는 얘기를 들었다. 이 지역엔 정말 귤이 지천이다. 수확기에 따라 여름귤과 겨울귤로 나뉘는데, 겨울귤은 껍질이 얇고 맛이 부드러운 반면, 여름귤은 당도가 떨어지며 좀 질기다고 한다. 시코쿠에는 귤밭뿐만 아니라 거의 모든 집 마당에 귤나무가 있다. 과수원에도 수확하지 않고 남겨둔 귤들이 떨어져 길가를 굴러다니거나 그대로 썩어가는 것도 많았다. 그러니 귤 인심

도 후하다. 길에서 만난 아줌마가 오세타이로 귤을 내놓기도 하고, 가끔 마당의 바구니에 귤을 담아놓고 "오세타이이니 가져가세요"라고 써놓기도 한다.

그런데 이곳에서 처음 본 과일이 있었다. 크고 노란 게 자몽처럼 큰 과일인데, 이름이 분탕이다. 도사 특산품인데, 크기는 제주의 한라봉보다 크다. 유키의 설명에 의하면 인기가 시든 귤을 대체해 분탕을 기른다고.

료칸에 들어가면 오차와 과자를 주로 내놓는데 이 분탕을 곁들이는 집도 있어 맛을 보았다. 달콤함보다는 새콤함이 더 강한 맛이 났다. 분탕의 종류도 여러 가지일 테지만, 내 입맛에는 한라봉이 더 맛나다.

39번 절에서 눈을 닦으면 안질에 좋다는 샘물이 있어 유키를 데리고 갔다. 그는 샘물에 합장을 한 후 물을 떠 눈을 씻었다. 그는 눈이 밝아지기를 바란다며 정성으로 눈을 씻

었다. 오늘 납경통에서 반짝이는 황금빛 납찰을 발견하였다. 유키와 크리스에게 호들갑을 떨며 와서 보라고 하니, 그런 황금빛 납찰을 발견하면 운이 좋다고 사람들이 몰래 가지고 가기도 한다고 유키가 설명한다. 그러면서 내게 행운이 있을 거라고 했다. 물론 난 몰래 그 납찰을 가지고 갈 생각은 없다. 금빛 납찰은 50~99회까지 순례를 한 사람이 사용하는 납찰인데 궁금하여 그 납찰을 꺼내 읽어보니 53회째 88사찰을 순례한 사람의 것이다.

문제가 생겼다. 서울에서 환전해 온 돈이 다 떨어져서 카드로 돈을 인출하려고 하는데, 기계가 카드를 자꾸 뱉어내기만 한다. 처음에는 ATM에 문제가 있을 것이라 생각해 이동 중에 다른 ATM을 만날 때마다 시도를 해봤지만, 벌써 사흘째 돈을 찾을 수가 없다. 결국 유키에게 돈을 빌려 써야 하는 상황에 이르렀다. 휴일이 끝나면 직접 우체국이나 은행에 찾아가 문제를 해결하는 수밖에 없을 것 같다. 황금빛 납찰을 발견한 행운이여, 부디 돈다발이 되어 내게로 오기를 바라나이다.

전설 따라 시코쿠 삼천리

39번_ 엔코지延光寺

전화 0880-66-0225 | 숙소 있음

찾아가기: ① JR도사-구로시오철도 히라타역TK45에서 도보 40분. ② 38번에서 65km, 도보 20시간. ③ 38번의 버스정류장에서 나카무라행 버스를 타고 7:15 출발. 나카무라버스터미널 09:00 도착(기사가 바뀜). 같은 버스 09:05 출발, 계속 타고 가면 39번 입구(낚시용품 가게 앞)에 내려준다 (2,830엔). 기사에게 미리 얘기를 해두면 도움을 준다.

엔코지에는 안질에 효험이 있다는 샘이 있다. 이 물로 눈을 씻으면 안질에 효험이 있다고 한다. 붉은 거북이가 용궁으로부터 범종을 가지고 왔다 하여 거북이 석상이 있고 그 거북이가 살고 있었다는 적귀지赤亀池도 있다. 옛날 어찌된 일인지 교토의 시시덴에 있던 오른쪽의 벚나무와 왼쪽의 귤나무가 시들어버렸다. 몹시 슬퍼하던 천황은 법력을 사용해서라도 그것을 소생시키기 위해 일본 전역의 명승들을 불러 모았다. 엔코지의 아키토시 승정과 아시즈리의 다다요시 주지승도 초대를 받았다. 두 사람은 도중에 합류해서 법력을 시험하고 그 성과를 확인하며 기세등등하여 궁궐로 갔다. 오랜 여행으로 너덜너덜해진 두 사람은 거지 스님으로 오인을 받을 정도였지만 특기인 법력을 보여 궁궐로 들어갈 수 있었다. 두 사람이 부동명왕의 족자가 걸린 방에서 한 마음이 되어 기원을 하니 때가 되자 그때까지 무서운 얼굴을 하고 있던 부동명왕이 방긋 웃고 그와 동시에 오른쪽의 벚나무와 왼쪽의 귤나무가 되살아났다. 그것을 보고 기뻐한 천황이 아키토시 승정에게 포상으로 이 족자를 내렸는데, 그것이 지금 엔코지에 전해지는 쇼후도노지구笑不動の軸이다.

40번_간지자이지 観自在寺 (40번부터 에히메현 지역이다.)

전화 0895-72-0416 | 숙소 있음(단체만 가능)

찾아가기: ① 39번 마치고 낚시용품 가게로 돌아와 반대편에서 스쿠모宿毛역까지 버스나 택시(670엔) 이용. 역에서 우와지마宇和島행 버스([전략] 12:22, 13:32, 15:07, 16:52, 17:47 [후략])를 타고 히라죠후다쇼마에 정류장에서 내리면 우체국 앞이다. 거기서 도보 5분. ② 39번에서 30km, 도보 9시간 30분.

에히메 보리의 도장 최초의 절이며 1번 료젠지로부터 제일 먼 장소에 있어서 우라세키쇼裏關所라고 불리기도 한다. 절의 보물을 전시하는 핫카쿠도 팔각당과 물을 끼얹고 소원을 빌면 좋다는 팔체불八体佛이 있다. 간지자이지는 지금은 해안에서 2km 정도 떨어져 있지만 옛날엔 산문이 해안선 근처였다. 지금은 본존이 약사여래이지만 그 무렵엔 십일면관음이었다. 사람들이 간지자이지를 지날 때에는 십일면관음이 바라보는 시선에 예불을 하지 않으면 운수가 나쁘다고 두려워하며 늘 예를 보내고 지냈다. 또 산문 가까이에 있는 길을 말이나 마차를 탄 채로 통과하려고 하면 말이 움직이지 않아 지날 수가 없었다. 먼 바다에서조차 일부러 기슭에 배를 대고 예불을 드리고 가느라 시간이 걸려 서두르는 경우가 많아 사람들이 곤란을 겪었다. 그래서 본당의 십일면관음의 시선을 가리면 반드시 예배하지 않아도 나쁜 운수는 없을 것이라고 생각해 산문 앞에 큰 소나무를 심었다. 이 소나무를 메카쿠시노마츠めかくしのまつ 즉 '눈가림 소나무'라고 한다. 그로부터 사람들은 속박에서 벗어나 적당한 때에 예불을 드리며 편안히 일을 볼 수 있었다는 전설이다.

Day 14 _ 3월 23일 월요일

오늘의 숙소
· **마츠치야 료칸**(0894-62-0126)
· 6,500엔(2식 포함). 주인 친절. 43번 메이세키지 근처. JR요산선 우노마치역에서 가깝다.

오늘의 사찰
41번 류코지(龍光寺)(50km, 15시간) → 42번 부쓰모쿠지(佛木寺)(2.7km, 45분) → 43번 메이세키지(明石寺)(11km, 4시간)

납경소의 할머니

인증 날인인 납경을 받을 때마다 느끼는 거지만, 납경을 해주는 사람에 따라 정성이 다 다르다. 납경을 하는 이들은 대개 승려와 절의 사무를 보는 이들이다. 팔순이 넘은 어르신이기도 하고, 20대 초반의 젊은 승려나 사무를 보는 앳된 아가씨이기도 하다. 납경 과정은 어느 정도 수순이 정해져 있다. 먼저 순례자가 납경장을 납경소 탁자에 내놓으면, 그것을 펼쳐 도장을 찍고 붓으로 묵서를 쓴 뒤 본존의 그림이 그려진 작은 종이 한 장과 함께 내민다. 그리고 순례자가 내민 납경비 300엔을 받아 안으로 들여놓으면 끝이다.

그런데 이 기계적인 납경 과정조차도 매우 정성스럽게 해주는 이들이 있다. 오늘 받은 41번 류코지 경우가 그랬다. 납경을 해주는 이

가 순례자를 약간 내려보도록 책상이 놓인 사무실에 작은 체구의 할머니가 조용히 앉아계셨다. 내가 납경장을 내니 소중히 받아 가슴으로 당겨 고개를 숙여 예를 올리고 책상에 얌전하게 올려놓고 도장을 찍고 정성스럽게 묵서를 써내려갔다. 이곳까지 오는 동안 지치고 힘들었던 순례자들의 노고를 쓰다듬어주려는 듯, 그 정성어린 몸짓 하나하나가 예사롭지 않았다.

묵서를 다 쓴 뒤 마르지 않은 묵서가 다른 면에 묻지 않도록 헌 종이 한 장을 끼워넣는데 그 종이가 벌써 며칠째 쓰다 보니 지저분해졌다. 그걸 보고 미리 준비해둔 하얀 종이를 나의 납경장에 맞추어 잘라 낡은 신문지 대신 끼워주셨다. 그리고 납경장을 덮더니 다시 두 손으로 납경장을 가슴으로 가져가 고개를 숙여 예를 한 뒤 내게 돌려주었다. 작은 접시에 담긴 납경비 300엔도 인사를 한 뒤 들여놓았다. 납경장을 받아든 나도 절로 소중하게 가슴에 끌어안게 된다.

각별한 몸짓으로 나의 남은 순례를 격려해주신 할머니는 오늘 아침 일찍 찾아온 순례자들 모두에게 똑같은 정성으로 납경을 해주었다. 크리스도 납경장을 가슴에 꼭 안았다. 할머니의 정성이 순례길의 절반쯤인 41번 사찰까지 온 순례자들에게 큰 힘이 되고 있다. 감동은 늘 이렇게 예사로운 일을 예사롭지 않게 만드는 데서 비롯되는 게 아닐까.

오세타이 할머니

어제 내린 비로 산길이 흠뻑 젖어 흡사 반죽 위를 걷는 듯하다. 산길인 하나가도계구치齒長峰口로 접어들 때다. 눈비 오는 날이나 그 다음날이라면 이 구간은 피하는 게 상책인데, 낭만주의자 유키 때문에 크리스와 난 입을 내민 채 어쩔 수 없이 따라 들어섰지만, 어휴, 정말 힘들다. 산 하나를 넘는데 산의 중간쯤 200미터 정도는 설치해 놓은 쇠 로프에 의지해 올라가야 하는 급경사의 비탈이다. 산을 넘어 내려오니 우리보다 늦게 출발한 일행이 차도를 이용하여 우리보다 빨리 와서 순례자 휴게소인 정자에 앉아 편안히 점심을 즐기는 게 아닌가.

히지카와 강을 따라 길을 걸어가던 중이었다. 길 건너편에서 싸락싸락 빗질하는 소리가 들렸다. 커다란 목재소 앞에서 머리에 하얀 수건을 쓴 키 작은 할머니가 마당을 쓸고 계셨다. 우리가 지나는 것을 눈치채지 못하고 빗질에 몰두하던 할머니에게 앞서가던 크리스가 "곤니치와"라고 인사를 건네니, 깜짝 놀라면서도 당신 키만큼 큰 빗자루를 들고 가지런히 발을 모아 머리 숙여 인사를 했다. 유키가 이어서 인사를 하니 다시 머리 숙여 정성스럽게 인사를 한다. 다음으로 내가 인사를 하며 지나는데 할머니가 한 손을 들어 이마에 대고 잠시 생각을 하던 할머니가 나도 얼른 알아들을 수 있는 한 마디를 외치셨다. "순례자님들, 잠깐만요!" 그리곤 종종걸음으로 집안으로 뛰어가시는 할머니. 가던 길을 멈춘 우리 셋은 할머니가 사라진 쪽을 우두커니 보고 서 있었는데, 잠시 후 커다란 한라봉 세 개를 들고 나오신다.

"어디서 오셨어요?" 할머니가 크리스에게 물었다.

"이 사람은 호주의 애들레이드에서 왔어요."

"아하! 그래요. 나는 시드니 가봤어요. 아, 퍼스도 가봤어요! 아휴 신기해라, 그 먼 데서 헨로상이 되어 왔네요."

"그리고 이 사람은 서울에서 왔구요."

"아하! 그래요. 죄송합니다. 서울은 못 가봤어요."

아이들 만화영화에서 숟가락을 매달고 나타나는 호호할머니가 생각났다. 그 모습이 어찌나 귀여운지, 냉큼 안아드리고 싶을 정도였다. 감사의 표시로 납찰을 써 드리고, 길을 재촉해 가는데 할머니가 손을 흔들며 인사를 해주었다. 잠시 가다 뒤돌아보니 할머니가 계속 손을 흔들고 계셨다. 크리스와 유키에게 얘기를 하여 우린 같이 서서 손을 흔들어 답례를 해드렸다. 돌아가신 우리 부모님들도 문밖에 서서 차를 타고 떠나는 우리의 모습이 보이지 않을 때까지 손을 흔들어 주시곤 했지….

잠시 그리움에 한참을 가다 뒤돌아보니 여전히 그 자리에 서서 머리에 썼던 흰 수건을 풀어 흔들고 계신 것이 아닌가. 코끝이 찡하니 맘이 아팠다. 되돌아가 꼭 안아 보고 싶은 할머니지만, 그렇게 하면 할머니와의 이별이 더 길어질 것임을 안다. 어느새 크리스의 눈도 촉촉이 젖어 있다. 그는 손을 모아 고개 숙여 인사를 하고 손을 크게 흔들었다. 우리는 길이 휘어지는 곳에서 다시 한번 뒤돌아보며 여전히 손을 흔들고 계신 할머니를 마지막으로 가슴에 담았다. 우리가 여행을 마치고 가장 인상 깊었던 장면을 얘기해 보니, 신기하게도 이 할머니와의 이별장면이 만장일치 1위였다!

41번_류코지 龍光寺

전화 0895-58-2186 | 숙소 없음

찾아가기: ① JR요도선 무덴역G45에서 도보 20분. ② 40번 사찰에서 50km, 도보 15시간. ③ 40번 마치고 히라죠후다쇼마에(우체국 앞)에서 우와지마행 버스를 타고 우와지마에 내림(하루 우와지마역에서 숙박해도 좋을 듯). 우와지마역U28/G47에서 JR요도선 무덴역G45으로 간다(210엔, 07:17, 07:51, 09:38). 거기서 도보 20분. ④ 우리 일행은 우와지마 유스호스텔에서 우와지마역까지 택시(900엔) 이용 후 ③번처럼 이동.

대동2년(807년) 2월에 코우보대사가 이 땅에 올 때 벼를 짊어진 백발의 노인을 만났다. 노인은 "이 땅에 살며 불법을 수호하고 백성의 이익을 위해선 다하라"는 말을 남기고 사라졌다. 대사는 이 노인이야말로 이나리稻荷의 화신임을 깨닫고 그 존상을 새겨 당을 세워 정중하게 안치했다고. 그로부터 시코쿠 영지 농가들의 벼의 수호신稻荷大明神으로서 두터운 신앙을 받는다. 그 후 메이지의 신불분리령에 의해서 씨족신사가 되었다. 류코지의 본존은 11면관세음이지만 아직도 이 지역에서는 오이나리상이라 불린다. 원래는 풍작을 위한 기원의 제사를 지냈지만 최근에는 장사 번성을 기원하는 사람들도 많이 찾는다고 한다.

42번_부쓰모쿠지 佛木寺

전화 0895-58-2216 | 숙소 없음

찾아가기: ① JR요도선 무덴역에서 부쓰모쿠지행 버스를 타고 종점 하차. ② 41번에서 2.7km, 도보 45분.

부쓰모쿠지의 본존은 대일여래이다. 이곳에는 가축위령탑이 있는데, 한 해에 한 번 가축의 영혼을 위로하는 공양을 한다. 그 유래는 이렇다. 대사가 이곳을 지나다 소를 끌고 가는 노인을 만났는데 노인이 소를 타도록 권유했다. 오래도록  걸어온 탓에 지쳐 있던 대사는 반가워하며 소를 탔다. 잠시 가던 소가 큰 녹나무楠の大木 아래 멈추었는데, 위를 보니 녹나무 가지에 보주가 걸려 빛을 발하는 것이다. 이것을 본 대사는 이 땅이 영지라고 생각해 녹나무로 대일여래를 새기고 보주를 대일여래의 미간에 납입해 본존으로 안치해 절을 열었다. 그래서 이 절은 소나 말 등 가축의 영혼을 지키는 절이 되었고, 요즘은 애완동물의 영혼을 위로하기 위해 찾아오는 이들도 많다고 한다.

43번_메이세키지 明石寺

전화 0894-62-0032 | 숙소 있음

찾아가기: ① JR요산선 우노마치역U22에서 도보 50분. ② 42번에서 11km 도보 4시간. ③ 걸어서 가다 하나가도게 산을 넘는다면, 비나 눈이 오는 날에는 산길을 피하는 게 좋다. 200미터나 되는 가파른 산길을 철 로프에 의지해 올라야 하는 구간이다. 그래서 산을 넘는 대신 이 구간에선 차도를 따라 걷는 이들이 더 많다.

메이세키지는 6세기 아키라천황의 기원에 의해, 엔주인세이쵸延手院正澄라고 하는 행자가 천수관음보살을 안치하고 칠당 가람을 건립하며 연 절이다. 그 후 홍인 13년(822) 대사가 이곳을 영지로 정하고, 절의 중흥에 힘썼다. 전설에 의하면 옛날에 젊고 아름다운 여신이 심야에 소원을 빌며 큰 돌을 옮기는데 어느새 날이 훌쩍 밝아 버렸다. 새벽[明]의 큰 돌[石]이라는 절 이름이 이 전설에서 유래하는데, 이 여신이 곧 천수관음보살이고, 큰 돌을 가볍게 들어 올렸다 하여 아케이시あけいし 상이라고 사랑을 받고 있다.

Day 15 _ 3월 24일 화요일

오늘의 숙소

· **마쓰야마 유스호스텔** (0899-33-6366)
· 2,100엔. 여기서 2박을 했다. 도고온천에서 가깝다. 우노마치역에서 9:23 출발(보통 1,410엔. 특급은 거의 두 배 값). 마쓰야마 11:48 도착. 1일권(300엔)을 사서 도고온천 방면의 전차를 탄다. 도고온천에서 전차를 내리면 바로 파출소 앞이다. 길 건너 저 멀리 신사가 보이는데 그곳을 향해 가다 신사계단 옆으로 오르는 길에 유스호스텔 안내 간판이 있으며, 그 길로 5분 정도 걸으면 오른쪽 노란 건물이 유스호스텔이다. 시설도 깨끗하고 마쓰야마를 둘러보기에도 편리한 위치이다.

오늘의 사찰

· 사찰 순례 없이 마쓰야마 시내와 도고온천을 즐기며 하루 쉬어간다.

봇짱과 온센

어제도 돈을 찾지 못해 우체국이나 은행 직원을 만나 돈 찾을 방법을 궁리해보기로 했다. 평소보다 늦은 시간인 9시에 료칸을 나섰다. 먼저 우체국으로 가 다시 카드를 ATM에 넣어봤다. 역시 문제가 있었다. 카드를 두 개 가지고 갔는데 둘 다 불통이다. 유키의 도움으로 담당 직원과 문제를 해결하려고 하였지만 ATM은 이상이 없고 내 카드에 이상이 있는 것 같다는 말이다. 오랜 시간을 들여 서울의 은행으로 전화를 해 문제 여부를 알아보았지만, 서울에서도 카드엔 아무 이상이 없다는 얘기뿐이다.

가끔 일본에서 이런 에러가 나오는 경우가 있는데 내가 그 경우라니! 아무튼 돈이 없다. 하여서 내린 결론은 서울에서 유키의 통장으로 돈을 넣어 찾는 방법을 택했다. 여행을 오랫동안 하였지만 이런 경우는 처음이다. 크리스가 이런 경우를 통해 또 가르침을 얻는 거라고 생각하라며, 울긋불긋 열 오른 나를 달랜다.

도고道後온천과 봇짱으로 유명한 마쓰야마에 도착했다. 봇짱은 소설가 나쓰메 소세키가 쓴 소설의 제목으로 '도련님'이란 뜻이다. 도쿄에서 자란 도련님이 시골인 마쓰야마의 중학교 교사로 부임해서 일어나는 이야기들을 그린 이 소설은 드라마로 만들어져 전 국민의 사랑을 받았다. 봇짱 열차는 1880년대 시내를 달리던 증기기관차로서, 소설에서 봇짱은 이 기차를 성냥갑 같은 객차로 묘사하였다. 봇짱의 인

기 덕분에 이 열차는 디젤열차로 복원되었다. 도고온천에서 출발해 마쓰야마를 한 바퀴 돌고 다시 도고온천으로 돌아오는 순환열차다. 훌륭한 소설로 인해 도고온천은 물론 마쓰야마성이 있는 작은 도시 마쓰야마가 유명관광지가 되었다.

한글 안내판이 있을 정도로 마쓰야마는 우리에게 잘 알려진 도시이다. 유스호스텔에 배낭을 던져놓고 바로 마쓰야마성으로 갔다. 고맙게 날씨도 좋다. 거리에 기모노를 입은 여학생들이 떼를 지어 다녔다. 오늘 대학 졸업식이 있었다는 것. 졸업식 후 가족이나 연인과 함께, 기모노를 입고 도심 골목을 오가고 전차를 타는 그녀들이 있어 마쓰야마가 한결 예뻐 보였다. 케이블카를 타고 내려서도 좀 걸어서 올라가야 하는 마쓰야마성에는 벚꽃이 한창이었다. 벚꽃놀이를 나온 이들이 꽃가지를 잡거나 꽃을 배경으로 사진을 찍으며 즐기는 가운데, 연인과 함께 온 어떤 남자는 움직이면서도 계속 휴대폰만 보고 있었다. WBC 야구 한일전이다. 점심 때 들렀던 우동 집에서도 사람들의 시선은 온통 TV중계에 쏠려 있었다. 유키는 바싹 다가가 스코어를 묻고는 일본이 이기고 있는 중이라며 내게 미안하단다. 그의 표정엔 약을 올리려는 심사가 역력했다.

"흐흠, 유키! 올림픽은 우리가 이겼거든요. 게임은 이기기도 하지만 벚꽃이 바람에 확 져버리듯이 지기도 하거든요." 나도 그렇게 쏘아붙였다. 같은 말이라도 유키는 얄밉고 밉상 맞게 말을 할 때가 많다. 마쓰야마성에 별로 흥미 없어 하던 우리에게 유키는 마쓰야마성 입장료는 오세타이라고 내주었다. 그가 처음으로 우리에게 내민 오세타이다. 야구 이긴다고 한 턱 쏘시는 건가? 간만에 내가 한번 말을 받았더니 뜨끔하셨나?

지난번 우와지마 유스호스텔에서 자고 나올 때 그만 나의 '돼지코'를 두고 와버렸다. 220볼트를 100볼트로 바꿔주는 돼지코가 없으면 카메라를 사용할 수가 없기에 새로 하나를 마련하려고 전자용품 파는 곳으로 갔다. 돼지코 잃어버린 건 어젯밤 숙소에서 충전을 하려다 알았다. 유키가 우와지마 유스호스텔로 전화를 했고 그 주인장이 오늘 머무는 유스호스텔로 보내주겠다고 했다. 그렇지만 당장 필요하여 사려던 것이다. 돼지코는 금방 샀는데, 유키가 우리를 카메라 파는 데로 데려갔다. 그곳에서 그는 새로 산 카메라 기능에 대하여 캐논 직원과 카메라를 조작하며 이런저런 것을 테스트해 보면서 캐물었고, 담당 직원은 조작에는 이상이 없으니 원하면 AS센터에 맡겨보라고 했다. 유키의 질문은 옆에서 지켜보기에도 짜증이 날 정도로 트집잡기 같았는데, 당사자인 그 직원이 끝까지 성실하게 대답을 하는 게 정말 대단하여 우린 칭찬을 듬뿍 해주었다.

도고온천 앞에서 이전에도 만났던 순례자인 귀여운 모토히로를 다시 만났다. 그는 오사카대학 의학부 2년인데 방학을 이용해 낡은 자전거를 타고 순례 중이다. 오사카대학은 일본에서 5위 안에 드는 유명대학. 유키가 "공부 잘했네"라고 하니 "좀 했지요"라고 대답한다. 그는 텐트와 배낭을 자전거에 싣고 다니며 돈을 아낀다. 오늘도 도고온천의 상가가 문을 닫으면 그곳에서 배낭을 펴 잠을 잘 거라고. 그는 백의를 하나는 입었고 다른 하나는 싸인을 받아 모았다. 나와 크리스에게도 부탁을 하여 한글로 정성스럽게 써주었다.

도고온천은 삼천 년의 역사를 자랑한다. 일본의 오랜 문헌에도 자주 등장하며 숱한 신화를 남긴 곳이다. 1894년에 건축된 지금 도고온천의 본관은 목조 3층 누각으로 메이지 시대의 옛 정취를 느끼게 한다. 온천시설로는 처음으로 중요문화재가 되었다. 본관의 지붕에 있는 신로카쿠振鷺閣는 전설 속에 등장하는 상처 입은 백로를 상징하는 것으로 매일 아침 6시에 개관을 알리는 북이 이곳에 있다. 이 북 소리는 환경청에서 선정한 '남기고 싶은 일본의 소리 100선' 중에 하나로 채택되어 더욱 유명해졌다.

본관 안으로 들어가 보면 누구나 목욕을 즐길 수 있는 가미노유탕神之湯이 있다. 말하자면 대중탕이다. 도고온천의 물은 알칼리 온천으로 신경통과 류마티즘에 효과가 있다고 한다. 2층에는 온천객들을 위한 대형 휴식 홀이 마련되어 있다. 전통가운인 유타카를 입

은 채 다과를 즐기는 장면은 이곳의 흔한 풍경이다. 개인용 객실로 마련된 다마노유탕靈之湯에서는 마쓰야마 명물인 봇짱 경단과 차를 맛보며 쉴 수 있다. 도고온천 주변으로 100여 곳에 이르는 온천장이 있지만 사람들은 원조를 원한다. 도고온천의 복잡한 대중탕인 가미노유탕에서 나는, 탕과 바닥은 물론 벽까지 히노끼로 둘렀던, 기공치료사 아저씨가 데려다준 이름도 모르는 그 시골 욕탕을 그리워했다.

도고온천 상점가 코너에 누구나 무료로 즐길 수 있는 족탕과 봇짱 시계가 있다. 족탕에 앉아 흘러나오는 온천에 발을 담그고 쉬다가 봇짱 시계가 움직이는 모습까지 지켜보게 된다면 더욱 즐거운 시간이 된다. 봇짱 시계는 지난 94년 도고온천 본관 100주년을 기념해 만들어진 자동 인형시계로, 아침 8시부터 밤 10시까지 매시 정각에 쑤욱 올라와 키가 높아지며 나쓰메 소세키 소설 속의 등장인물들이 나타난다. 이때 일본 순사 복장의 아저씨가 변사처럼 목청 높여 나레이션을 해준다.

마쓰야마를 돌아보고 저녁까지 먹고 살짝 사케에 취하여 돌아오니 우와지마에서 내게로 보낸 돼지코가 도착했다. 속달로 보냈기 때문이다. 난 잃어버렸다고 생각하고 그것을 돌려받을 생각은 하지도 않았다. 도중의 어느 전기용품점에서든 비싸지 않게 살 수 있으니까 말이다. 그러나 유키가 통화를 하여 친절한 주인이 보내준 것이다. 난 이런 친절을 거절했지만 유키가 거절하지 않았던 것이다. 친절함의 감동으로 피곤이 확~ 날아가 버렸다.

배정받은 나의 방에 들어서니 일본아가씨가 홀로 누웠다 일어서며 수줍게 웃어준다. 그녀는 자전거 순례자이다. 얼마 전 회사의 감원으로 갑작스럽게 실직한 그녀는 그 마음을 달래고자 순례길에 들어섰다고 한다. 곳곳에서 일자리를 잃어 상처받은 영혼들이 늘어나고 있다. 일본도 뉴욕도 서울도 모두 세계경제란 이름으로 묶여 한 가지로 시름을 겪는다. 순례길이 그런 염려를 말끔히 씻어주기에는 역부족이겠지만, 난데없이 닥친 버거운 여유를 자기 자신을 위해 가치 있게 사용하는 가장 효과적인 방법 중 하나임은 틀림없겠다. '가오리, 그대가 지금 왜 일자리를 잃었는지 알 수 없듯, 지금 이 순례길이 그대 앞날에 어떤 큰 힘을 주게 될지도 알 수 없어요. 순례길엔 틀림없이 비밀스런 힘이 있어요. 많은 힘, 얻어가요, 꼭!'

Day 16  _ 3월 25일 수요일

오늘의 숙소
· 마쓰야마 유스호스텔
· 2,100엔. 44~48번 순례를 마치고 다시 마쓰야마 유스호스텔로 돌아오려면 49번 사찰 근처의 다카노코鷹ノ子역까지 1시간 정도 걸어야 한다. 거기서 기차를 타고(210엔) 마쓰야마로 돌아왔다.

오늘의 사찰
44번 다이호지大宝寺(85km, 25시간) → 45번 이와야지岩屋寺(10km, 3시간) → 46번 조루리지浄瑠璃寺(28km, 8시간) → 47번 야사카지八坂寺(0.8km, 15분) → 48번 사이린지西林寺(4.9km, 1시간 20분)

沈黙修行

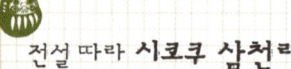
전설 따라 시코쿠 삼천리

44번_다이호지大宝寺

전화 0892-21-0044 | 숙소 있음

찾아가기: ① JR마쓰야마역에서 구마행 버스를 타고 구마쥬가쿠마에(구마중학교) 정류장 하차. 버스로 1시간 걸림. (택시 타면 540엔.) 내려서 도보 20분. *마스야마시역(JR마쓰야마역과 혼동하지 말 것!) 버스정류장 3번 홈에서 구마행 시간표 08:00, 12:05, 15:35. *JR마쓰야마역 버스터미널에서 오치데행 버스를 타고 구마쥬가쿠마에행 05:30, 06:50, 10:00, 11:50, 14:20, 15:30, 16:40, 17:50, 19:20 밑줄은 월~토요일만 운행. ② 43번에서 85km, 도보 25시간. ③ 43번을 끝나고 JR요산선 우노마치역U22에서 JR요산선 마쓰야마역으로 간다. 마쓰야마에 숙소를 잡은 뒤 다음날 구마행 버스를 타고 44~48번 구간을 돌면서 마쓰야마로 돌아오는 루트가 좋다.

다이호지 산문에는 백년에 한 번 바꾼다는 커다란 짚신이 걸려 있고 경내에 삼나무와 노송들이 우뚝 솟아 있어 절경을 이룬다. 다이호 원년인 701년 분무文武천황의 기원에 의해 한국의 쿠다라(백제)에서 온 승려가 십일면관음보살을 만들어 둔 것을 사냥꾼 형제가 산중에서 발견해 절이 지어졌다. 그때의 연호를 취해서 다이호지라고 명명되었다. 다이호지가 있는 구마초久万町는 고원지대의 마을에 위치한 도사 가도의 여인숙마을이었다.

이 구마초의 이름과 관련된 다음과 같은 이야기가 전해진다. 코우보대사가 88개소를 만들 때 다이호지가 영지에 포함되었다. 그때 절의 근처에 사는 구마라고 하는 할머니로부터 차 접대를 받았다. 대사는 대단히 기쁜 마음에 구마 할머니에게 소원을 물었다. 구마 할머니는 "산 안의 이 땅이 후대에까지 돋보이는 것이 소원입니다"라고

했다. 대사께서는 반드시 그 소망이 이루어질 것이라고 말한 뒤 떠났다. 그 후 말씀대로 마을이 번창하게 되었고, 할머니의 이름을 따 마을 이름을 구마초로 했다는 것이다.

45번_이와야지岩屋寺

전화 0892-57-0417 | 숙소 없음

찾아가기: ① JR요산선 마쓰야마시역에서 구마행 버스를 타고 구마쥬가쿠마에 정류장에서 오모고행으로 환승. 이와야지마에 정류장 하차, 도보 20분. ② 44번에서 10km, 도보 3시간. ③ 44번 마치고 절 입구 도로에서 오모고행 10:01 버스를 타고(16분 거리) 45번 이와야지에서 내린다. 내려서 절까지 도보 20분. 부지런히 돌고 내려와야 13:05 버스를 탄다(540엔).

이와야지란 이름으로 알 수 있듯이 바위 위에 절이 있다. 깎아지른 듯 우뚝 솟은 바위산 위에 절이 있다. 부동명왕이 본존이다. 본당은 거대한 바위들에 둘러싸여 있으며 명승지이다. 코우보대사가 당에서 귀국해 이곳을 찾았을 때 먼 옛날부터 이 산에 칩거하며 수행을 하던 법화선인이 대사가 고승인 것을 간파해 수행의 장소로 이 땅을 대사에게 헌상했다. 코우보대사는 부동명왕의 석상과 목상을 새겨 석상을 암벽에 봉함으로써 산 그 자체를 본존으로 했다. 본당을 오르는 돌층계의 오른쪽에는 대사가 팠다고 전해지는 '아나젠죠우'라고 하는 동굴이 있다. 지금도 그 어두운 동굴 안은 촛불과 향을 밝혀 경을 외는 이들로 가득하다. 사다리를 통해 더 올라가면 그 정상에는 하쿠산곤겐白山権現이 모셔져 있다. 45번을 오르기 위해서는 수많은 계단을 올라야 한다. 계단 옆으로는 어김없이 수많은 지장보살이 줄지어 있다.

46번_조루리지浄瑠璃寺

전화 0899-63-0279 | 숙소 없음

찾아가기: ① 이요철도 마쓰야마시역에서 단바행 버스를 타고 조루리지마에 정류장 하차. ② 45번에서 28km, 도보 8시간. ③ 45번을 마치고 내려와 구마행 13:05 버스를 타고 구마 정류장 하차. 마쓰야마행 버스 13:40(다음 버스는 18:10)을 타고, 기사에게 "46번 사찰 가는 곳에 내려달라"고 한다. (우리의 경우, 유키가 버스 기사의 정보를 듣고 황급히 내리라고 해 엉겁결에 내렸다.) 내린 곳에서부터 계속 내리막길을 따라 약 2.5km의 아름다운 경치가 펼쳐진다.

본존인 약사여래의 별명 루리코에서 절의 이름이 유래되었다. 미사카토게三坂峠와 아가케석阿伽毛石에 대한 전설이 전한다. 45번에서 걸어서 46번을 가려면 구마고원을 통과하는 난코스다. 이 길을 걸어서 간다면 미사카토게를 넘어가는데 긴 비탈이 계속되는 험한 곳이다. 옛날 이 미사카토게를 내려가던 대사는 도로공사를 하던 사람들을 만났다. 이들은 길이 미끄럽고 바위가 많아 여행자들이 고통을 겪던 비탈길을 넓히는 중이었다. 마침 길을 가로막은 큰 바위를 없애려고 하는데 꼼짝도 하질 않았다. 대사는 그물망에 큰 바위를 넣고 봉을 통해 어깨에 메고 산자락까지 가볍게 옮겼다고 한다. 그 중에 하나가 떨어져 갈라졌는데 그 파편이 조루리지에 남아 있는데, 그 돌에 대사가 썼던 그물코가 남아 있어 아가케석이라고 불린다. 경내에는 1000년이 넘는 나무가 천연기념물로 지정되어 보호받고 있다. 맨발로 밟으면 건강한 다리를 유지하고 교통안전에도 효험이 있는 불족석佛足石과 지혜에 효험이 있다는 불수석佛手石 등의 영석이 있다.

47번_ 야사카지 八坂寺

전화 0899-63-0271 | 숙소 없음
찾아가기: ① 이요철도 마쓰야마시역에서 단바행 버스를 타고 야사카지마에 정류장 하차, 도보 5분.
② 46번에서 0.8km, 도보 15분.

야사카지는 다이호 원년에 분무천황의 발원에 의해 세워진 절이다. 그때 칠당 가람을 짓기 위해 우후도우산에 핫카소의 비탈길 8개를 개간한 것을 연유로 절 이름을 야사카지 즉 '여덟 개의 비탈'로 이름 붙였다. 그 후 낡은 절을 홍인 6년(815) 코우보대사가 정돈해 88개소의 영지로 정했다. 세월이 흘러 슈겐도의 근본 도장으로서 번창했을 때는 12방과 말사 48개 및 많은 승병을 거느린 대본산으로 번창했던 절이었으나 병화와 화재로 규모가 작아졌고 지금의 조용하고 차분한 절이 되었다.

48번_ 사이린지 西林寺

전화 0899-75-0319 | 숙소 없음
찾아가기: ① 이요철도 구메ㅈ*역에서 구보타행 버스를 타고 다카이쿄쿠마 정류장 하차, 도보 5분.
② 47번에서 4.9km, 도보 1시간 20분.

사이린지는 에히메현의 관소지(關所寺)이다. 즉 코우보대사가 순례자의 평상시 행동을 체크해 불합격점을 받으면 거기서 더 앞으로 나갈 수 없다는 것. 아담한 무지개다리인 사이린지교를 건너 돌층계를 내려가면 산문에 들어서게 된다. 다리를 흐르는 오노가와 강물이 더없이 맑고 깨끗해 한 시름 덜게 한다. 여행을 준비하며 읽은 전설에 의하면 시코쿠는 가뭄이 심한 고장이어서 많은 전설이 가뭄과 연관되어 있는데, 오늘날에는 물 사정이 한결 좋아 보였다. 옛날 오랫동안 비가 내리지 않고 사람들은 큰 가뭄으로 고생을 할 때이다. 마침 이곳을 지나던 코우보대사가 농가에 들러 물을 먹었으면 좋겠다고 했다. 농가에는 물이 없었고 물을 먹고 싶어 하는 대사를 위해 할머니는 먼 곳까지 가서 물을 길어다 내놓았다. 대사는 할머니의 정성에 감동하여 사람들을 한발로부터 구하기 위해 석장(錫杖)을 땅에 찔러 놓고 빌었다. 그러자 맑고 깨끗한 물이 흘러넘쳐 샘이 되고 전답을 적셨다고 한다. 그 이래 샘은 츠에노후치(杖の渕) 즉 '지팡이 못'이라고 불리며 지금도 풍부한 물이 솟아 흐르고 '일본의 이름난 물 100선'으로 뽑히기도 했다. 본존은 십일면관음보살인데 관람할 수는 없다. 본존이 뒤돌아 놓여 있기 때문인데, 그래서 순례자들은 본당 뒤편으로 돌아가 참배를 하기도 한다.

Day 17 _ 3월 26일 목요일

오늘의 숙소

- **호우죠스이군 유스호스텔** (0899-92-4150)
- 4,330엔(2식 포함). 주인장인 미스터 신은 호주에서 유스호스텔 연수를 받고 와서 영어도 가능함. 마을에서 떨어져 있어 불편하다. JR요산선 이요호우죠역 근처, 53번과 54번 사이다. 51번 마치고 52번으로 가는 버스를 타고 유스호스텔에서 내리면 된다. ★ 이번 일정은 51번에서 끝냈지만, 거기서 JR마쓰야마역으로 가서 다이산지행 버스를 타고 종점에서 내려 버스로 10분 정도의 거리에 52번이 있으니까 거기까지 마치고 53번 근처로 가 숙소를 잡거나, 54번 납경을 받았으면 이요와케伊予和氣역에서 기차를 타고 이마바리今治역까지 가도 좋다. 그곳에서 숙소를 잡고 54번과 55번을 하면 일정을 하루 줄일 수 있고, 움직이는 동선도 좋아진다.

오늘의 사찰

49번 조도지淨土寺(3.5km, 1시간) → 50번 한타지繁多寺(1.6km, 30분) → 51번 이시테지石手寺(2.8km, 50분)

에히메愛媛에는 에히메가 없더라

간밤 유스호스텔의 내 옆 침대에 처음 만난 아가씨가 묵었는데, 키도 작고 참으로 연약해 보이는 처녀였다. 그런데 이 여인, 아침에 일어나 옷을 차려입는데, 오호, 대변신이었다! 가죽바지를 입고 새의 날개가 화려하게 펼쳐진 가죽 재킷까지 척 걸치는데, 마치 당차게 비상하려는 독수리처럼 어찌나 멋있던지! 시코쿠를 걸으며 예쁘고 세련된 여자를 본 기억이 별로 없다. 특히 이곳은 에히메현 아닌가. 이곳이 이름값을 하려면 아름답고 사랑스러운 미인인 에히메愛媛들이 거리에 널렸어야 하는데 말이다.

그런데 이 아가씨는 에히메라기보다 막 날아가려는 다카노코鷹ノ子(매)와 같다. 그녀는 오토바이를 즐기기 위해 고베에서 왔다. 요리사인 그녀의 오토바이는 그야말로 간지 좔좔 할리 데이비슨인데, 그녀의 체구에 비해 어찌나 크던지. 짧은 다리를 잽싸게 놀려 익숙하게 올라타더니 이내 폭발음을 내며 시동을 걸었다. 일행들이 부러운 시선으로 그녀를 바라보았다. 그녀가 입은 가죽 재킷에 수놓인 독수리가 튀어 날아오르듯 그녀는 당차게 사라졌다. 회사에서 갑자기 해고당하여 상처받은 마음을 달래려고 자전거로 순례를 온 부끄럼 많던 가오리가 안쓰럽게 떠올랐다. 사실은 두 아가씨 모두가 부러웠다. 자전거와 오토바이를 두려움 없이 탄다는 게 말이다. 난 교통사고 후유증으로 운전도 못하고, 심지어 그 잘 타던 자전거에도 콩닥콩닥 가슴이 떨려 올라앉지를 못한다. 아직도 꿈속에서 교통사고 당시의 상황들이 벌어져 가위에 눌려 잠이 깨곤 할 정도이다. 일면 고맙기도 하다. 남이 모는 차는 잘 타고 다니니까! ^&^*

도고온천에서 가까운 51번에서 재밌는 순례행진을 보았다. 승려가 인도하는 그룹이었다. 승려는 그 절의 신도들을 데리고 온 것 같다. 순례그룹을 인도하는 승려들은 대부분 젊은데 이 그룹의 리더는 나이가 제법 드신 분이다. 차에서 내려 산문을 들어설 때 이들은 승려를 선두로 일렬로 줄을 서 승려의 금강지팡이가 힘껏 땅을 칠 때 나는 소리와 그들의 나무지팡이로 박자를 맞추고 경문을 외며 들어섰다. 모두 백의와 삿갓을 쓰고 코우보대사 지팡이는 갖가지 색으로 모자를 씌웠다. 자세히 보니 화장도 곱게 하였다. 멋지게 단장들을

하신 거다. 이들은 미즈야를 거쳐 종을 치고 본당에 들르고 대사당에 들르며 그렇게 이시테지를 돌았다. 찬불가를 부르기도 했는데, 한마디로 다른 모든 이들의 시선을 끄는 모습을 연출하며 순례를 하는 것이다. 돌아갈 때에도 승려가 앞장서서 딸랑거리는 쇠붙이들이 꼭지에 달려 있는 화려한 금강지팡이로 힘 있게 땅을 칠 때마다 "나무다이시헨조공고"를 외며 산문을 빠져나갔다.

일반적으로 그룹들은 버스에 내려 우르르 몰려와 본당과 대사당에 모이면 '선달'이라는 순례의 선배가 지령을 흔들고 예를 올리는 경문을 한 뒤 사찰의 내력을 전해 듣고 사진을 요리조리 찍은 뒤 우르르 버스로 간다. 이때 이들의 납경은 버스에 함께 타고 온 여행사 직원이나 절의 사무원이 순례

자들의 납경장을 한꺼번에 들고 납경소로 가서 단체로 받아 들고 간다. 어쩌다 이런 단체 순례자들이 탄 버스 두세 대와 겹치면 납경 받는 데 드는 시간이 말도 못하게 길어진다. 그래서 절에 도착해 눈치를 본 뒤 이런 상황이 생길 것 같으면 도착하자마자 납경부터 먼저 받기도 한다.

특히 이시테지는 유명한 도고온천이 가까이 있어 절을 찾는 이가 많다. 이시테지에서 제주도의 돌하르방 한 쌍을 보았다. 우리나라에선 거의 사라졌지만 일본에서는 시골마을 어귀나 들길, 산길 등에 사람 형태를 한 석물들이 많다. 지장보살일 경우가 많지만, 다양한 석상들도 많다. 마을 어귀에 세우는 석상은 우리나라의 장승과 같아서 마을에 침입하는 악령을 막아주는 의미이기도 하다. 도로변에 세워진 작은 지장보살상들은 나그네의 여행 안전을 기원하며 5리나 10리마다 세워 거리를 측정할 수 있도록 도와주는 역할도 한다.

고대 그리스에서도 일정한 거리마다 이정표 표시를 한 석상을 세웠는데 그 석상 상단에 헤르메스의 두상을 조각하였다. 시코쿠를 걸으며 산길이나 들길, 마을 어귀 길이 두 군데로 나뉘는 곳은 물론이고 곳곳에 이 상들이 있어서 심심하면 지조상에게 인사를 건네며 걷기도 했었다. "아리가또 지조상! 곤니치와 지조상! 오하이요 지조상!" 그런데 크고 잘 생긴 돌하르방을 바로 이시테지 본당 옆에서 보니 반가웠다. 보통 석상을 쌍으로 세워두는 경우는 무덤 앞이거나 망자의 넋을 위로하는 당 앞에 세운다고 하던데, 이곳도 작은 당 앞에 제주도의 돌하르방이 쌍으로 있는 것으로 보아 그런 용도의 건물인 듯하다. '가만? 돌하르방도 수출하나? 이거 일제시대에 훔쳐온

거 아냐?' 어쩔 수 없이 그런 생각이 든다. 어쩔 수 없이….

길 묻는 사람이나, 일러주는 사람이나!

이시테지를 벗어나 도고온천을 지나 마쓰야마를 빠져나갈 때부터 자꾸 길을 잃었다. 유키는 지름길을 찾아낸다며 헨로도를 벗어나 가자고 고집을 부렸는데, 그때마다 길을 잃거나 돌아서 가야했다. 도보여행자들은 뜻밖에 도시에서 길을 잘 잃는다. 이정표가 도시의 다른 표시들 속에 숨어버리기 때문이다. 돌고 돌아 길을 찾아 가는데 유키는 너무 자주 사람들에게 길을 묻는다. 크리스와 내가 방향을 잡아 가는데도 말이다. 한번 묻는데 말은 또 얼마나 많은지!

길을 가르쳐주는 이도 그렇다. "지금 이 길을 곧장 가다 두 번째 신호에서 오른쪽으로 가세요. 그러다 다시 한 번 지나는 이에게 물어보시는 게 좋을 것 같군요." 이 정도면 깔끔하지 않은가. 그러나 이들의 답은 거의 이런 식이다. "아 또, 잠깐만 기다리세요. 아 또, 이 길을 주욱 갑니다. 그리고 두 번째 신호에서 오른쪽으로 돌아가세요. 아 또, 음… 그 다음에 좀 가다 길이 갈라지죠. 그럼 오른쪽인가? 왼쪽인가? 에 그러니까, 옳지, 왼쪽이네요. 왼쪽으로 가세요. 그리고 좀 지나다 작은 가게가 나옵니다. 옷을 팔던가? 신발을 팔던가? 암튼 그 가게를 끼고 도세요. 그리고 가면 작은 개울을 만납니다. 그 개울을 끼고 걷다가 첫 번째 다리를 건너면…." 그렇게 오른손 왼손을 현란하게 비틀며 안내하는 사람들을 보면 그만 내 좌뇌와 우뇌

가 현란하게 꼬여버리는 듯해 미치고 팔짝 뛸 노릇이다. 열 받은 크리스가 말한다.

"왜 이렇게 길지? 길이 그렇게 복잡하다면 간단히 두어 곳만 짚어주고, 거기서 다시 찾도록 해야지. 이런 설명 듣다 오히려 길을 잃겠다." 그런데도 길만 물었다 하면 매번 이런 식의 답변이다. 길을 묻는 시점도 적당한 곳이 있건만 유키는 불안하면 저 멀리 길을 남겨두고도 물었다. 크리스와 내가 길을 알건만 믿지 않았다. 오늘도 나의 타고난 내비게이션으로 잘 찾아가건만 유키가 길을 현지인에게 묻고는 그의 말에 의지하여 다른 길로 우릴 이끌었다.

내가 가고자 하는 방향과 어긋난 곳이었다. 유키가 다른 사람에게 길을 물을 때 난 나름대로 열심히 지도를 찾아본다. 그러나 유키는 무작정 자기를 따라오라며 언덕길로 올라간다. 할 수 없이 그를 따라 언덕길을 한참 올라가는데 오토바이를 탄 아저씨가 "헨로상! 헨로상!"을 외치며 따라왔다. 영어를 잘 하시는 그 신사 양반의 결론은 유키가 택한 길이 한참을 돌아 더 힘들게 가는 코스라는 것! 그 아저씨는 언덕 중간에 오토바이를 세워놓고 우리를 다시 언덕 밑으로 데리고 가 원래 내가 고집했던 길로 안내를 했다.

미안한지 유키는 말없이 앞서가고 크리스는 뒤돌아서서 내게 엄지를 세워 보이며 윙크를 했다. 이날 결국은 버스를 타고 호우죠스이군 유스호스텔을 찾아갔다. 물론 유스호스텔을 찾아가는 데 유키의 도움이 컸다. 유키는 길에서 자기 뜻이 계속 틀렸던 게 맘에 걸리는지 심기가 불편해 보였다. 저녁식사 시간 크리스와 나는 사케를 대접하며 그의 심기를 풀어줘야 했다.

오늘 묵은 유스호스텔의 주인은 재밌다. 유스호스텔을 운영하기 위해 호주로 연수를 다녀왔다고 한다. 내가 만난 일본인 중에 최고로 자유로운 사람이었다. 도무지 정리정돈이 되어 있지 않은 부엌과 주방에서 음식을 만드는데, 빵도 직접 구워 내놓고 주로 전통음식이라기보다 퓨전스타일인 음식들 맛이 썩 좋았다. 몸도 맘도 고달픈 하루였는데 배부르게 먹고 쉬니 그 모든 피로가 오뉴월에 내린 눈 녹듯 말끔히 가신다. 단순하여라, 순례자의 하루여!

전설 따라 **시코쿠 삼천리**

49번_조도지 浄土寺

전화 0899-75-1730 | 숙소 없음
찾아가기: ① 마쓰야마 유스호스텔에 묵었던 우리는 마쓰야마시역에서 10:36 기차(200엔)를 타고 이요 철도 구메ㅅ*역에서 하차, 도보 5분. ② 48번에서 3.5km, 도보 1시간.

지금부터 천년 전, 구우야 고승(903~962)이라고 하는 스님이 있었는데, 이 분은 젊은 시절부터 수행자로서 전국을 돌아다니며 민중을 위해 도로와 다리, 우물을 파고 연못을 만드는 일을 하여 성인으로 불리며 사람들로부터 존경을 받았다. 이 구우야 고승이 조도지 근처에 암자를 지어 3년 남짓 살면서 허술한 옷을 입고 북과 징을 치면서 염불을 외고 마을을 돌아다녔다. 구우야 고승이 이 마을을 떠날 때, 마을사람들의 소원에 따라 구우야의 상을 새겨 남겼다. 그 상의 입에서 6체의 작은 불상이 나와 있는데 그 불상은 나무아미타불의 6문자를 의미하고 역사교과서에도 게재되었다는 것이다. 구우야 고승의 상은 조도지와 쿄토의 로쿠하라밀지六波羅蜜寺 두 곳에 있는데, 박물관에 따로 보관되어 있어 볼 수는 없다. 이곳의 본존은 석가여래이다.

50번_ 한타지 繁多寺

전화 0899-75-0910 | 숙소 없음

찾아가기: ① 이요 철도 구메역에서 츠다단치마에행 버스를 타고 한다지구치 정류장 하차, 도보 10분. ② 49번에서 1.6km, 도보 30분.

8세기 45대 쇼무천황의 뜻에 의해 행기대사가 약사여래를 새겨 본존으로 건립했다. 1696년 각 계층 사람들 100명의 기부로 만들어진 종루는 절의 보물이다. 가뭄에 목숨을 건 가쿠료의 기우제 이야기가 이 절에 전한다. 지금부터 대략 700년 전 한다지 일대에 대가뭄이 닥쳤다. 반 년 동안 비가 내리지 않고 밭의 작물은 물 부족으로 거의 시들어 버렸다. 농사뿐만이 아니라 식수까지 모자랐으니, 사람들은 지옥과 같은 괴로움을 겪고 있었다. 비를 내려달라고 기우제를 지냈지만 비가 올 기색은 전혀 없었다. 이때 한다지의 주지 가쿠료覺7는 중대한 결심을 했다. 모두 바라볼 수 있는 곳에 사람들을 모은 가쿠료 주지는 땅속에 굴을 파 그 안으로 들어가 비를 내리게 하기 위한 기우제에 들어갔다. 생명을 건 기우를 한 것이다. 함께 기우제를 한 사람들은 멈추었지만 가쿠료는 변함없이 굴 속에서 염불을 외웠다. 염불 소리는 점차 약해졌고 가쿠료는 기어이 굴 속에서 숨을 거두었다. 그러자 비가 내리고 사람들은 구원을 받게 되었다는 것이다. 쇼덴도聖天堂에는 수호신의 하나인 환희천을 모시고 있어 부부 화합, 장사 번성, 합격 기원에 효험이 있다 한다. 에마絵馬를 걸어놓도록 한 곳에는, 이 절이 합격 기원에 특히 효험이 좋다고 하여 자신의 이름과 어느 학교에 합격하기를 바란다는 소원을 쓴 에마이들이 수두룩하게 달려 있다. 고대에 살아 있는 말을 신에게 바치며 소원을 비는 의식을 행한 데서 유래한 에마 즉 '그림 말'은, 귀하고 비싼 말 대신 서민들이 흙이나 나무로 만든 말을 바치다가 그림으로 그린 말의 형태로 변천해 온 것이다.

51번_이시테지 石手寺

전화 0899-77-0870 | 숙소 없음

찾아가기: ① JR요산선 마쓰야마松山역에서 오쿠도고행 버스를 타고 이시테지마에 정류장 하차. ② 50번 사찰에서 2.8km, 도보 50분. 도고온천과 가까운 곳에 있다.

728년 쇼무천황의 기원으로 건립되어 처음엔 이름이 안요우지였다가 813년 이시테지로 고쳤다. 그에 얽힌 전설은 이렇다. 에몬 사부로衛門三郞는 에히메현의 탐욕스런 부호였는데, 어느 날 탁발하러 온 승려를 사부로가 빗자루로 쳐서 쫓아버렸다. 다음날 사부로의 아이가 차례로 죽어버리자, 뒤늦게 후회한 사부로는 88사찰 순례를 하다가 21회째 순례 중 12번 쇼산지에서 삶을 마치게 된다. 그때 코우보대사 나타나 사부로의 손에 돌을 잡게 한 후, 다시 태어나기를 기원해주었다. 그 뒤 사부로 본가에서 이 돌을 쥔 남자아이가 태어났고 그 돌을 이시테지에 납입하여 지금의 절 이름이 생겨나게 했다. 한편 당시 사부로의 사찰 순례가 시코쿠 순례의 시작이라고도 전해진다.

가람에 들어서 노송에 둘러싸인 회랑을 걸으면 정면 입구의 누문과 2왕문(국보)이 나온다. 1318년에 창건된 우아한 삼중탑은 8층 정도의 높이로 균형 잡힌 일본 건축양식을 잘 보여주는 대규모 탑이다. 경내 동쪽의 안쪽에는 순산 기원의 당으로서 사랑받고 있는 가이제모천당 쿠니시게문 國重文이 있다. 그 앞에 작은 돌들이 쌓여 있는데, 임산부가 이 돌을 가지고 돌아가 무사하게 출산하면 빌린 돌과 함께 새로운 돌을 도로 갖다 놓고 감사하는 풍습이 지금도 이어진다. 또한 보물관에는 약 300점이나 되는 절의 귀중한 보물들이 진열되어 있다.

★잊지마세요! 시코쿠 순례길에서도 아주 유명한 떡이 이 절 주변 매점에 있음을.

Day 18 _ 3월 27일 금요일

오늘의 숙소

· 쇼후쿠笑福 료칸 (0898-32-0020)
· 4,000엔(숙박만), JR요사선 이마바리今治역에서 가깝다. 이마바리역 앞 광장으로 나와 왼쪽으로 가다 보험회사 간판이 보이는 곳 바로 앞 골목 첫 집이다. (어찌된 일인지 보험회사 이름을 메모해놓지 않았다. 이상한 일이다.)

오늘의 사찰

52번 다이산지太山寺(12km, 4시간 30분) → 53번 엔묘지円明寺(2.5km, 45분) → 54번 엔메이지延命寺(35km, 10시간) → 55번 난코보南光坊(3.6km, 1시간)

달링 지팡이와 코우보대사 지팡이

기차를 타려고 이요와케역에 들어서니, 이미 순례자 몇몇이 모여 있다. 이들도 우리처럼 버스와 기차를 이용해 가며 순례를 하는 사람들이다. 바짝 마른 체구에 작은 얼굴의 할머니 한 분이 유독 눈에 띈다. 이빨도 많이 빠져 합죽거리는 입을 한 분인데, 선량한 미소가 최고의 화장술임을 깨닫게 하는 할머니다. 할머니는 모양새가 다른 지팡이 둘을 끌어안고 기차를 기다리셨다. 하나는 틀림없이 코우보대사 지팡인데, 저 가늘고 야무진 나뭇가지는 뭘까?

"할머니, 이 가지는 뭐죠?" 나도 모르게 영어로 그렇게 물었더니, 할머니는 기다렸다는 듯이 대답했다. "달링! 달링이야!" 할머니의 웃음이 너무 환하다. 할머니는 이내 목에 걸린 달링 사진까지 꺼내 보여주신다. "달링이야, 달링." 잘 생기고 멋진 할아버지 사진이다. 달링은 어디 계세요, 같이 오시지 않구요, 그렇게 여쭈니, 달링은 돌아가셨단다. 갑자기 내가 슬퍼진다. 괜히 물었네….

그러니까 할머니는 동행2인이 아니라 동행3인이다. 코우보대사와 달링, 그리고 할머니가 함께 걷는 거다. 할아버지는 오랜 병으로 병원에서 지내다 돌아가셨다. 긴 병간호를 하느라 함께 병원생활을 오래 하셨다는 두 분. 할아버지가 돌아가신 후 할머니는 몸을 추슬러 순례 길에 오른 것이다. 할머니는 소형 테이프녹음기를 들고 다니는데, 할아버지가 생전에 가라오케에서 녹음한 노래 테이프를 들고 다니며 할아버지의 목소리를 늘 듣는다고 한다. 내게 들려준 할아버지의 노래는 구성진 엔카다. 이마바리역에 내리며 헤어질 때는 정말 코끝이 찡하니 슬펐다. 할머니의 뒷모습이 쓸쓸해 보였기 때문이다. 달링을 들어 흔들어 주며 웃는 귀여운 앞모습을 보여주고 떠났지만 그 앙상한 뒷모습은 쓸쓸하기 그지없다.

피곤이 몰려와 쉬고 싶은데 유키의 낭만 때문에 크리스와 난 어쩔 수없이 부둣가를 따라 거닐었다. 이마바리시는 조선업으로 성장한 작은 도시이다. 그런데 상가의 60% 정도는 비어 있는 것 같다. 이마바리도 스페인의 빌바오처럼 한국 조선업의 발전으로 인해 밀린 곳이다. 빌바오는 철강과 조선업 대신 문화산업을 육성하면서 구겐하임미술관을 유치하여 대성공을 거두었다. 그러나 이마바리는 도시를 부흥시킬 묘안을 찾지 못한 상태에서, 엎친 데 덮친 격으로 세계 경제마저 악화되었다.

낭만은 없고 텅 빈 가게와 사무실들을 보며 마음이 아팠을 뿐이다. 도로를 지나는 차량도 적어 모두 바캉스를 떠나버린 도시 같다. 이마바리의 스페셜 음식으로 닭 꼬치구이가 있다는데, 그 맛이 일품이라는데, 음, 한번 먹어보고 싶었지만 낭만적인 유키는 닭띠라서 절대로 닭고기는 먹지 않는다고 하고, 아아, 크리스는 채식주의자여서 또 안 먹고, 흠흠, 그래 혼자 먹음 무슨 재미랴. 오호 통재라.

전설 따라 시코쿠 삼천리

52번_다이산지 太山寺

전화 0899-78-0329 | 숙소 없음

찾아가기: ① JR요산선 마쓰야마역에서 다이산지행 버스를 타고 종점 하차. 도보 10분 ② 51번에서 12km, 도보 4시간 30분. ③ 51번을 마치고 마쓰야마역으로 가서 버스를 이용해 52번을 다녀온 뒤 53번부터 시작하는 일정이 합리적일 듯! ④ 우리는 유스호스텔에서 나와 이요호우조(伊予北条)역에서 기차를 타고 53번 근처의 이요화기(伊予和気)역으로 가서, 역 앞 가게에 배낭을 맡기고 52번을 갔다 되돌아와 53번까지 마친 뒤 배낭을 찾아 11:36 기차(10:39, 12:09, 13:16, 14:41도 있다)로 이마바리역으로 갔다. ⑤ 전날 52, 53까지 마친 뒤 53번 엔묘지 근처 민박에서 하루 자고 이요와케역에서 54번으로 가는 기차를 타면 하루 일정을 단축할 수 있다.

다이산지는 586년 마노쵸자(真野長者)가 세웠다고 전한다. 마노쵸자가 오사카에서 배를 타고 나왔다가 폭풍우를 만났는데 관음보살께 빌어 이곳으로 안전하게 피난을 하게 되어서 그 답례로 절을 건립했다는 것이다. 에히메현에서 가장 오래된 건물(1305년 건립)인 본당은 국보로 일본, 중국, 인도의 건축양식이 혼합되어 독특한 모양이다. 본존은 십일면관음보살이다.

옛날, 다이산지 경내의 호테이야布袋屋라고 하는 순례자 숙소에 남녀순례자가 묵었다. 순례자는 숙소에 도착하면 제일 먼저 지팡이를 물에 씻어 안으로 들여놓는데 이들은 청죽의 지팡이를 그대로 두고 방에 들어갔다. 우연히 이것을 본 스님이 두 순례자에게 "너희들은 신앙심을 갖고 순례를 하는 것 같지 않다. 금강지팡이는 코우보대사로 너희들이 발을 씻기 전에 먼저 씻어 안으로 모셔야 하는데 그렇지 못했다"며 꾸짖었다. 이 말을 들은 두 순례자는 얼른 청죽의 지팡이를 씻어 방으로 모시려 하는데 지팡이가 비틀어져 서로 얽혀 있는 것이다. 이들은 새파랗게 질려 지팡이를 스님에게 가지고 갔다. "너희는 필시 무슨 죄가 있으니까 이렇게 된 것이니 죄를 참회하지 않으면 시코쿠 순례는 할 수 없다." 그렇게 다그치자 그들이 실토하기를, 자신들은 주인의 눈을 피해 도망 중인 하인들이라고 했다. "마음을 새롭게 하여 따로 따로 시코쿠 순례를 하면 죄도 용서될 것이다." 스님의 가르침을 따라 그들은 따로 시코쿠 순례를 하겠다고 맹세했다. 스님은 두 명에게 훈계를 위해 비틀어진 청죽의 지팡이를 뜰에 심게 했다. 그리고 코우보대사의 덕으로 용서가 되면 두 그루의 지팡이에 뿌리가 붙어 우거지게 자랄 것이라고 했다는 전설이다.

53번_엔묘지 月明寺

전화 0899-78-1129 | 숙소 없음

찾아가기: ① JR요산선 이요와케伊予和氣역Y530에서 도보 5분. ② 52번에서 2.5km, 도보 45분. ③ 우리 일행의 일정은 52번 '찾아가기'의 ④, ⑤ 항목 참조.

순례자는 사찰 순례 때 기원을 위해 신사 참배 기념패를 절에 납입한다. 지금은 종이지만, 옛날엔 나무로 만든 목찰을 납입했다. 목제 외에 금속제도 있다. 일본의 민중문화에 관심이 많았던 미국의 문화인류학자이며 미국 시카고대학 최초의 인류학 교수인 프레데릭 스타Frederick Starr(1858~1933) 박사가 15회나 일본을 방문하여 각지의 신사와 사찰을 방문했는데, 1924년에 이 엔묘지의 본존불에서 두 개의 문짝이 달린 궤에 붙어 있던 동銅으로 만든 신사 참배 기념패를 발견하였다. 일본 최고의 동판 신사 참배 납찰 즉 오사메후다가 발견된 순간이다. 납찰에는 '게이안 3년 오늘 히구치 봉납 시코쿠 동행이인 순례 중 이번 달 오늘 쿄고쿠京極 평인가차平人家次'라고 새겨 있었다. 게이안 3년이라고 하면 에도시대의 초기 무렵이다. 가차라고 하는 사람은 이세노쿠니伊勢國 미야케군三宅郡 출신으로 에도에서 재목상을 하는 유복한 사람이었다. 본존의 두개의 문짝이 달린 궤에 신사 참배 기념패를 부착하는 것은 현재는 생각할 수 없는 일이다. 엔묘지에 남은 한 장의 신사 참배 기념패는 몇백년 전의 신앙과 역사를 이야기해 주는 중요한 자료이다. 엔묘지에서는 순례자들의 걷는 다리의 무사함을 기원하는 큰 짚신이 걸린 인왕문, 대사당의 천정에 그려진 현란한 색채의 그림, 대사당 좌측에 마리아상이 새겨진 크리스찬 등룡燈籠 등이 눈길을 끈다.

54번_엔메이지延命寺

전화 0898-22-5696 | 숙소 없음

찾아가기: ① JR요산선 이마바리역Y40에서 기쿠마행 버스를 타고 아가타 정류장 하차, 도보 6분. ② 53번에서 35km, 도보 10시간. ③ 53번을 마치고친 JR요산선 이요와케역Y53에서 기차를 타고 JR요산선 오니시大西역Y43에서 하차, 도보 50분. 가까이의(3.6km) 55번까지 함께 걷는 루트가 좋다. ④ 우리는 53번을 마치고 오니시역을 지나 세 역을 더 가 이마바리역까지 가는 바람에 한참을 되돌아와 54번을 들러야 했다.

이전에는 절의 이름이 53번과 같은 엔묘지였지만, 메이지 초기에 지금의 엔메이지로 바꾸었다. 부동명왕을 본존으로 8세기 중반 행기보살이 건립했으며 신앙과 학문의 중심 도장으로 번창했다. 쵸소카베 모토치카(1538~1599)는 도사 즉 지금의 고치현을 지배하는 영주였는데 세력을 확대하여 1585년에 시코쿠 전 국토를 통일한 사람이다. 쵸소카베의 정복전쟁으로 도사를 제외한 88개소의 대부분의 사찰이 소실되었다. 이 고난의 때에 병사들이 엔메이지의 범종을 약탈하려고 하였는데 범종이 스스로 바다에 가라앉았다는 전설이 있다. 이곳의 종루 곁에는 오치 마고베孫兵衛의 무덤이 있다. 옛날, 이 지방의 촌장이었던 오치 마고베는 언제나 매년의 연공을 가볍게 하고, 농민들이 조금이라도 편해질 방법을 궁리하던 인물이었다. 어느 날 대관소로부터 연못 공사의 명령이 나오고, 일대의 농민들이 부역에 동원되었다. 오치 마고베는 농민들을 모으고, 점심으로 죽통竹筒에 죽을 넣은 도시락을 가져가도록 했다. 점심시간, 농민들이 죽을 마시고 있는 것을 순시하러 온 대관이 보고 술을 마시고 있다고 생각했다. 대관은 곧바로 촌장인 오치 마고베를 불러 다그쳤는데, 오치 마고베는 죽 넣은 죽통을 대관에게 보여주고 농민들의 여러 괴로움을 호소했다. 이에 놀란 대관은 영주에게 보고하여 특별히 연공미가 경감되도록 하였다. 이 때문에, 이 지방은 대기근 때에도 아사자가 한 명도 없었다고 한다. 그리하여 지금도 의로운 촌장 오치 마고베의 무덤이 엔메이지에 모셔져 있고, 기일에는 계속 공양을 드린다고 한다.

55번_난코보 南光坊

전화 0898-22-2916 | 숙소 없음
찾아가기: ① 54번에서 3.6km, 도보 1시간. ② JR요산선 이마바리역Y40에서 도보 10분.

난코보는 이마바리 시가지의 한가운데에 위치하며 신사와 한울타리에 있다. 원래 세토나이카이의 오미시마大三島 지역에서 선원과 어부들을 위해 항해의 안전을 비는 신사였다. 712년에 시코쿠로 이전해 코우보대사가 88영지로 삼아서 절이 되었다. 2차대전으로 소실되었지만 전후 새로 지었다. 88개소 중 유일하게 지寺 대신 보坊란 이름이 붙었다. 옛날, 오치 관유우越智寬雄라는 스님이 난코보의 주지승이었는데, 관유우는 전부터 곤피라궁金比羅宮에 권청勸請을 부탁하고 있었다. 권청은 신불神佛의 분신을 받아 다른 장소로 옮겨 모시는 것이다. 그런데 그때까지 권청을 한 적이 없었다는 이유로 거절당했다. 할 수 없이 관유우는 곤피라에 가 뒷산을 넘어 몰래 본전에 들어간 후 비밀스럽게 권청을 했다. 이렇게 해 곤피라의 분신을 난코보에 가지고 돌아온 그는 고마도우護摩堂에 안치했으니, '곤피라의 분신'에 대해서는 특히 선원이나 어부들의 신앙이 깊었다. 어느 날 관유우 스님이 고마도우에서 예불을 할 때 곤피라의 본전에서 화재가 일어나고 있음을 영감으로 느낄 수 있었다. 관유우는 본전이 타지 않도록 계속 주문을 외워 곤피라의 본전으로 술수를 보냈다. 그 덕분에 불기운이 주저앉아 본전도 무사했다는 이야기가 전해진다.

Day 19 _ 3월 28일 토요일

오늘의 숙소

· **비즈니스 료칸 코마츠**小松 (0890-72-5881)
· 5,250엔(2식 포함) ★강추 료칸! 이요코마츠伊予小松역에서 내려 길 건너 직진으로 계속 올라오면 왼쪽에 있다. 기차역에서 멀지 않다. 이곳을 다녀간 순례자들이 입을 모아 추천하는 료칸이다. 62번 호주지와 가깝다.

오늘의 사찰

56번 다이산지泰山寺(3.0km, 50분) → 57번 엔후쿠지栄福寺(3.0km, 1시간) → 58번 센유지仙遊寺(2.5km, 1시간) → 59번 고쿠분지国分寺(6.0km, 1시간 30분)

다케토리 모노가타리

오늘도 대나무 숲을 지났다. 빼곡한 대나무 숲을 비집고 들어와 떨어지는 햇살이 날카롭다. 유키가 대나무장수 이야기를 꺼냈다. 다케토리 모노가타리竹取物語이다.

옛날 옛적, 다케토리 노오키나라고 불리는 노인이 살고 있었다. 이 노인은 아이가 없이 부인과 대나무를 길러 바구니를 만들어 팔며 살았다. 어느 날 이 노인이 환한 빛으로 반짝이는 신기한 대나무를 발견하였다. 나무를 베니 그 안에는 매우 작고 아름다운 여자아이가 있었다. 노부부는 이 아이를 가구야히메로 이름 짓고 정성스럽게 기른다. 가구야히메는 천하제일의 미인으로 성장하여 5명의 귀공자로부터 적극적인 구혼을 받게 된다. 그러나 결혼을 원치 않는 가구야히메는 각각 난제를 내어 모두 거절해 버린다. 가구야히메의 소문은 천황에게도 들어가게 되어 마지막으로 천황의 부름도 받게 된다. 가구야히메는 천황의 부름에도 응하지 않았고 슬픈 모습으로 노부부에게 하직인사를 하며 자신은 달나라에서 온 공주로 달나라로 돌아가야 한다는 것이다. 보름달이 뜬 날, 달에서 온 사자와 함께 하늘로 승천하는 가구야히메는 두 노인에게 유품으로 불사약과 선녀 옷을 선물을 남기고 갔다. 달에서 온 사자와 함께 승천하는 가구야히메와 눈물겨운 이별을 한 뒤 두 노인은 한탄을 하며 지냈는데 천황이 이를 듣고 가장 높은 산을 찾아 그곳에 선녀옷과 불사不死약를 태웠다. 그 후로 봉우리에서 끊이지 않고 연기가 피어오른다고 하는 이야기이다. 이 산이 바로 지금의 후지산인데 불사인 후지不死

가 지금의 후지富士로 바뀌어 불린다는 것.

이 다케토리 모노가타리는 일본에 현존하는 가장 오래된 이야기로서, 여러 가지 형태로 전래되며 일본사람들에게 널리 사랑받는 이야기가 되었다. 만든 해와 지은이는 알 수 없지만 대나무장수 노인의 이야기 또는 가구야히메 이야기 등으로 불리며, 우리나라의 선녀와 나무꾼 이야기처럼 어린아이들에게 들려주는 전래동화로, 만화영화로, 기타 다양한 형태로 상품화되어 대단한 사랑을 받는다.

사랑해요, 엑기벤토!

유키는 도카이도선의 후지역이라는 곳에서 다케토리 모노가타리란 이름의 엑기벤토(역에서 파는 도시락)를 사먹은 적이 있다고 한다. 일본의 벤토 이야기도 재미있다. 그 기원은 오다 노부나가가 전쟁터에서 병사들에게 식량을 똑같이 나누어 주기 위해 고안했다고 하는 것과, 에도 중기 연극의 막간에 먹은 것이 시초라는 설이 있으니, 16세기 경으로 꽤나 오랜 역사가 있다. 도시락을 뜻하는 벤토란 말은 '준비하여[辨] 쓰기에 편하도록 맞춘다[當]'는 뜻에서 생겨난 것이라고 한다.

한편 엑기벤토는 1885년 7월 일본 우쓰노미야역에서 처음 등장했다. 엑기벤토는 기차역 수만큼 다양하다고 하니 그 종류가 몇 천은 되는 것이다. 지방 특산물이 들어간 엑기벤토가 등장해 명물도시락으로 자리 잡게 된 후 이 특별한 도시락을 즐기기 위해 여행을 하는 이들까지 생겨났을 정도라고. 우동여행을 즐기듯이 말이다.

시코쿠에서 내가 맛본 엑기벤토만으로도 입이 쩍 벌어진다. JR도쿠시마역도 맛난 도시락으로 유명한데 여러 종류의 도시락 중에서 은어 통초밥, 전갱이 통초밥, 샛돔 통초밥 등이 특히 황홀했다. 이름 그대로 그 생선이 통째로 들어가 있는 것이다. 고치역의 고등어 통초밥, 요사코이 도시락, 다진 가다랑어 도시락. 마츠야만 봇짱도시락, 순례자, 호빵맨, 마돈나 도시락도 있다. 이름이 재밌는 것만 나열했지만 붕장어구이 도시락, 도미초밥, 닭고기 도시락 등등 선택의 폭도 워낙 넓어 이 도시락을 사서 저녁으로 먹은 적이 여러 날이지만 물릴 일이 없었다. 값은 만만치 않다. 600엔, 1000엔, 그보다 더 비싼 것도 있다. 가격표를 확인하며 움찔할 정도지만, 먹고 나면 돈이 아깝지 않으니, 명물은 명물이다.

빠징고~~~ 찰각!

59번 고쿠분지 입구에는 타월을 파는 가게가 있다. 부지런히 고쿠분지로 들어서려는데 가게에서 한 청년이 뛰어 나오며 헨로상을 부른다. 오세타이라며 손수건 크기의 타월을 내민다. 감사하게 수건을 받아들고 59번을 들어갔다. 오늘의 마지막 납경을 받고 돌아 나오는데 그 청년이 우릴 다시 부른다. 기념으로 타월을 만들어 준다는 것이다.

유키는 이제 료칸으로 가 쉬기만 하면 되니 오세타이로 만들어 준

다는 기념타월을 받아 가자고 한다. 단, 청년은 그 기념타월을 받아든 우리 사진을 찍어서 전시를 하겠다는 것이다. 이미 다른 사람들을 찍은 사진들이 가게 안쪽을 장식하고 있었다. 이마바리 지방의 특산품인 타월은 그 생산량이 일본 제1위인데, 그런 고장답게 순례자에게 기념타월을 만들어주는 가게가 있는 것이다.

크고 그럴듯한 가게도 아니다. 작고 우중중하며 타월도 어떤 것은 시장을 몇 바퀴 돌고 재고로 모아둔 것을 파는 것처럼 보였다. 그런 가게의 안쪽에서 수더분한 청년이 컴퓨터를 이용하여 만들어주는 것이다. 기념타월은 하얀 타월에 자기가 원하는 글자를 써주면 기계로 수놓아 주는 것이다. 글자는 간단하여야 한다고 해서 나는 '오헨로상 김'으로 정했다. 크리스는 '오헨로상 크리스'로 새겼다. 세 사람의 기념수건을 만드는 데 15분 정도 걸렸을까? 드디어 완성. 기념타월을 들고 사진을 찍는데 그가 한 말이 재밌다. "자 따라 하세요. 빠징~~~~고!" 찰칵!

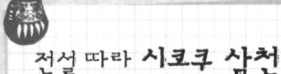

56번_다이산지泰山寺

전화 0898-22-5959 | 숙소 있음. 예약 필수!

찾아가기: ① 55번에서 3km, 도보 50분. ② JR요산선 이마바리역Y40에서 진고모리행 버스를 타고 고이즈미 정류장 하차, 도보 10분.

다이산지 일대는 그 옛날 소쟈가와강이 가끔 범람해 전답이나 집을 쓸어가고 많은 인명을 앗아갔다. 이런 이유로 사람들은 이 강을 히토토리가와人取川 즉 '사람 잡는 강'이라고 불렀다. 이곳에도 불당이 있었으나 히토토리가와의 범람을 막을 만한 힘이 없었다. 코우보대사가 이곳을 방문해 괴로워하는 사람들의 모습을 보고 강이 범람하지 않게 제방을 쌓아올렸다. 그 후 대사는 강변에 단을 쌓고 밀교 수련법의 하나인 비보秘宝를 수련했다. 수행을 마칠 즈음 연명지장延命地藏이 공중에 나타났는데, 그 기적을 기려 대사는 연명지장을 본존으로 삼은 절을 세워 그 이름을 다이산지로 했다. 대사당 앞에는 코우보대사가 심었다는 후로마츠不老松가 있었는데, 지금 경내의 소나무는 말라버린 후로마츠의 아들나무이다.

57번_ 엔후쿠지 栄福寺

전화 0898-55-2432 | 숙소 없음

찾아가기: ① 56번에서 3km, 도보 1시간. ② JR요산선 이마바리역에서 진고모리행 버스를 타고 오스기 정류장 하차, 도보 20분.

현지인들은 엔후쿠지를 '야와타상'八幡さん이라 부른다. 옛날 행교行教스님이 오토코산 하치만신을 모시는 신사男山八幡宮를 만들려고 우사宇佐에 가는 도중 풍랑을 만나 이곳으로 피난을 했다. 그때 이곳이 후토산府頭山을 닮아 있어 본존으로 하치만신을 모신 신사를 만들었다. 또 코우보대사가 세토나이카이에서 해난 사고가 많은 것을 알고 산정에서 사고 방지를 위한 호마기도를 했는데, 마지막 날 바다 속으로부터 아미타여래가 나타나 본존으로 절을 건립했다. 그리하여 이곳은 신불합체의 신사가 되어, 메이지의 신불분리 때까지 신과 부처가 동거를 했다. 엔후쿠지에는 약사도 모셔져 있는데, 그에 얽힌 전설도 있다. 옛날 마을 젊은이들이 경내의 약사당 앞에서 꽃놀이를 했다. 복어를 사 오고 주연을 열었는데 모두 속이 메스꺼워지고 발작이 일어났다. 이것을 복어의 독으로 생각하고 벚꽃나무 아래 버리고 각각 집으로 돌아갔다. 다음날 벚꽃나무는 시들었지만 사람들은 모두 무사했다. 이것은 복의 독을 약사가 받아 준 것이라고 생각하여 한층 더 약사를 신봉했다고 한다.

58번_ 센유지 仙遊寺

전화 0898-55-2141 | 숙소 있음

찾아가기: ① 57번에서 2.5km, 도보 1시간. ② JR요산선 이마바리역에서 진고모리행 버스를 타고 오스기 정류장 하차, 도보 60분.

센유지는 해발 340m에 위치해 있어서, 이마바리 시가지와 세토나이카이의 다도해를 한눈에 내려다볼 수 있는 곳이다. 본존의 천수관음보살은 바다로부터 류토가와龍燈川를 타고 올라 온 용녀가 한번 새길 때마다 세 번 빌어 만들었다고 한다. 아방선인이라고 하는 승려가 이곳에서 40년간 수행을 하고 있던 어느 날, 구름과 같이 사라져 버린 데서 절 이름이 유래했다. 산꼭대기로 이르는 급경사의 옛 참배길을 고로베사카五郎兵衛坂라고 부르는데, 여기에 센유지의 북소리에 얽힌 전설이 전한다. 기도를 하느라 하루에도 몇 번이나 북이 울리는 통에 고기가 잡히지 않는다고 생각한 고로베五郎라는 어부가, 하루는 칼을 가지고 절에 올라가 북을 찢어버리고는 쏜살같이 비탈을 달려 내려갔다. 그런데 너무 당황해서 도망치다 자빠져 데굴데굴 구르던 고로베는 그만 가지고 있던 칼이 배에 꽂혀 죽고 말았다. 그 후 이 비탈은 고로베사카 즉 고로베비탈길이라고 불리게 되었다.

59번_고쿠분지 国分寺

전화 0898-48-0533 숙소 없음

찾아가기: ① 58번에서 6km, 도보 1시간 30분. ② JR요산선 이마바리역에서 사쿠라이단지 순환버스를 타고 고쿠분지 정류장 하차. ③ 59번 마치고 JR이요사쿠라이역Y38에서 기차를 타고 JR이요코마츠역Y34으로 가서 일박한다. ★강추 루트!

쇼무천황(710~756)의 기원에 의해서 나라의 불안을 진정시키고자 각지에 개원한 고쿠분지 중 하나로, 나라시대의 연호 13년에 행기보살이 약사여래를 본존으로 절을 열었다. 서원의 전시실에는 경전, 회화, 유물, 고건축의 잔존물 등 문화재가 많다. 약수를 하면 소원이 이루어진다는 약수수행대사가 있고, 그 옆의 약사 항아리는 기도하면서 항아리를 어루만지면 병이 낫는다고 하여, 줄을 서서 약수를 하고 항아리를 만지며 기도하는 순례자들이 많다.

고쿠분지 주변 지역은 6백년 이상 계속되고 있는 미쇼우가츠ㅌ正月라고 하는 행사로도 유명하다. 이것은 그 해의 정월을 보내지 못하고 돌아가신 영혼들을 위로하고자 그 가족들이 하는 행사이다. 12월 첫번째 진辰일 밤에 신물의 위패 앞에 제단을 만들어 공양을 한다. 그리고 사巳일에 가족, 친척이 제등에 불을 붙이고 성묘를 하러 간다. 성묘를 하러 오가는 동안에는 말을 해서는 안 된다. 성묘가 끝나면 찰떡을 구워서 길게 늘여가면서 먹는다. 집으로 돌아가면 이번에는 소금이 들어간 팥고물이 든 찰떡을 먹는다. 이러한 미쇼우가츠는 고쿠분지에서 무장 와키야 요시스케 공이 숨을 거두었을 때 시작되었다. 5월 11일에 요시스케 공이 전사했지만, 적군에게 죽음을 알리지 않으려고 조용히 장례를 치렀다. 그리고 12월이 되자 부하들이 요시스케 공을 사모하면서 사람들이 알지 못하도록 밤중에 무덤에서 조용히 정월 떡을 구웠던 데서 유래한 것이다.

Day 20 _ 3월 29일 일요일

오늘의 숙소

· **코마츠 료칸** (0898-72-5881)
· 5,250엔(2식 포함) ★강추 료칸인데다, 62번 호주지와 가까워 어제에 이어 이틀째 묵었다. 기타 사항은 Day 19 참조.

오늘의 사찰

60번 요코미네지橫峰寺(30km, 10시간) → 61번 고온지香園寺(15.5/9.5km, 4시간/5시간) → 62번 호주지宝寿寺(1.4km, 25분) → 63번 깃쇼지吉祥寺(1.4km, 25분) → 64번 마에가미지前神寺(3.2km, 50분)

오~ 사케!

정말 바쁘게 돌아본 하루였다. 60번 요코미네지는 멀기도 하지만 헨로고로가시 중 하나인 험한 곳이다. 코마츠 료칸에서 얻은 정보를 활용해 우리는 진작부터 기차와 버스를 이용하기로 했다. 그런데 환승 시간이 빠듯하여 뛰듯이 다녔다. 버스정류장에서 내려 바로 언덕을 뛰어 올라가는 식이다. 언덕 위에는 방금 도착한 버스 스케줄에 맞춰 소형버스가 기다리고 있었다. 마이크로버스는 헨로고로가시답게 험하게 굽고 비탈진 길을 힘겹게 올라갔다. 처음에는 왕복차비 1,700엔이 너무 비싸다 싶었는데, 한번 그 길을 겪어보니 17,000엔이어도 타고 가는 게 옳았겠다는 생각이 절로 들었다. 소형버스는 절의 정류장에 우리를 내려주며 30분 안에 다녀오라고 일러주었다. 거기서 요코미네지까지만도 왕복 16분인데, 헐! 부지런히 걸을 도리 밖에···.

이시즈치 산은 1,982미터로서 일본 제일의 고봉이다. 그 아래 709미터 산중에 위치한 절이 요코미네지다. 이른 아침이라 산중은 조용했다. 납경을 부지런히 받고, 크리스와 유키도 부리나케 본당과 대사당에 초와 향을 태워 예를 올리고 이내 걸어 나왔다. 그 바쁜 와중에도 유키는 거듭거듭 사진을 찍고 만다. 두 번, 세 번, 유키의 사진을 도맡아 찍어줘야 하는 크리스의 수고가 안쓰럽다.

정신 없이 휘어진 비탈을 돌고 도는 마이크로버스들은 서로 무선으로 교신을 하며 주행한다. 도로폭이 버스 한 대 겨우 지날 정도라서 교행이 불가능하기 때문이다. 무엇보다 60번을 스치듯 보고 내려온 게 제일 아쉽다. 마이크로버스에서 내려 하루에 세 번만 다니는 버스를 타려고, 아까 뛰어올랐던 언덕을 이번엔 허겁지겁 뛰어 내려갔다. 다시 기차로 갈아타고 숙소 근처인 이요코마츠역으로 직행! 61~64번 사찰들은 다행히 그 근처에 몰려 있다. 휴우, 걷는다면 이틀 거리를 하루 만에 해치우려니 어질어질 바쁘다.

61번은 인왕도, 부동명왕도 아닌 벚꽃들이 먼저 맞이해주는 절이다. 그 벚꽃 아래 이쪽저쪽 모두 가족들이 아기를 데리고 사진을 찍고 있었다. 코우보대사가 아이를 안은 시안다이시子安大師의 모습을 하고 있는, 순산과 육아, 여인성불의 절이라고 하더니, 역시 순례자보다 아기를 안은 가족들이 더 많아 보인다. 벚꽃이 활짝 핀 경내를 들어서니 "여기가 절 맞아?"라고 할 정도로 체육관 분위기가 나는

본당이 턱하니 자리 잡고 있었다. 그 본당 안에 대일여래와 아기를 안은 코우보대사가 있었고, 강당처럼 의자들이 줄지어 있었다. 정말 학교 강당 같은 분위기다. 납경을 받고 다시 나오는데 벚꽃 아래 할머니와 할아버지 그리고 예쁜 여자애 둘 그리고 갓난아기를 안은 부부가 사진을 찍고 있었다. 할머니는 벚꽃가지를 붙잡고 셀카까지 즐기며 봄 소풍 기분에 흠뻑 빠지셨다. 백일을 맞은 셋째 딸을 데리고 나온 가족이다. 일본사람들은 셋이란 숫자를 좋아한다는데, "세 공주가 있어 복이 많겠다"고 덕담을 건네니, 할아버지는 "아들이 하나 더 있으면 좋겠다"고 은근히 아들 내외를 압박하신다. 할아버지는 고등학교 교사로 지내다 은퇴를 하신 분이다. "저는 에히메에 살면서도 시코쿠 순례를 못했는데, 부끄럽네요. 이제라도 도보 순례를 해봐야겠어요." 할아버지는 우리를 격려하며 자기 자신도 격려하셨다.

두둥! 63번 사찰의 구멍 뚫린 성취석 앞에 우리 셋이 섰다. 코우보대사 지팡이를 앞으로 내민 채! 이제 눈을 감고 소원을 빌며 앞으로 걸어가 저 구멍에 지팡이를 단번에 꽂아야 한다. 먼저 유키부터. 그는 잠시 소원을 비는 듯 눈을 감고 생각에 잠겼다가 걸음을 뗐는데 그만 오른쪽으로 방향이 틀어져 근처에도 못 갔다. 내 차례가 되어 거리 측정을 한 후 걸어가 지팡이를 앞으로 쑥 내밀었다. 이럴 수가, 지팡이가 돌 구멍 속으로 쏙 들어가는 게 아닌가! '이런, 이런! 소원이나 빌고 해볼 걸! 로또가 왕창 당첨되게 해주십사

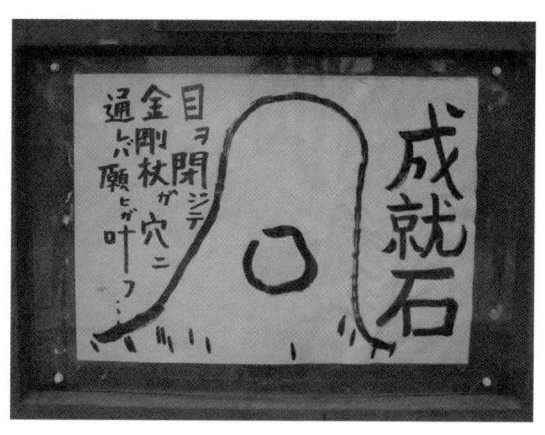

고…'. 유키는 경탄과 부러움이 섞인 목소리로 "넌 진짜 운이 좋다"고 야단이다. 우리의 재촉에 걸어나간 크리스는 돌의 방향까지는 맞췄지만 지팡이는 그만 구멍을 빗나갔다.

코마츠의 료칸은 인근에서 정육점도 한다. 어제 저녁식사도 훌륭했는데 오늘 저녁도 화려하고 양도 푸짐하다. 우리도 이틀째 묵고 있지만 저녁 식사시간에 보니 여러 순례자가 우리처럼 이틀씩 묵었다. 식사가 훌륭하니 인근을 돌아다니고 기차를 타고 다시 와서 묵는 것이다. 알짜 순례 정보도 알려줘서 고생하지 않고 60번을 마칠 수 있었다. 제대로 된 식사까지 포함한 숙박비도 아주 착하니, 다들 돌아가서 주변에 "강추! 강추!"를 연발하는 것이다.

오늘 자전거 순례자가 들어왔는데 같이 온 친구가 64세 생일이라고 하며 축하주를 돌렸다. 우린 그 잔을 받아들고 입을 모아 생일 축하 노래를 불러주어 그에게 특별한 생일 추억을 선사했다. 돌아가며 나이들을 얘기하게 되었는데, 크리스와 내가 제일 젊다. 그러나 겉보기로는 풍성한 흰 수염의 풍모를 자랑하는 크리스가 제일 연장자로 보인다. 사케의 매력에 점점 빠져드는 크리스는 사케를 한 모금 마신 뒤 눈을 지긋이 감고 광고 카피처럼 말했다. "흠~ 사케!"

전설 따라 **시코쿠 삼천리**

60번_요코미네지 橫峰寺

전화 0897-59-0142 | 숙소 없음

찾아가기: ① 59번에서 30km, 도보 10시간. ② JR요산선 사이죠역Y31에서 이시즈치산 로프웨이마에행 버스를 타고 요코미네도잔구치 정류장 하차. 산정으로 오르는 마이크로버스(1,700엔)가 대기해 있다. 그 버스로 환승한 뒤 종점에서 내린다. 도보 10분. 30분 안에 순례를 마쳐야 타고 올라간 버스로 내려올 수 있다. ③ JR요산선 코마츠역 근처에서 숙박했다면 코마츠역Y34에서 06:30 기차를 타고(210엔) JR요산선 사이죠역으로 가서 ②번과 같이 이동한다. ④ 우리는 코마츠 료칸 앞 이요코마츠역에서 06:30 기차를 타고(210엔) 이요사이죠伊予西條역으로 이동해, 역전의 버스정류장에서 07:43 버스를 탔다. 정리권을 뽑으면 3번인데, 10번 불이 깜박일 때 하차하면 요코미네지 도잔구치이다(590엔). 바로 오른쪽 언덕 위에 ②번에서 설명한 마이크로버스가 기다린다.

요코미네지는 표고 709미터로 88영지 중 세 번째로 높은 곳이어서 탁 트인 전망이 끝내준다. 시코쿠 88개소 최대의 난관이라고 하는 요코미네지. 헨로고로가시 중 하나이다. 요즘은 대부분의 사찰 문전까지 차를 타고 갈 수 있지만 과거에는 오직 자신의 다리로 이 가파른 비탈길을 두 시간 넘게 올라야 했다. 요코미네지를 참배할 수 있으면, 어디에 있는 사찰에도 갈 수 있다고 할 정도의 난코스다. 이곳에 전하는 대사의 이야기도 가파른 그 길과 연결되어 있다. 대사께서 21일간의 수행을 하고 있을 때의 일이다. 이 절로부터 이시즈치산石鎚山, 1,982미터의 고봉의 산정까지 왕복을 하는데, 별이 총총히 빛나는 저녁 때에 돌아오던 중, 몸이 불에 타는 것처럼 덥고 땀이 쏟아져 내리는지라 너무 힘들고 괴로워 "모에사캐"라고 외쳤다는 겐 그 뒤로 이 험한 비탈길을 모에사카モエ坂로 불렸다고 한다. 지금은 버스나 케이블을 타고 편하게 오를 수 있다.

61번_고온지 香園寺

전화 0898-72-3861 | 숙소 있음

찾아가기: ① 60번에서 9.6km, 도보 4시간 ② 60번 마치고 요산선 사이죠역으로 가서 기차를 갈아 타고 JR요산선 이요고마츠역으로 온다. 거기서 도보 20분.

고온지는 6세기에 쇼토쿠聖德 태자가 개원한 사찰이다. 병에 걸린 31대 요우메이用明천황의 쾌유를 비는 태자의 맘을 담아 절을 건립했다. 코우보대사 시절에는 이 절의 부근에서 임산부가 난산으로 괴로워하는 것을 보고 향을 피워 기도하자 무사히 사내아이를 낳았다고 한다. 그래서 특히 순산, 육아, 여인성불의 영지로 정해 영지로 정해진 곳이다. 대사당 안의 대사는 작은아이를 껴안고 있는데, 이 대사님을 시안다이시子安大師 혹은 고야스의 대사라고 부른다. 이곳 본당은 콘크리트로 지어져 마치 체육관이나 대강당 분위기이며 의자에 앉아서 예불을 본다. 요즘도 아이를 원하고 순산을 원하는 산모와 가족들이 기원을 위해 찾는 절이다.

62번_호주지 宝寿寺

전화 0898-72-2210 | 숙소 없음

찾아가기: ① 61번에서 1.4km, 도보 25분. ② JR요산선 이요고마츠역Y34에서 도보 5분.

호주지는 처음 쇼무천황의 기원에 의해 나카야마강 하류에 건립되었지만 홍수 피해를 자주 받았다. 도요토미 히데요시 시대에는 전화로 몹시 황폐해졌으며, 에도 초기에는 부흥하였으나 메이지유신 때 신불분리로 인해 폐사되었다가 메이지10년에 다시 재건했다. 그러나 타이쇼10년 철도가 개통될 때 땅을 내놓고 현재의 땅으로 이전했으니 가히 파란만장한 역사의 절집이라 할 만하다. 본존은 십일면관음인데 대사께서 쇼무천황의 왕비의 모습을 본떠 새겼다고 전한다. 쿠니시의 부인國司の夫人이 난산 때문에 고생할 때 경내의 우물물을 대사께 받아 무사히 출산하였는데 그 후 순산의 신으로서 신봉되고 있다. 경내에 88개소 중 가장 오래된 석제 순례표지가 있다고 책에서는 말하지만, 원본은 이미 박물관에 모셔져 있다고 한다.

63번_ 깃쇼지 吉祥寺

전화 0897-57-8863 | 숙소 없음
찾아가기: ① 62번에서 1.4km, 도보 25분. ② JR요산선 이요히미역Y33에서 도보 3분.

시코쿠 88사찰 중에서 사천왕 중 하나인 비사몬덴毘沙門天을 본존으로 하는 유일한 절이다. 본존은 코우보대사가 조각했다고 하여 농가로부터 신앙이 두텁다. 경내에는 둥근 구멍이 뚫린 성취석成就石이 있어 본당 앞에서부터 눈을 감고 걸어가 소원을 빌면서 지팡이를 구멍에 통과시키면 소원이 이루어진다고 한다. 대사께서 이 땅을 방문하였을 때 목이 말랐다. 마침 할머니가 물이 가득 채워진 물통을 들고 지나갔다. 대사는 할머니께 물을 좀 달라고 부탁을 했다. 할머니는 기분 좋게 찬물을 드렸다. 목마름을 달랜 대사는 할머니가 매일 멀리까지 가서 물을 길어다 쓰는 것을 듣고 물을 먹은 답례라 하며 땅에다 나뭇가지를 꽂고 주문을 외며 맑고 깨끗한 물이 솟아나오도록 했다. 이 물은 이 지방 사람들의 생활을 편하게 해주었고 아직까지도 이 물을 솟아나게 한 영목을 잘라 대사가 비사몬덴을 새긴 것으로 되어 있다. 깃쇼지 경내의 야스미당은 에비스(어부와 상인의 신), 다이코쿠텐(부와 상업교역의 신), 벤자이텐(지식, 예술, 미, 음악의 신), 후쿠로쿠주(행복, 부, 장수의 신), 호테이(풍요와 건강의 살찐 행복한 신), 주로진(지혜의 신) 등 6복六福의 신을 모시는데, 이는 본전의 비사몬덴(사무라이 신)과 함께 7복신七福神을 이루는 구조이다.

64번_ 마에가미지 前神寺

전화 0897-56-2745 | 숙소 없음
찾아가기: ① 63번에서 3.2km, 도보 50분. ② JR요산선 이시즈치산역Y32에서 도보 10분.

이시즈치산石鎚山은 옛부터 산악신앙의 도장으로서 알려져 있다. 마에가미지는 지금부터 1300년 전 역행자役の行者가 이시즈치산에서 수행하고 있을 때, 석가여래와 아미타여래가 자오공겐蔵王権現으로 나타나 이를 모셨던 데서 유래한다. 쇼부相武천황이 병 들었을 때, 여기서 기도하고 완쾌되었는데, 그 보답으로 칠당 가람을 건립해 곤지키인 젠신지金色院 前神寺로 절 이름을 지었다. 그 후 기도의 절로 유명해져서 찾는 이들이 많아졌다. 수행을 위해 영봉 이시즈치산으로 오르는 참예자參詣者는 몸을 맑게 하고 마에가미지에 참배해 본존에게 빌고 나서 산에 오르는 것이 예의였다. 그 때문에 참예자는 부정한 것에 접하는 것

을 주의했고 메이지의 배불정책이 있을 때까지 마에가미지의 주지는 물론 관계자들은 장례식에도 가지 않을 정도로 항상 부정을 피했다. 이제 장례식에는 가지만 그래도 장례식장에서 밥을 먹지 않은 관습은 여전히 지켜지고 있다.

Day 21 _ 3월 30일 월요일

오늘의 숙소

- **비즈니스 료칸 하쿠바이**白梅
- 간온지観音寺역 왼쪽에 있다. 료칸 빌딩에 '白梅'라고 쓴 큰 간판이 걸려 있다. 65번 사찰 가는 길도 코마츠 료칸에서 얻은 정보가 도움이 되었다. 역시 현지 료칸이 정확하고 세세한 정보를 갖고 있다.

오늘의 사찰

65번 산카쿠지三角寺(45km, 20시간)

오! 달링할머니

이요미시마역 앞의 아침. 65번 사찰로 가려는 순례자들과 이들을 기다리는 택시들이 한바탕 장사진을 이룬다. 우리 삼총사와 함께 택시를 타고 오늘의 일행이 된 분은 코마츠 료칸에서 이틀을 함께 보낸 가기야마 상이다. 가기야마는 규슈에서 온 66세의 예쁜 아주머니다. 며칠 전 어느 절에서 그녀를 처음 본 기억은 너무 또렷하다. 가기야마는 처음 크리스를 본 순간 팔짝팔짝 뛰면서 좋아하며 함께 사진을 찍어달라고 했다. 마치 연예인을 만난 여고생처럼 말이다. 그리고 며칠 뒤 코마츠 료칸에서 만났으니 그녀의 반가움이 더했다.

그녀는 오늘 65번을 마치고 규슈로 돌아간다. 한번에 1국씩 걷는다는 그녀는 이번에 제3국 에히메 순례(40~65번)를 하러 온 것이다.

환갑을 훌쩍 넘긴 나이에도 귀엽기까지 한 가기야마 상 덕분에 우리 일행 분위기가 한결 훈훈해졌다. 이제까진 택시비를 늘 1/3씩 쪼갰는데, 이제 1/4로 나누니 그것 또한 기분좋다. 산카쿠지를 마치고 그녀와 함께 느릿느릿 동네 구경을 즐기며 기차역으로 돌아왔다.

일본사람들은 호주를 참 좋아한다. 아니, 호주 여행을 좋아한다고 해야 하나? 아무튼, 시코쿠의 산골 사람도 서울은 안 가봤어도 호주는 다녀왔을 정도다. 가기야마 상도 호주의 여러 도시를 다녔다. 그 여행 경험을 주제로 크리스와 얘기를 나누느라 통역관 유키가 바쁘다. 늘 유키가 크리스를 찍사로 부렸는데(?), 이번엔 어여쁜 가기야마 상 덕분에 자연스레 상황 역전이다. 본인들은 안 그런지 몰라도, 옆에서 지켜보는 나는 그 상황이 그저 재밌다. 그러면 안 되지만, 고소할 정도로(^^;)! 크리스는 이런 기회에 일어를 배운다. 소녀 같은 가기야마 상도 그랬지만 일본인들은 남녀 모두 상대방의 말에 동의하는 표현으로 "응! 응!"을 애용하는데, 예쁜 여자일 경우는 그 응응 소리가 무지하게 애교 있게 들린다. 내가 그 표현을 흉내 내며 응응거리니 크리스가 배꼽을 잡고 웃는다. 일본어를 잘 모르는 우리들에겐 어쩔 수 없이 그런 소리들이 그 소리값 자체로 그저 재밌기만 한 거다.

숙소에서 달링지팡이를 들고 다니던 할머니를 다시 만나 저녁 자리를 함께했다. 어김없이 달링 할머니의 끝없는 달링 사랑이 펼쳐진다. 그런데 가기야마 상의 반응이 의외라면 의외다. "난 지금도 홀로 왔지만 남편과 헤어지면 툴툴 털어버리듯 잊어버릴 거다." 그러면서 달링 할머니의 말에 머리를 설레설레 저으며 손까지 탈탈 내저었다.

우리의 달링 할머니, 음식을 먹다말고 고개를 갸웃 기울인 채, '어쩜, 저렇게 말을 할 수 있을까?' 하는 표정으로 가기야마를 바라보았다. 와우! 달링 할머니처럼 오매불망 남편을 사랑하는 이가 과연 몇이나 있을까? 언젠가 TV에서 보았던, 팔순이 넘은 할머니의 인터뷰가 선명하게 떠올랐다.

"할머니 다시 태어나면 지금 남편이랑 다시 살고 싶으세요?"

"잉? 뭣이여? 참말로! 아녀, 아이쿠 아녀! 젊은 시절 딴 각시 쫓아다니느라 내 몰라라 혔고, 늙어선 지 몸 아프다고 내 몰라라 혀고, 평생을 그러구 살고 있는디, 난 싫어." 그렇게 정색하고 손사래를 저으셨다. 마치 어젯밤 한 바탕 싸우고 화가 풀리지 않은 듯 단호하게 말이다. 나에게도 다시 태어나 지금의 남편과 또 만나고 싶냐고 묻는다면, Oh~ NO! 아마 그 양반도 나와 같을 걸.

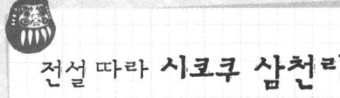

전설 따라 시코쿠 삼천리

65번_ 산카쿠지 三角寺

전화 0896-56-3065 | 숙소 없음

찾아가기: ① 64번에서 45km, 도보 20시간. ② JR요산선 이요미시마역Y23에서 신구행 버스를 타고 산카쿠지 정류장 하차, 도보 1시간. ③ JR요산선 이요코마츠伊予小松역에서 07:48 기차를 타고 이요미시마伊予三島역으로 간다. 이요미시마역 라카에 가방을 넣어두고 역 앞에서 순례자들과 어울려 택시를 타면(2,400엔÷승객수) 매우 편리하다. 65번를 마치고 걸어서 역으로 내려와 간온지역Y19행 기차(13:31, 14:13, 15:14, [특급13:53) 요금 440엔, 보통열차로 30분 걸림)를 탄다.

산카쿠지는 8세기 쇼무천황의 기원에 의해 행기대사가 건립했다. 후에 코우보대사가 방문했을 때 십일면관음을 본존으로 모셨다. 대사는 삼각형의 호마단護摩壇을 쌓아 올리고, 21일간 국가의 평안무사와 만민의 행복을 비는 비법을 수행했는데 그 후에 산카쿠지三角寺로 불리게 되었다. 본존은 개운開運 즉 액막이와 순산 즉 코야스의 관음으로 신앙을 받고 있다. 재미있는 풍습이 지금도 남아 있는데 이 절의 주걱으로 부부가 사이좋게 식사를 하면 아이를 주신다고 한다. 하여서 아이를 갖고 싶은 사람이나 임산부가 절 부엌의 주걱을 슬쩍 집어간다고. 이때 절에서는 보고도 못 본 척한다. 그 후 무사히 아기를 낳거나 새로 아이를 잉태하여 출산한 부부는 감사의 뜻으로 원래 절의 주걱과 새 주걱 두 개를 본존에 납입한다고 한다. 납경소에서도 주걱에 코우보대사가 매달린 열쇠고리를 기념품으로 판다. 산카쿠지는 험한 돌층계를 다 오른 곳에 종이 매달린 인왕문이 있다. 본존의 십일면관음 입상을 납입한 본당 외에 약사당, 대사당이 있으며, 옛 자취로 삼각형 호마단이 있던 곳에는 지금 삼각연못이 있다.

제4국

열반의 도장
가가와

시코쿠의 제4국 가가와현香川縣. 옛 이름은 사누키讚岐다. 88사찰 순례길 중 열반의 도장涅槃の道場으로 번뇌를 이기고 해탈의 경지에 이르는 장으로, 66~88번까지 23개의 사찰이 있으며 총 163km이다.

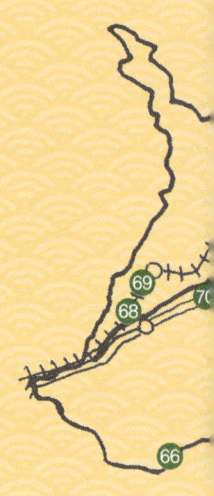

Day 22 _ 3월 31일 화요일

오늘의 숙소

· **비즈니스 료칸 하쿠바이**白梅 (0875-25-9891)
· 4,000엔(숙박만). 숙소는 낡았으나 여러모로 편리해 이틀을 묵었다. 길건너 료칸 하쿠바이도 있다. 간온지 시청, 기차역과 멀지 않다.

오늘의 사찰

66번 운펜지雲辺寺(24km, 8시간) → 67번 다이코지大興寺(9.5km, 3시간)

우동, 우동, 우동!

『하루키의 여행법』을 읽을 때다. 무라카미 하루키가 잡지사의 의뢰를 받아 사누키 우동 취재여행을 하고서 이를 단행본으로 출판한 책이다. 그 책을 보며 내 맘에도 사누키 테마여행의 꿈이 자리 잡았다. 사람들에게 테마여행의 예로 하루키의 우동 여행을 권하기도 했었다. 서울에서부터 우동에 대한 기대를 잔뜩 하고 왔지만 시코쿠를 돌며 아직까지 "아, 바로 이거야!" 싶은 우동 맛을 보지 못했다.

점심을 걸렀더니 출출했다. 유키와 크리스는 군것질거리를 배낭에 들고 다녔기에 대충 간식으로 배고픔을 달랬지만 난 배가 고팠다. 현지인에게 우동집을 물으니 흔해빠진 게 우동집이라며 어디에도 있다, 저기에도 있다 했지만, 막상 허기진 순례자가 지나는 길에선 찾기가 힘들었다.

67번 다이코지를 마치고 커뮤니티버스를 타기 위해 버스정류장으로 내려와서다. 거기 우체국 인근에 우동집이 있다고 해서 두리번두리번 한참을 찾아 헤맸다. 그 흔한 '우동'이란 표시도 없는 집이었다. 그저 문밖에 흔하디흔한 음료자판기 하나가 서 있는 게 전부. 안으로 들어서는 우리 일행에게 "어서오세요"라고 인사를 건네던 주인 아주머니가 크리스를 보고 눈을 동그랗게 뜨며 대뜸 어디서 왔냐고 물었다. "호주에서 왔다"는 말에 손을 내밀며 반갑게 악수를 청하는 주인장. 자기 딸이 호주에서 대학을 나와 디자인 회사에서 직장생활을 한다는 것이다. 6년 동안 한번도 일본으로 돌아오지 않은 딸이 몹시 야속했지만, 대신 자기가 직접 딸을 찾아가 시드니, 멜버른, 브리스베인을 여행했다고 한다.

가게의 안쪽에서는 면발을 만드는 반죽덩어리들을 마치 징검다리 이어놓듯 늘어놓고 한 아주머니가 맨발로 잘근잘근 밟고 있었다. (물론 비닐 덮개 위를!) '흐흠, 제대로 하는 우동 집이군.' 기대감에 부풀어 침이 꼴깍 넘어갔다. 우동의 크기(小, 中, 大)를 고르고, 고명으로 미역이 들어간 걸 시켰다. 그러자 주인아주머니가 생강을 가지고 나와 얘기를 하며 강판에 갈았다. 사각사각 생강 가는 소리가 진한 향과 어울려 또 구미를 자극한다. 하루키는 손님이 직접 무를 강판에다 가는 모습을 보고 기묘하다고 했다. 우동집에서 생강을 내주는 집은 보통 손님들이 간다는 것인데, 글쎄, 이 집은 특별서비스인지 주인이 직접 갈아주었다. 우동이 나옴과 동시에 생강 간 것을 식탁에 올려주었다. 우동에 방금 간 신선하고 고운 생강을 넣었다. 으

흐, 정말 기가 막힌 맛이다! 내가 中짜 우동을 고를 때, 유키는 내가 많이 먹는다고 놀렸지만, 中짜래봤자 서울 우동집의 2/3 정도에 불과하다. 이 맛깔스런 우동 맛을 푸짐하게 즐기려면 大짜를 시켰어야 하는 건데, 흑! 쫄깃한 면발에 깔끔한 국물 맛은 가히 하나의 경지였다. 시코쿠를 걸으며 지금까지 몇 번 우동을 먹었지만 국물이 대체로 짜서 면만 홀랑 건져먹기가 다반사였고, 면발도 사누키의 명성을 의심케 할 정도였는데, 오늘 가가와현에 와서야 드디어 제대로 된 우동을 맛보는구나. 나는 냉면을 먹고 난 뒤 맛이 없으면 다른 음식을 먹을 때와 달리 은근히 짜증이 난다. 사누키에서 우동을 먹으며 가끔 그런 언짢은 기분이 들었는데, 오늘 그런 묵은 체증도 말끔히 날려버렸다!

사누키를 돌며 먹어본 우동을 정리해 보자면 이렇다. 가케우동은 국물과 면발이 어울린 우동에, 강판에 간 무즙과 생강을 넣고 먹는다. 기본우동이라고 할 만하다. 기쓰네우동은 우리가 알고 있는 유부우동이고, 다누키우동은 튀김 부스러기를 우동 위에 얹어 먹는다. 덴뿌라우동은 야채, 새우, 호박 등에 튀김옷을 입혀 튀긴 걸 고명으로 쓰는 우동이다. 네기이리우동은 파가 들어간 우동, 니쿠우동은 고기가 들어간 우동, 쇼유우동은 간장을 타서 먹는 우동, 쓰키미우동은 계란 노른자를 떨어뜨린 우동이다. 가야쿠우동은 향신료, 산초, 생강, 파 등을 넣은 우동이고, 카레우동은 야채 또는 고기를 넣고 만든 카레를 부어 먹는 우동이며, 자루우동은 국물 없이 우동과 양념(간장, 무즙, 생강즙, 산초, 식초, 레몬즙)을 버무려 먹는다.

마지막으로 일본인들만의 독특한 우동 먹는 법 한 가지! 다른 음식은 얌전히 먹지만 우동은 시끄럽게 먹어야 일본사람들이 좋아한다고 한다. 뜨거운 국물과 면 가락을 "후후~!" 소리내어 불어가며 먹을 것! "후루룩~ 쩝쩝!" 면발을 요란스레 쑤욱~ 빨아올릴 것! 옆사람 신경 쓰지 말고 되도록 수선스럽게 먹을 것! 그래야 제대로 우동을 먹은 것으로 본다는 것이다. 잘 만든 우동 한 그릇에 대한 최고의 답례는 그렇게 뻑적지근하게 요란/시끌/떠들썩해야 한다는 것!

코우보대사와 일본 우동

일본 우동은 8세기에 당나라에서 유학을 마치고 돌아온 코우보대사가 시코쿠 섬의 사누키 지방에 탕면을 소개하면서 시작된 음식이다. 불교의 가르침과 더불어 맛난 우동까지 소개한 대사는 어쩌면 '금강산도 식후경'의 진리를 진작 터득한 인물이었는지도 모르겠다(^^;).

한 일본학자는 일본 우동의 원조가 한국의 국수라고도 한다. 현재의 국수 모양으로 우동을 만들게 된 것은 에도시대에 조선의 학승인 원진元珍이 국수 만드는 방법을 가르쳐주면서부터였다고. 메밀가루에 밀가루를 섞어 반죽한 것을 길게 늘리고 펴서 칼로 썰어 국수를 만드는 것인데, 어쩐지 익숙치 않으신지? 그렇다. 바로 손칼국수 만드는 방법이다. 이 방법이 크게 유행을 해서 오늘에 이른 것이라고 한다. 그때는 이 우동うどん을 운동うんどん(饂飩)이라고 했고, 이전까지는 수제비를 만들어 먹으면서 곤통こんとん(混沌)으로 불렀다는 것이다.

전설 따라 시코쿠 삼천리

66번_운펜지 雲辺寺

전화 0883-74-1707 | 숙소 없음

찾아가기: ① 65번에서 24km, 도보 8시간. ② JR요산선 간온지(観音寺)역에서 로프웨이 타는 곳까지 택시로 약 30분. ③ 간온지역19에서 출발하는 8:53 커뮤니티버스를 타고(100엔, 일반 버스는 자주 운행되지 않음) 66번 오르는 길목에서 내린다. (노인복지를 위해 운영하는 공익 버스여서 시내의 병원들을 구석구석 돌아다니며 한 시간 정도 걸려서 마을을 돈다.) 좀 걸어 올라가면 로프웨이(왕복 2,000엔) 타는 곳에 이른다.

헨로고가시 중 하나인 운펜지는 코우보대사가 52대 사가(嵯峨)천황의 지시로 809년 건립했다. 카마쿠라 시대(1192~1333)에는 숙소를 갖추고 학승이 모이는 학문도장으로 번창했다. 16세기 후반 쵸우쇼카베 모토치가(長宗我部元親)가 시코쿠 통일(1585년)을 위한 상담을 위해 이곳 주지를 찾기도 했다. 이곳은 하루에 한번은 비가 내린다는 험한 곳으로 겨울에 눈이 내리면 걸어서 오르기가 힘들다고 한다. 지금은 로프웨이가 있어 케이블카를 타고 쉽게 정상에 오를 수 있다. 정상에 가가와현과 도쿠시마현의 경계지표가 있다.

전설에 운펜지의 기슭에 요이치(与市)와 요나리(与成) 형제가 살았다. 형 요이치는 어부, 동생 요나리는 사냥꾼이었다. 어느 날 요나리는 사냥감을 쫓아 운펜지 경내에 들어가게 되었다. 경내는 관음의 유원지로 사냥금지 지역이다. 요나리가 카네미츠마츠(金光松) 아래서 쉬고 있는데 무엇인가 사냥감이 움직이는 소리가 났다. 요나리는 몇 개의 화살을 쏘았지만 반응이 없자 두려운 마음에 마지막 한 개의 화살을 당기면서 "누구냐? 정체를 밝혀라"라고 외쳤다. 그러자 캉! 하는 소리를 내며 무언가 떨어졌다. 소리 나는 곳으로 간 요나리는 피가 떨어진 자국을 따라 본당까지 갔더니 요나리의 마지막 화살이 본당 천수관음의 눈에 꽂혀 있었다. 요나리는 살생을 금하는 관음의 뜻이라고 생각해 자신의 죄를 사하고자 부처의 제자가 되었다. 그 후 형 요이치가 강에서 큰 뱀에 물려 죽었다. 요나리는 형 요이치의 공양을 위해 운펜지의 오래된 본당을 몇 년에 걸쳐 재건하여 관음보살을 정중하게 모셨.

★오백나한의 풍부한 표정 감상을 잊지 마시라.

67번_다이코지 大興寺

전화 0875-63-2341 | 숙소 없음

찾아가기: ① 66번에서 9.5km, 도보 3시간. 66번을 마치고 로프웨이를 타고 내려와 걸어서 간다. 67번으로 가는 길은 사누키 고장을 지나는데, 사누키 우동의 참맛을 경험해볼 절호의 기회다. 간판도 없는 우동집들이 있으니, 현지인들에게 안내를 받도록 한다. 67번을 마치고 차 타는 곳까지 내려오면 우체국이 있다. 그곳에서 다시 커뮤니티버스를 타고 간온지 시청 앞으로 돌아온다. ② JR요산선 간온지역Y19에서 택시로 25분.

다이코지는 사누키 평야에 사가천황의 기원으로 822년 코우보대사에 의해 건립되었다. 수행의 도장으로 번성하여 전성기에 많은 도장을 거느렸다. 지금은 경내의 건물 중 고색창연한 본당만이 옛 모습 그대로이다. 매년 4월 셋째 일요일에 순례자에게 '우동 오세타이'를 한다. 이 절의 산문에는 가마쿠라 시대(12세기 말~14세기 초)에 만들어진, 시코쿠에서 제일 낡았다고 하는 인왕상이 위엄에 찬 모습으로 다이코지를 지키고 있다. 이 인왕의 머리 부분은 에도시대(1603~1867)에 바뀌었는데, 그와 관련해 오시치와 요시사브로의 슬픈 사랑이야기가 전해진다. 오시치는 소방수인 요시사브로를 무척 사랑했다. 그녀는 요시사브로를 만나길 학수고대하였지만 기회가 없었다. 오시치는 불을 지르면 소방수인 요시사브로를 만날 수 있을 것이라 생각해 불을 질렀다. 마침 불어온 바람에 큰 화재로 번지면서 오시치는 재판에 붙여져 사형을 당하게 되었다. 대화재에 살아남은 요시사브로는 오시치의 명복을 빌기 위해 시코쿠 순례를 하게 되었다. 그가 다이코지를 방문했을 때 산문의 인왕 목이 부러져 가는 것을 알게 되었다. 요시사브로는 오시치의 공양을 위해 인왕의 목을 새로 만들려고 주지에게 허가를 받았다. 그리고 손상된 목 부분을 떼어, 자신의 등에 짊어지고 시코쿠 순례를 하며 돈을 모금했다. 크고 무거운 인왕의 목을 짊어진 그 순례 길은 참으로 힘들었을 것이다. 그렇게 고행 속에 모은 돈으로 마침내 요시사브로가 인왕상의 목을 새롭게 단장하였다는 전설이다.

Day 23 _ 4월 1일 수요일

오늘의 숙소

- **호시카와 료칸** (0875-72-5041)
- 6,500엔(2식 포함). 방은 작지만 깔끔하고 주인이 친절하다. 커피도 공짜로 준다. 70번 사찰 마치고 11번 도로를 따라 71번 사찰 가는 길(13km) 중간쯤에 있다. 대형쇼핑몰 'you me'와 소방서를 지나 오른쪽에 주유소 두 개가 나란히 나오는데, 두 번째 주유소 지나 교차로에서 횡단보도를 건너 왼쪽으로 가면 작은 골목길이 나온다. 그 길을 따라 가면 멀지 않은 곳에 호시카와 료칸이 있다. 료칸 앞에 큰 인형이 있고 길도 복잡하지 않아 찾기 쉽다. 시코쿠를 돌며 일정을 짤 때 가장 중요한 고려사항은 사찰의 거리와 숙소이다. 오늘은 68-69-70번을 마치고 71번 가는 중간에 숙소를 잡았다. 내일은 71-72-73-74-75 다섯 곳을 돈다. 기념으로 자고 싶었던 75번 젠쓰지에서 하루를 마무리하는 것으로 일정을 맞춘 것이다. 그 다음 날도 다섯 곳을 갈 것이다. 사찰간의 거리가 멀지 않기 때문에 하루에 다섯 곳을 소화할 수 있다.

오늘의 사찰

68번 진네인神恵院(9.0km, 2시간 30분) → 69번 간온지観音寺(68번 바로 옆) → 70번 모토야마지本山寺(5km, 1시간 20분)

매화 꽃길, 눈꽃[雪花]과 아름다운 여름[夏美]

봄은 봄인데 봄이 아닌 건가? 스산한 바람이 서늘하게 느껴질 정도로 아침 날씨가 심상찮다. 한곳에서 두 개의 납경을 한꺼번에 받는 68번 진네인과 69번 간온지를 둘러보고 사이다가와강을 따라 걸어갈 때이다. 갑자기 공포영화의 한 장면처럼 사위가 어둑어둑해지더니 강풍과 함께 비가 쏟아졌다. 배낭을 메지 않았으면 날아갈 것 같았다. 큰 키에 16킬로짜리 배낭을 짊어진 체격 좋은 크리스도 휘

청거리느라 걸음을 떼지 못할 정도다. 우선 바람에 고스란히 노출된 강둑에서 내려와 어느 집 담벼락에 의지해 바람을 피하며 판초를 꺼내 입었다. 우리도 우리지만, 강가를 화사하게 수놓고 있던 꽃나무들의 신세는 강풍 앞에서 처참했다. 아름다운 백매화, 홍매화 꽃송이가 무참히 떨어졌고, 노란 유채꽃 무리는 엉망으로 뒤엉켰다. 새싹을 토실토실 매단 버드나무가지는 미친 듯 몸부림쳤다. 거세게 뒤엉키고 무참히 꽃잎 떨구는 그 황망 중에도 아름다움은 있었다. 그 색의 조화란! 그것은 이제껏 어디에서도 본 적 없는 최상의 화려함이었다. 광기의 회오리는, 현란한 색감을 구사하는 예술가처럼 자기 작품을 퍼포먼스로 펼쳐 보이고 있었던 게다.

그렇게 넋을 잃고 서 있기를 대략 30여분쯤? 누군가 "동작 그만!"이라고 명령한 듯, 비바체 프레스토로 몰아치던 돌개바람은 홀연 사라지고 아다지오 안단테로 보슬보슬 조용히 비가 내리기 시작했다. 요란스레 심술 한 번 부리고 "나 이제 간다~"며 냉큼 내빼버린 사다가와강 바람. '퍼포먼스 고마워. 정말 대단했어. 구경 한번 잘 했다!' 훌쩍 멀어져 어느 언덕, 어느 강가를 뒤흔들고 있을 그 돌개바람 쪽으로 그렇게 인사라도 하고 싶었다.

70번 모토야마지에 도착할 쯤엔 비도 사라졌다. 모토야마지에 들어서면 탑과 겨루는 듯 서 있는 소나무가 단연 압권이다. 경내의 멋진 오층탑도 일품이지만, 하늘로 오르는 징검다리처럼 층층이 나뭇가지를 전지한 키 큰 소나무가 그 탑과 어울려 연출하는 묘한 대비가 가히 가경이다.

모토야마지의 화장실에서다. 화장실 입구의 나무의자 위에 누군가 놓고 간 두타봉투 하나가 쓸쓸히 놓여 있었다. 납경장과 초, 향, 라이터 등이 들어 있는 순례자용 가방 하나⋯. 누군가 화장실에 들어서며 잠시 벗어둔 걸 그만 깜빡하고 놓고 갔으리라. 화장실에는 아무도 없었다. 왠지 누군가 깜빡 잃어버린 것은 아닐까 하는 생각이 들었다. 안타까운 마음을 뒤로하고 길을 떠나는데 자전거를 타고 거꾸로 오는 순례자가 있었다. 그분이 잃어버린 가방주인이다. 가방을 두고 온 것을 한참 뒤에 깨닫고, 지나는 길의 동네사람에게 자전거를 빌려 타고 허둥지둥 돌아오는 것이다. 난 길을 나서며 늘 소지품을 챙기고 유키와 크리스의 소지품도 잃어버리지 않게 하기 위해 신경을 쓴다. 그렇게 했어도 숙소에다 밧데리 충전기를 놓고 왔다. 먼 길을 오랫동안 여행하다 보니 순례자들은 한번쯤은 한두 개의 소지품을 잃기도 하고 다시 찾기도 하며 순례를 한다.

오늘은 동행이인이라 쓴 흰옷에 삿갓을 쓰고 죽장을 짚으며 다정하게 걷는 여인 둘을 만났다. 곱게 화장도 했고 미소도 푸근했다. 키가 좀 큰 분은 도쿄에서 온 나츠미夏美이고, 다른 분은 동계올림픽의 고장 나가노에서 온 세츠카雪花이다. 이 두 분은 대학에서 만난 40년 친구 사이다. 젊은 시절에는 영어를 좀 했지만 나이가 들어서

별로 사용할 기회가 없다보니 영어실력이 줄었다고 하지만 우리와 대화를 나누는 덴 부족함이 없었다. 세츠카와 나츠미의 발은 물집 투성이다. 특히 세츠카가 심하다. "그래도 친구와 함께 걸을 수 있어 너무너무 행복해요." 퉁퉁 부르튼 발을 견디며 긴긴 길을 함께 걷는 40년 지기, 아, 우리는 이런 걸 부러워해야 하는 거다!

나츠미와 세츠카 역시 크리스의 매력에 흠뻑 빠졌다. 처음엔 그저 '시코쿠를 걷는 신기한 서양인'이라서이겠지만, 다들 크리스의 밝은 미소와 몸에 밴 겸손, 그리고 상대방의 미소를 자아내는 그윽한 심성에 금세 매료된다.

크리스가 자기 이름을 말하자, 유키가 귀 뚫는 흉내를 내며 "피어싱piercing? 크리스 피어스!"라고 하자, 세츠카와 나츠미도 이름 뜻을 풀이해주었다. 겨울에 태어난 세츠카는 "snowflower눈꽃"이고, 여름에 태어난 나츠미는 "beautiful summer아름다운 여름"라는 뜻이다. 유키의 이름도 눈(雪)이란 뜻이다. 그도 겨울에 태어난 것이다. 인디언들이 새벽에 태어났다고 '새벽아이', 맨 끝에 낳았다고 '이젠 끝' 같은 식으로 이름 짓는 게 생각나 싱긋 웃었다. 내 이름은 효선孝宣. 그런 이름을 붙여주신 부모님의 뜻은 '효를 행하고 널리 베풀라'는 것이었으나, 부모 돌아가시고 생각하니 효를 다하지 못하여 이름값을 못했다.

저녁 먹는 시간에 TV 뉴스에서 신입사원 입사식이 나왔다. 어찌나 절도가 넘치는지, 무슨 신병 입대식 같았다. 병사처럼 차렷 자세로 축사를 듣고 허리를 반듯하게 굽혀 머리 숙여 인사를 하고 식이 끝났다. 모두들 긴장된 모습이다. 아마도 이들은 유치원 입학 때도 이렇게 했을 것이다. 그리고 퇴임식도 그럴 것 같다. 오늘은 4월 1일, 모든 회계가 3월 말로 끝나고 4월 첫날에 새로 시작하는 것이 일본 회사들의 방식이다. 그래서 신입사원 입사식이 뉴스가 되는 것이다. 학교의 입학식도 4월초이다. 신입사원들이 입사와 동시에 맨처음 선배들을 위하여 하는 일이 무엇인지 아시는지? 밤 벚꽃 놀이를 위하여 공원에 자리 잡아 놓고 기다리는 것!

벚꽃이 피면 '새 출발'을

해마다 봄이면 온 국민의 관심사가 벚꽃인 양, 각 지역별 개화시기가 일본 전역에 생중계된다. 오키나와로부터 시작하여 큐슈, 시코쿠, 혼슈, 그리고 도쿄를 지나 홋카이도로 북상하는 시기를 컴퓨터그래픽으로 일러주는 것이다. 내륙의 어디선가는 리포터가 오래된 벚꽃나무가 마당 가득 꽃그늘을 드리운 집을 찾아가 카메라를 들이댄다. 벚꽃나무 가지가 버드나무처럼 늘어진 것이 대를 이어온 집과 어울려 아름다웠다.

일본사람들은 벚꽃 즐기기를 빼놓을 수 없는 봄맞이 행사로 여긴다. 길을 걷다 만난 시코쿠의 시골사람들은 이제 막 피기 시작하는 벚꽃 가로수 길을 걷는 우리에게 "벚꽃이 더 활짝 폈을 때 걸으면 더 좋았을 텐데…"라며 더 좋은 모습을 보여주지 못함을 아쉬워했다. 매시간 뉴스에서 개화 상황을 알리는 것은 벚꽃놀이 스케줄을 잡기 위한 이들의 절대적인 관심사이기 때문이다.

일본인들은 새해를 맞이하는 1월보다 벚꽃이 피는 시기를 '새 출발의 시간'으로 삼아 한해를 마무리하며 희망의 발돋움을 한다. 회사의 결산도 3월에 있고, 3월 말에 정년퇴직도 한다. 오늘 버스가 도착한 간온지 시청 앞에서도 때마침 정년퇴직 기념사진을 찍고 있었다.

4월초에는 신입사원이 첫 출근을 하고, 학교에선 졸업과 새 학기가 시작되고, 농사 또한 벚꽃을 보며 파종과 모내기를 한다. 그런 뒤 마을 축제를 열어 봄의 시작을 즐긴다. 흐드러지게 피는 꽃을 보며 일본인들의 마음은 새로운 시작에의 기대로 설렌다.

우동이 불교와 함께 일본에 상륙했듯 벚꽃 또한 한국에서 건너간 불교와 함께 일본 땅에 뿌리내렸다. 일본에는 토종 일본 벚꽃 군락지가 없었다. 일본 벚꽃이 가장 많은 요시노산(해발 455미터. 오사카 나라분지의 요시노강 지역) 일대는 백제 성왕에 의해서 불교가 일본에 포교된 지역이다. 제주도의 왕벚꽃나무가 조상이라는 것.

지금쯤 서울에서도 벚꽃놀이가 한창이겠다. 날씨 맑은 날 밤 잠실의 석촌 호수, 그것도 자정이 훌쩍 넘어 한적할 때 은은한 가로등 불빛 아래 벚꽃이 만발한 호숫가를 거닐며 사색에 젖어보는 것. 내가 해마다 즐기는 벚꽃놀이는 그렇게 소박하다.

전설 따라 시코쿠 삼천리

68번_ 진네인神惠院

전화 0875-25-3871 | 숙소 없음

찾아가기: ① 67번에서 9.0km, 도보 2시간 30분. ② JR요산선 간온지역에서 젠쓰지행 버스를 타고 간온지 쥬가쿠마에 정류장 하차, 도보 5분.

고토히키산琴彈山 중턱에 68번과 69번 두 사찰이 함께 있다. 그래서 납경도 한 곳에서 한꺼번에 받는데, 이런 곳은 여기뿐이다. 나라시대 703년, 서쪽 하늘의 태양이 갑자기 빛을 잃었다. 그때 이곳에서 수행 중이던 닛쇼 쇼닌이 바다에서 노인이 거문고를 연주하는 배를 발견했는데, 그 노인이 하치만(생명을 지키는 신으로서, 무사들의 수호신)의 화신이라고 느껴 배와 거문고를 고토히키산으로 끌어올리고 신전을 만들어 하치만 신을 모시고, 그 이름을 고토히키하치만琴彈八幡으로 했다. 진네인은 닛쇼가 고토히키 하치만의 별당지로서 개원했는데, 그 후 코우보대사가 이곳을 방문, 아미타여래의 존상을 본존으로 삼아 고토히키하치만을 고토히키야마 진네인琴彈山神惠院이라는 이름으로 고쳐 68번 영지로 삼았다.

69번_간온지 観音寺

68번 진네인과 같은 곳임

고토히키 하치만신을 모신 신사와 그 별당지인 진네인이 지어지기 전에는, 진구우지神宮寺라고 하는 절만이 있었다. 그 후 두 개의 절이 지어졌을 때, 대사는 "진구고고神功皇后(일본서기에 나오는 전설상의 황후)는 관음보살의 태생 차이이다"라고 하며 성관세음상을 새겨 본존으로 하고 동시에 칠당가람을 만들었다. 그러면서 진구우지라는 이름을 싯포산 간온지七宝山観音寺로 고치고 69번의 영지로 했다. 그런데, 메이지의 신불분리정책 때 68번 진네인의 본존을 간온지의 사이가네당西金堂에 옮김으로써 고토히키 하치만신을 모신 신사와 진네인을 분리 · 독립시켰는데, 결국 진네인은 간온지와 동거하는 형태가 되었다. 하나의 산에 두 개의 영지가 생긴 것은 이처럼 신불분리정책에 의한 결과인 것이다. 이 두 영지의 마당에는 가레산수이枯山水라고 불리는, 물이나 나무를 쓰지 않고 돌과 모래로만 산이나 물의 풍경을 표현한 정원이 있다.

70번_모토야마지 本山寺

전화 0875-62-2007 | 숙소 없음
찾아가기: ① 69번에서 5km, 도보 1시간 20분. ② JR요산선 모토야마역에서 도보 20분.

경내에 아름다운 5층탑이 우뚝 서 있다. 본당은 51대 천황인 헤이죠平城천황의 기원에 의해 코우보대사에 의해 건립되었다. 모토야마지에도 참혹한 이야기가 전한다. 덴쇼天正 무렵, 쵸우쇼카베모토치가의 병사가 몰려와 경내를 유린했다. 그 때 주지는 몸을 바쳐 저항하다가 장검에 베었으나, 쓰러지지 않고 그대로 서 있었다. 그 중 몇 명의 병사가 본존을 안치한 본당에 침입했다가 아미타여래의 오른 팔꿈치로부터 피가 흘러내려 손으로 떨어지는 것을 보고서 두려워 절에서 물러났다. 그로 인해 본당은 불에 타지 않고 살아남게 되었다. 그로부터 아미타여래는 '큰 칼을 받은 아미타불'이라고 불렸고 지금도 오른손에 상처가 남아 있다고 한다. 쇼안正安 2년인 1300년에 재건된 본당 가운데 불단과 아미타여래를 모신 궤가 국보로 지정되었다. 본존은 다른 곳과 다르게 마두관음보살(머리에 모자를 쓴 것처럼 말머리를 이고 있는 관음보살로 축생도를 장악하여 특히 말과 가축류를 보호하는 보살)이다.

Day 24 _ 4월 2일 목요일

오늘의 숙소

· **젠쓰지의 츠쿠보** (0877-62-0111)
· 5,800엔(2식 포함). 75번 젠쓰지 경내에 있다.

오늘의 사찰

71번 이야다니지弥谷寺(13km, 3시간 30분) → 72번 만다라지曼茶羅寺(4km, 1시간 15분) → 73번 슛샤카지出釈迦寺(0.5km, 10분) → 74번 고야마지甲山寺(2.0km, 40분) → 75번 젠쓰지善通寺(1.5km, 25분)

하이쿠 찻집

71번 이야다니지는 끝없이 이어진 계단을 따라 올라가야 한다. 그 계단을 오르는 입구에 하이쿠 찻집이 있다. 호기심을 자극하는 찻집이다. 절을 돌아본 후 들러보리라, 다짐하고 계단에 접어드는데 찻집 아저씨가 나와 가방을 놓고 올라가라고 한다. 계단이 300단이 넘으니 말이다. 앗, 가방 오세타이네! "아리가또, 아리가또!" 배낭이 제일 무거운 크리스가 제일 반색한다. 가파른 계단을 오르니 햇살이 가득 내려쬐는 대사당 앞에 사람들이 잔뜩 앉아 있다. 버스로 오신 할머니들이다. 본당은 또 한번 높은 계단을 올라야 하는데, 팔순의 할머니들이 오르기엔 힘든 길. 그래서 햇살 받으며 쉬고 있던 할머니들 눈이 일제히 휘둥그레졌다. 놀라움과 반가움이 뒤섞인 표정이다. 크리스는 처음 보는 사람들의 경계심도 단숨에 허물어뜨리는 인자한 할아버지 같다. 어느새 크리스와 할머니들이 손을 잡고 이야기를 나누고 있다. 어디서 왔어? 아이쿠, 몇 살이유? 출발은 어디서부터 했남? 음식은 입에 맞구? 뭐 이런 말들이 오갔다. 할머니를 인도하는 가이드가 영어를 했고 그 정도의 일본어를 크리스는 할 수 있었기 때문에 아주 분위기 좋게 이야기가 오갔다.

"부인이랑 함께 오지 않구요?" 어느 할머니가 물었다. 이때 다른 곳을 둘러보던 유키가 대뜸 그 말을 받아 대꾸하며 대화에 끼어들었다. "아이쿠, 이 사람이 싫다고 마누라가 둘씩이나 도망갔어요. 지금은 혼자 산대요." 어허, 이런! 분위기를 싸늘하게 만드는 저런 멘트를 날리다니….

크리스의 미소도 아연 서글퍼졌다. 난 얼른 유키에게 눈치를 줬다.

유키의 화법은 종종 이렇게 밉상이어서 내 부아를 치밀게 할 때도 많았다. 말이 많으면 실수가 많다고, 다 유키가 말이 많은 탓이다. 부인과 여행을 할 때도 옆 사람들과 하도 수다가 길어 부인과 다툰 적이 많다고 스스로도 말을 하는 유키. 장장 두 시간도 넘게, 그것도 버스 안에서, 앞뒤사람과 얘기를 나눴을 정도이다.

유키의 실언 탓에 서먹서먹해진 심기를 안고 하이쿠 찻집으로 왔다. 천정 가득 하이쿠를 써 붙인 종이 패찰들이 달려 있었다. 벽에는 이곳을 다녀간 유명인들의 싸인이 가득했다. 주인장은 외국인들이 남겨둔 하이쿠도 따로 보여주었다. 스페인, 호주, 미국, 프랑스, 독일, 네덜란드…. 최근에 다녀간 일본의 유명한 핑퐁스타 요츠모토 나오미四元奈生美의 싸인도 있었다. 나도 그녀를 안다. 그녀는 NHK에서 제작한 시코쿠 여행 프로그램의 진행자로 이곳을 방문하였다. 나도 예쁜 나오미가 팔랑팔랑 걸으며 시코쿠를 소개하는 모습을 TV로 봤다.

주인장은 나에게, 100년이 되었다는 하이쿠 찻집을 찾은 첫 번째 한국인이라며 하이쿠를 하나 써달라고 깨끗한 종이패찰을 내민다. 잠시 생각을 가다듬고 나는 이렇게 적었다.

헨로의 고달픔 온천에 씻고, 오늘도 걷는다, 시코쿠 삼천리 물론 제대로 된 하이쿠는 아니다. 하이쿠의 정형은 5-7-5로 17자이다. 내가 쓴 단시는 6-5-6-6으로 23자나 되니 말이다. 하이쿠俳句는 17음 형식의 일본 정형시이다. 하이쿠를 예술로 승화시킨 이로 마츠오 바쇼松尾芭蕉(1644~1694)가 있다. 우리의 방랑시인 김삿갓김병연(1807~1863)을 떠올리면 되는 인물이다. 평생을 봇짐에 삿갓 쓰고 지팡이에 의지하여 마음 내키는 대로 떠돌며 머문 방랑시인 바쇼. 그는 에도시대 인물이니 조선시대 김삿갓보다 앞 시대의 사람이다. 향락이 넘치던 에도시대에, 바쇼는 평생을 은둔자로 떠돌며, 언어의 유희와 같던 짧은 시 하이쿠를 예술로 완성시켰다. 김삿갓도 인간사 모든 희노애락을 시제로 사용하였듯, 바쇼는 일본의 김삿갓이라 할 만하다. 유키가 내 노트에 적어준 바쇼의 하이쿠는 이렇다.

古池(ふるいけ)や 蛙(かわず) とびこむ 水(みず)の音(おと)
후루이케야/ 가와스 토비코무/ 미즈 노 오토
오래된 연못/ 개구리 뛰어드는/ 물소리 퐁당!

이 시는 1947년 미국의 외교관으로 일본에 갔던 사이덴스 티커에 의해 영어로 번역되어 전 세계에 널리 알려졌다. 바쇼를 잘 모르는 일본인들도 하이쿠 하면 이 구절을 읊을 정도로 유명한 작품이다. 우리에게도 바쇼와 같은 방랑시인이 있다고 했더니, 대뜸 그의 시를

얘기해 달라는 친구들. 갑작스런 주문에 순간 멍해졌다. 그러다 떠오른 것은 노래다. "우리는 그의 시로 노래를 지어 부르는데, 한번 들어보실 테면 내가 한 곡조 불러보고?" 박수 소리가 쏟아졌음은 물론이다. 하이쿠 찻집에 김삿갓 노래 한 자락이라, 흠! 흠!

> 죽장에 삿갓 쓰고 방랑 삼천리
> 흰 구름 고개 넘어 가는 객이 누구냐
> 열두 대문 문간방에 걸식을 하며
> 술 한 잔에 시 한 수로 떠나가는 김삿갓.
> 세상이 싫던가요 벼슬도 버리고
> 기다리는 사람 없는 이 거리 저 마을로
> 손을 젓는 집집마다 소문을 놓고
> 푸대접에 펄펄대며 떠나가는 김삿갓.

참, 내가 정말 좋아하는 하이쿠는 따로 있다.

"범종에 앉아/ 하염없이 잠자는/ 나비 한 마리"(요사 부손与謝蕪村)

동자석의 인도인가, 코우보대사의 인도인가?

젠쓰지에서 숙박하고 이른 새벽 본당으로 갔다. 본당으로 한 소년이 들어왔다. 발그레한 두 볼이 통통한 소년이 익숙하게 들어와 무릎을 꿇고 앉아 승려들을 따라 경을 읽었다. 마치 절에 있는 귀여운 동자석이 살아 들어온 것 같아 신기했다.

젠쓰지에는 가이단메루기戒壇巡り가 있다. 미카게당의 어두운 지하 100m를 따라 걸어가는 것이다. 미카게당 지하로 내려가는데 아까 그 소년이 길잡이를 하는 것이다. 벽에 손을 짚고 칠흑 같은 어둠 속을 걷는데, 한 발 한 발 디딜 때마다 가공할 두려움에 짓눌렸다. 그때였다. 앞서가는 소년의 낭랑한 목소리가 어둠속의 한줄기 불빛처럼 길을 안내하는 것이 아닌가. "나무 다이시 헨조 공고! 나무 다이시 헨조 공고! 나무 다이시 헨조 공고!" 어찌나 야무지게 코우보 대사 경을 외며 가는지, 대사가 환생한 게 아닐까 싶을 정도였다. 그것은 마치 어둠속에서 환상을 경험하는 느낌이었다. 벽에 몸을 바싹 붙이고 소년의 목소리를 따라 암흑의 길을 두려움 없이 나아갈 수 있었다.

한참을 갔을 때 희미한 불빛이 새어나오는 곳에서 소년이 기다리고 있었다. 뒤따른 우리 일행에게 자신 있는 몸짓으로 손을 내밀며 한곳을 가리켰다. 거기 코우보대사의 금강저와 불상이 있었다. 소년은 금강저를 쓰다듬은 뒤 불상에 합장을 해 예를 올렸다. 유키가 그곳에서 반야심경을 외기를 기다리느라 잠시 지체한 뒤 미카게당을 나오는데 소년은 어느새 보이지 않았다. 가이단메루기를 끝내고 환한 경내로 빠져 나와서 인근을 둘러보아도 소년의 모습은 보이지 않았다. 아직도 귓가에 소년의 낭랑한 목소리가 들리는데 말이다. 나무 다이시 헨조 공고!

여승 모리사키 지우

72번 만다라지로 들어서는 길에는 걸어서 순례하는 순례자들에게만 오세타이로 우동을 주는 곳이 있다. 인근의 생우동공장에서 포장된 우동박스를 곳곳으로 보내는 보급소 같은 곳이다. 터덜터덜 걸어오는 우리들에게 우동을 권한 직원들의 관심은 단연 크리스에게 몰렸다. 산타클로스 할아버지가 오셨다! 이어서 내가 한국에서 왔음을 알게 되었다. 쉬면서 우동을 기다리는 사이 중년의 한 아저씨가 반가운 얼굴로 내게로 뛰어왔다.

"우리아버지는 남쪽 저 전라도 고흥이 고향입니다. 한국사람 왔다고 해서 얼굴 보러 왔습니다. 난 반쪽 쪽발이입니다."

약간 어색한 발음으로 한국말을 한 뒤 내게 손을 내밀어 악수를 청한 뒤 다시 뛰어서 돌아갔다. 반가운 마음에 인근 일터에서 잠시 뛰어 온 것이다. 반쪽 쪽발이? 쪽발이는 일본인이 싫어하는 표현이다. 일본인들이 우리나라와는 다르게 엄지발가락과 검지발가락을 꿰는 쪽발의 발 모습으로 된 신발과 버선 등을 신는다고 해서 이를 비하하여 우리의 선조들이 붙인 별칭이다. 놀림으로 사용되었을 말일 텐데, 스스로 어머니의 나라를 쪽발이라고 부르다니? 아마도 아버지 나라에서 온 사람이 반가워 친근감으로 그랬으려니 짐작할 따름이다.

우동의 맛은 좋았다. 특히 면발! 두둑하게 요기를 한 후 여유롭게 만다라지에 들어가 순례를 하고 따듯한 벤치에 앉아 쉬고 있을 때다. 산문으로 한 승려가 들어서며 본당을 향해 예를 갖추어 절을 했다. 우선 복장에서 압도적으로 강렬한 카리스마를 풍겼다. 이쿠치 승려처럼 아래위로 흰옷을 입고 소매 없는 검은 도포를 덧입었다. 똑같은 복장의 다른 이쿠치 승려는 카리스마는커녕 개구쟁이처럼 익살맞은 분위기였는데…. 지팡이 또한 나무 봉 끝에 쇠붙이로 된 고리가 여럿 달린 게, 돈을 주고 사면 제법 들 법한, 간지 넘치는 것이었다. 야무진 걸음걸이로 미즈야를 거쳐 본당으로 가더니 한쪽 무릎을 꿇고 절을 한 후 일어서서 경문을 낭송했다. 절도 넘치는 걸음이나 옷 매무새가 비구니승이 아닌가 싶었는데, 아니나 다를까, 경을 낭송하는 힘찬 목소리가 분명 여인의 음성이다.

그녀가 움직이는 동선에 따라 경내에 있는 순례자들의 시선도 함께 따라다녔다. 여승의 얼굴 또한 빼어난 미모였다. 화장기 없는 얼굴에 윤기가 흐르고, 또렷한 이목구비, 총기가 넘치는 크고 깊은 눈빛! 그녀에게 압도된 순례자들은 여승을 조심스럽게 방해하지 않는 가운데 사진을 찍었다.

우리는 유키의 통역으로 그녀와 얘기를 나눴다. 종교법인 진언종 신도파 대본산 보주원의 부관장 모리사키 지우森崎知佑. 명함에 그렇게 적혀 있다. 도쿄 인근의 사찰에 기거하는 그녀는 자신의 부모님도 승려로, 어머니는 만다라를 그리는 유명한 스님이라고 한다. 어머니의 만다라는 LA의 일본 사찰을 비롯해 일본에도 여러 곳에 있다고. 불교가정에서 자랐기에 대학도 불교대학을 갔고 대학에서 같이 공부하던 남편을 만나 결혼을 했다. 딸 둘을 낳고 이혼을 했는데 아이들은 자신이 홀로 키운다고. 늘 승복만 입느냐고 물으니 딸들이 국제외국어고등학교를 다니는데 학교에 학부형으로 갈 때는 청바지

도 입고 간다고. 처음 순례를 시작할 때는 온전히 걸어서 갈 작정이었는데, 출발 후 며칠 뒤부터 보주원 관장이 빨리 마치고 돌아오라고 재촉하는 바람에 지금은 차를 렌트해 돌고 있다는 것이다. 87번에서 차를 반납하고 88번을 걸어서 오른 뒤 다시 1번으로 돌아가 시코쿠 순례는 마치고, 바다 건너 고야산으로 가 코우보대사께 순례를 마쳤음을 아뢰고 자신이 몸담고 있는 절로 간다는 것이다. 헤어지며 그녀는 자신의 보주원으로 놀러오라고 우리를 초대했다. 그녀의 매력에 빠진 크리스와 나는 꼭 가겠노라고 다짐하긴 했지만, 그저 또 다시 인연이 이어지기를 바라는 마음뿐이다.

전설 따라 시코쿠 삼천리

71번_이야다니지 弥谷寺

전화 0875-72-3448 | 숙소 없음
찾아가기: ① 70번에서 13km, 도보 3시간 30분. ② JR요산선 다쿠마역Y14에서 젠쓰지행 버스를 타고 이야다니지구치 정류장 하차, 도보 40분.

마을의 북부, 해발 382m의 이야다니산弥谷山에 있다. 참배길 입구에 검오정剱五亭과 하이쿠 찻집이 있다. 여기서부터 울창한 숲과 고목 사이로 난 비탈길을 따라 300단에 가까운 돌층계를 올라야 한다. 이야다니산은 사망자의 영혼이 가는 산이라고 한다. 이야다니산의 바위에는 코우보대사가 새겼다는 부처들이 많이 남아 있다. 행기보살이 이 산에 올라 여덟 개의 나라를 바라볼 수 있으므로 절을 세워 '연꽃산8국사'라고 이름 붙인 게 이 절의 시작이다. 훗날 대사가 이곳에서 어려운 수행을 할 때에 하늘에서 다섯 개의 검이 내려왔는데 그곳에 금강자오권현金剛蔵王権現의 신탁이 있었다. 대사는 신탁에 따라 나무를 잘라 천수관세음을 새겨 본존으로 삼고 절에 붙이는 이름도 이것을 기념하여 검오산 이야다니지剣五山弥谷寺라고 했다. 대동2년(807)으로 대략 1,200년 전 일이다. 대사가 수행을 했다고 하는 대사당은 사자가 입을 벌린 것 같은 동굴의 모습으로 '사자의 돌'로 불리고 있으며 불상이 모셔져 있다.

72번_만다라지 曼茶羅寺

전화 0877-63-0072 | 숙소 없음

찾아가기: ① 71번에서 4km, 도보로 1시간 15분. ② JR도산선 젠쓰지역D14에서 간온지행 버스를 타고 요시와라 정류장 하차, 도보 10분.

만다라지는, 코우보대사가 태어난 사에키가佐伯家 일족의 명복을 비는 절로 건립되었다. 처음에는 요자카지世坂寺란 이름이었는데 후에 대사가 당에서 돌아와 이 절을 방문해 금강계, 태장계의 양 만다라를 안치해, 본존으로서 대일여래를 모시고 당을 건립하면서 절의 이름을 만다라지로 고쳤다. 대사의 어머니 옥의어전의 명복을 빌기 위해 세운 절인 것. 대사가 만다라지를 지었을 때 기념으로 심었다는 소나무인 '불로송'不老松이 있고 사이교西行법사의 발자국과 법사가 낮잠을 잤다고 하는 '사이교의 낮잠석', 한 순례자가 삿갓이 벚꽃나무에 걸린 것을 보고 노래를 만들었다고 하는 카사카케사쿠라笠掛桜(삿갓 모양의 벚꽃나무)도 눈길을 끈다.

73번_슛샤카지 出釈迦寺

전화 0877-63-0073 | 숙소 없음

찾아가기: ① 72번에서 0.5km, 도보로 10분. ② JR도산선 젠쓰지역D14에서 간온지행 버스를 타고 요시와라 정류장 하차, 도보 15분.

슛샤카지는 가하이시산我拜師山에 있다. 그 정상이 필사악捨身ヶ嶽の決心, 즉 '죽을 결심으로 몸을 바치는 봉우리'다. 코우보대사가 7세 때, 이곳에서 "장래에 불교에 입문하고, 부처의 가르침으로 많은 사람들을 구하고 싶습니다. 이 소원이 이루어진다면, 석가여래께서 내 앞에 모습을 나타내어주시고 소원이 이루어지지 않는다면 이 몸을 부처에게 공양합니다"라고 기도하며, 절벽에서 골짜기 아래로 몸을 던졌다. 그러자 보라색 구름이 일고 연꽃에 앉은 석가여래의 모습이 나타났다. 이어 깃옷을 입은 선녀가 날아와 대사의 몸을 받았다고 한다. 목숨을 건 소원이 이루어진 것이다. 대사는 훗날 필사악 조금 아래에 당을 세워 슛샤카지라고 명명하였다.

74번_고야마지 甲山寺

전화 0877-63-0074 | 숙소 없음

찾아가기: ① 73번에서 2.0km, 도보 40분. ② JR도산선 젠쓰지역D14에서 간온지행 버스를 타고 아사히나그라운드 정류장 하차, 도보 10분.

절의 뒤로는 고야마甲山가 섰고, 앞으로는 히로타강이 흐르는 전형적인 배상임수의 길지에 자리잡은 절이다. 대사당 근처에 비사몬덴毘沙門天의 암굴이 있다. 비사몬毘沙門이이라고도 하는 비사몬덴은 일본 신화에서 시치후쿠진七福神의 하나이며 불교의 수호신인 쿠베라와 동일시된다. 비사몬은 항상 갑옷을 입고 창과 작은 탑을 들고 있는 모습으로 그려지며, 정직한 사람들과 무사들의 보호자로 여겨진다. 코우보대사가 이 땅을 방문했을 때이다. 코야마의 암굴로부터 노인이 나타나 "여기에 절을 건립하면 그 절은 내가 언제까지나 수호할 것이다"라는 신탁을 들었다. 대사는 노인을 비사몬덴의 화신으로 여겨 그 석상을 새겨 암굴에 안치하고 공양했다. 또 약사여래상을 새겨 가당仮堂에 안치하고 만노 연못의 완성을 빌었다. 만노이케満濃池 즉 만노 연못 공사는 당시 오랜 공사기간에도 불구하고 제방에 자주 금이 가는 등 난공사가 계속되어 어려움을 겪고 있었다. 그리하여 821년 코우보대사가 공사의 별당으로 임명되었다. 코우보대사의 덕으로 사람들은 힘을 모아 단기간으로 공사를 훌륭히 마무리했다. 조정은 그 공으로 봉상奉賞을 내렸고 그 봉상의 일부로 코야마지를 건립하여 가당에 안치되어 있던 약사여래상을 본존으로 옮겼다.

75번_ 젠쓰지 善通寺

전화 0877-62-0111 | 숙소 있음

찾아가기: ① 74번에서 1.5km, 도보 25분. ② JR도산선 젠쓰지역에서 도보 20분.

젠쓰지 경내는 약10만㎡로 광대하다. 거목의 삼나무를 비롯해 많은 수목이 우거진 곳이다. 순례자는 물론 많은 관광객이 몰린다. 젠쓰지는 코우보대사의 생가로도 유명하다. 그는 774년 사누키의 다도군(현재 가가와현 젠쓰지시)의 쿠니조(지방관)로서 유력한 지주 집안인 사에키가에 태어났다. 아버지는 사에키 젠쓰우 경佐伯善通卿, 어머니는 타마요세 오젠玉寄御前이다. 6월 15일, 지금의 미카게당御影堂이 있는 곳에서 탄생했다. 미카게당의 뒤쪽에는 목욕물 우물이 남아 있다. 대사가 당에서 돌아와 대동2년(807) 절을 건립할 때, 아버지 젠쓰우 경은 저택과 정원을 전부 희사하였고, 그 해 12월에 기공해 6년 후인 홍인4년, 대사의 생일인 6월 15일에 완성되었다. 아버지의 이름 그대로 젠쓰지로 명하여 개원했다. 교토의 도지東寺, 고야산高野山의 곤고부지金剛峯寺와 더불어 코우보대사의 3대 영지靈場 중의 하나이다. 경내는 동원과 서원으로 나뉘는데, 동원에는 금당과 오층탑 등이 있다. 단죠인誕生院으로 불리는 서원에는 경당影堂이 있으며 이곳에는 가이단戒壇, 승려가 계율을 받는 단이 있다. 미카게당의 지하에서는 수행의 하나로 여겨지는 가이단메루기戒壇巡り를 체험할 수 있다. 어두운 곳을 약 100m 걸어 둘러보는 체험인데 악행이 있는 자는 그 어둠에서 빠져나올 수 없다고 한다. 보물관에는 목조 지장보살 입상과 목조 깃쇼덴吉祥天, 모든 생물에게 복을 준다는 여신 입상을 비롯해 수많은 유물이 전시되고 있다.

Day 25 _ 4월 3일 금요일

오늘의 숙소

· 에비스야 료칸 (0878-74-0567)
· 6,500엔(2식 포함). 80번 고쿠분지 옆이다. 79번 마친 뒤 야소바ル+場역에서 기차를 타고 고쿠분國分역에 내리면 도보 5분 거리에 고쿠분지와 료칸이 있다.

오늘의 사찰

76번 곤조지金倉寺(4.0km, 1시간) → 77번 도류지道隆寺(3.9km, 1시간 15분) → 78번 고쇼지鄉照寺(7.0km, 2시간) → 79번 텐노지天皇寺(5.8km, 1시간 30분) → 80번 고쿠분지国分寺 (7.0km, 2시간)

고쿠분지의 종소리

시코쿠 88사찰 중 쇼무천황의 기원에 의해 행기보살이 개원한 절이 30개에 이른다. 그 중 고쿠분지란 이름을 가진 곳이 네 곳인데, 그 중 마지막이 오늘 들를 80번 고쿠분지이다. 사찰의 개원에 대한 전설을 읽다가 쇼무천황과 행기보살의 이름이 들어간 사찰에는 슬그머니 정이 간다. 그런 이유에서 시코쿠를 돌며 행기보살의 전설이 있는 곳은 더 반갑게 산문을 들어서고, 그 옛날 행기의 손길을 느낄 수 있는 곳이 남아 있지는 않은지 한번 더 사찰을 둘러보곤 하였다. 오늘도 그 중 하나이다. 사찰 전역이 특별사적으로 지정된 이곳 고쿠분지는 무엇보다 아름다운 종소리와 그 종과 카즈마사 공에 얽힌 이야기로 유명하다. 종소리가 탐나 종을 뺏다시피 가져갔던 카즈마사 공은 결국 종의 저주를 견디다 못해 종을 고쿠분지로 되돌려보냈다. 아름다운 종소리 때문에 그런 수난을 당했던 절로 가는 길. 의리를 지킨 종을 꼭 울려보리라 마음먹고 절에 올랐다.

전설의 종이 지금까지 달려 있어 내게 타종할 기회를 줄지는 모르지만, 그런 유래를 지닌 고쿠분지에 있는 종이라면 다른 종도 특별할 것만 같았다. 고쿠분지에 도착하니 납경시간 막바지라 경내는 조용했다. 가볍게 설레는 마음으로 산문에 들어서 서둘러 납경을 받고 종루로 갔다. 심호흡을 한 뒤 종 치는 끈을 야무지게 쥐었다. 하나, 둘, 셋! 리듬을 타고 앞뒤로 살짝, 그러면서도 힘차게 종을 때렸다. 자투리 종소리가 울

리지 않도록 종 치는 봉에 달린 끈을 쥐고 소리를 감상했다. 탕 하고 쳤을 때의 강한 진동과 깊은 폭의 울림으로 인해 내 몸이 큰 파도에 휩싸여 들어올려지는 것 같았다. 가슴 뭉클한 감동과 함께, 순간, 묘한 두려움마저 느껴졌다. 종소리는 떨림과 함께 끊어질듯 이어졌다. 사라진 듯하더니 저 멀리서 다시 조용히 이어져오기를 반복하다가 종의 깊은 원 속으로 스며들 듯 사라져간 그 소리. 숨을 죽이고 온 몸과 마음으로 종소리를 느끼며 한참동안 그렇게 종루에 서 있었다.

엔고의 즐거움, 엔고의 버거움

고쿠분지 앞에 있는 에비스야 료칸은 세련된 중년의 여인이 주인이다. 료칸을 들어서니 세탁할 옷들을 내놓으라며 세탁바구니를 건넸다. 이런 경우 세탁 후 말려서 잘 접은 뒤 돌려준다. 무료 서비스인 것이다. 물론 모든 료칸이 그런 것은 아니다. 그녀는 또 소염진통 크림을 바르는지도 물었다. 여행자들은 다리가 피로할 때 가끔 그런 크림을 바르기도 하고 파스를 붙이기도 한다. 그녀는 만일 그런 것을 사용한다면 샤워 후 냄새가 나지 않는 파스를 주겠다고 한다. 이불깃에 냄새가 배지 않도록 하려는 세심한 마음씀씀이다. 이 부자리는 풀을 갓 먹인 듯 빳빳했다. 이불과 베개 그리고 요 속에 들어가 움직거릴 때마다 바스락바스락거리는 소리에서 정갈한 주인의 손길이 느껴졌다.

  식사를 하며 그녀는 이틀 후 친구에게 료칸을 맡기고 3박4일 일정으로 서울에 간다고 했다. 명동에 있는 호텔에서 머물고 경복궁을 둘러본 뒤 이틀간의 자유여행이 주어지는데 주로 쇼핑을 할 예정이라고. 롯데백화점에서 김치와 김을 사고, 동대문과 남대문엘 가서 옷을 살 계획이란다. 거기서 옷을 사온 친구들이 너무 예쁘고 좋아 보여서 옷을 여러 벌 살 거라며 잔뜩 들떠 있다. 시코쿠를 돌며 쇼핑센터를 둘러 볼 기회가 있었지만 역시 동대문, 남대문의 의상과 비교가 되지 않았다. 멋과 가격 품질, 모든 측면에서 한국이 월등히 나았다. 물론 고가의 명품은 빼고 말이다. 그녀는 시간이 되면 뷰티마사지숍도 가고 싶다며, 일어로 된 쇼핑가이드 잡지를 보여줬다. 굳이 내가 설명을 곁들일 필요도 없을 만큼 상세하게 안내가 잘 된 잡지였다.

  엔고 덕분에 맘껏 쇼핑을 즐길 수 있어 좋다는 그녀의 말은, 내게는 반대로 엔고로 일본 나들이가 버겁다는 뜻이 된다. 어떤 일본 순례자는 엔고 때문에 여행비가 많이 들겠다며 내 처지를 염려해주기도 했다. 엔고가 마냥 좋을 리는 없다. 아줌마들은 엔고의 이익을 한국에서 즐기지만 대기업들은 엔고로 아픈 비명을 지르기도 한다. 한국에서 팔면 팔수록 손해를 보는 경우도 있으니 말이다. 예를 들어 맥주도 일본 자판기에서 240엔(3,600원)에 파는 맥주가 한국의 수퍼에서는 2,100원이니까 팔아봤자 별반 재미가 없겠다. 에비스야 료칸 주인은 주변 친구들이 서울 쇼핑을 두 번 이상씩은 다녀왔다며, 자기도 두 번째 가는 길이라고 한다. 서울에서는 지금도 일본 여인들이 동대문과 남대문을 누비며 트렁크를 가득 채우고, 택배서비스로 김치를 배달시키고, 전문 마사지숍에서 풀코스로 몸 관리를 받고 있을 거다. 이들이 엔고의 즐거움을 한창 느끼고 있는 이때에 나는 엔고의 짠맛을 찐하게 느끼며 여행을 한다. 내게도 한 번쯤 일본에서 '원고'의 즐거움을 만끽하며 돌아다닐 날이 오겠지? 그때 내가 해보고 싶은 것은, 음, 쇼핑? 아, 난 그저 멋진 장소의 유서 깊은 료칸에서 며칠 푹 쉬며 가부키 전통 공연을 맘껏 보고 싶다구요~.

전설 따라 시코쿠 삼천리

76번_곤조지 金倉寺

전화 0877-62-0845 | 숙소 없음
찾아가기: ① 75번에서 4.0km, 도보 1시간. ② JR도산선 곤조지역에서 도보 5분.

곤조지는 774년에 창건되었으나 당에서 밀교를 배운 치쇼우智證대사가 귀국 후 이 절에 머무르며 당의 쇼루우지를 모델로 가람을 세우고 약사여래를 본존으로 모셨다. 814년 이곳에서 태어난 치쇼우대사는 코우보대사의 조카이다. 어린 시절 니치도오마루日童丸라고 불리며 주위 사람들을 놀라게 할 정도로 몹시 영리한 아이였는데, 두 살 때 놀고 있는 그의 몸으로부터 이상한 후광이 비쳤다고 해 사람들은 부처의 환생이 틀림없으며 훌륭한 분이 태어났다고 기뻐했다. 5세 때 선녀가 나타나 "당신이 장래에 불법을 전한다면 우리가 반드시 보호할 것이다"라고 말을 했다. 이 선녀는 부처의 제자로 가리제모신鬼子母神이다. 그래서 곤조지에 가리제모 당이 있다. 치쇼우대사는 그 후 당에 건너가는 등 수행을 거듭한 뒤 교토의 히에이잔엔랴쿠지의 5대 주지가 되어 불법을 넓히는 데 일생을 바쳤다. 곤조지의 대사당은 코우보대사와 치쇼우대사 두 분을 모신다.

77번_도류지 道隆寺

전화 0877-32-3577 | 숙소 없음
찾아가기: ① 76번에서 3.9km, 도보 1시간 15분. ② JR요산선 다도츠역Y12/D12에서 도보 15분.

옛날 옛적 이곳에 와케 미치타카라고 하는 마을 원로가 있었다. 미치타카는 광대한 뽕밭을 가져 구와죠노코菜園公, 즉 '뽕밭 공'으로 불리었다. 어느 날부터인가 매일 밤 뽕밭 안에서 이상한 빛을 발하는 나무가 있다는 것을 듣고 미치타카가 뽕밭에 나가 보니 확실히 이상하게 빛나고 있는 뽕나무가 있었다. 이상히 여겨 활을 쏘았는데 명중하며 사람이 넘어지는 소리가 났다. 달려가 보니 자신의 유모가 쓰러져 있고 벌써 숨이 끊어져 있었다. 이를 슬퍼한 미치타카는, 이 뽕나무로 약사여래상을 새겨 유모를 공양했다. 그러자 기이하게도 유모가 되살아났다. 감사의 뜻으로 뽕밭 안에 사당을 세워 약사여래를 모셨고 소생한 유모는 장수했다고 한다. 사람들이 이 소문을 듣고 약사여래를 참배해 온 것이 도류지의 시작(712년)이다. 안질 치유에 효험이 있다는 메나오시 야쿠시 사마로 유명하다.

78번_고쇼지 鄕照寺

전화 0877-49-0710 | 숙소 없음
찾아가기: ① 77번에서 7.0km, 도보 2시간. ② JR요산선 우타즈역Y09에서 도보 20분.

725년 행기에 의해 창건되었다. 815년 당에서 귀국한 코우보대사가 42세에 액막이 기원을 한 것으로부터 액막이 우타즈 대사라고도 한다. 지금부터 6백년 정도 전의 일, 고쇼지에 림아臨阿라는 스님이 있었는데, 노래와 시 짓기를 좋아했다. 당시의 영주인 호소카와 요리유키의 마음에 들어 절은 매우 번성하고 있었다. 그런데 림아스님이 천황이 사는 곳인 수도의 큰 절에 초대되어 가 버리게 되었다. 어느 날 림아스님이 개에 쫓기고 있던 새끼너구리를 도와 상처를 치료하고 잘 돌본 후 돌려보냈다. 림아가 수도에 가고 나서, 전쟁과 기근으로 절이 황폐해지자 악인이 절을 넘보곤 했지만, 그때마다 너구리 도깨비가 나타나 악인들을 벌주어 쫓아냈다고 한다. 사람들은 너구리가 절을 지켜주었다고 생각해 토키와묘진常盤明神이라고 하며 절의 수호신으로서 모셨다. 그 때문인지, 이 근처에서는 지금도 개를 기르지 않는다고 한다. 경내엔 수령 700년이 넘는 떡갈나무도 있다.

79번_ 텐노지 天皇寺

전화 0877-46-3508 | 숙소 없음

찾아가기: ① 78번에서 5.8km, 도보 1시간 30분. ② JR요산선 야소바역Y07에서 도보 5분.

고조원高照院의 기록에 의하면 지금 절 아래에 있는 맑고 깨끗한 물이 솟아 나오는 야소바노이즈미八十場の水 샘으로부터 이 절의 역사가 시작되었다. 옛날 사누키 레이시讚岐靈士(사누키 지방신)가 남해의 악어惡魚를 퇴치하기 위해 88명의 군사와 군선으로 맞섰는데, 이 악어의 독 때문에 병사들이 차례차례 쓰러졌다. 그때 횡조묘진橫潮明神이 샘의 물을 가지고 나타나 병사들에게 마시게 하니 전원이 소생했다. 그로부터 이 샘은 야소바노이즈미八十蘇(弥蘇場)の靈水라고 불리었다. 또, 스토쿠상황崇德上皇이 1156년 호겐의 난 때 이곳에 유배되어 1164년 46세로 죽음을 맞이한다(270쪽 참조). 이 때 상황의 유해를 이 영수에 씻고 장례 절차의 대답을 기다렸다. 그 사이 21일간 상황의 얼굴은 마치 살아 있는 것 같았고 샘 위에는 황금빛 새가 나타났다고 한다. 그 연유로 텐노지로 이름이 붙여졌다

80번_ 고쿠분지 国分寺

전화 0878-74-0033 | 숙소 없음

찾아가기: ① 79번에서 7.0km, 도보 2시간. ② JR요산선 고쿠분역에서 도보 5분. ③ 79번 마치고 JR요산선 야소바역Y07에서 기차를 타고(210엔) JR요산선 고쿠분역에서 하차, 도보 5분.

게이쵸 연간(16세기말) 당시 타카마츠 지방 영주이던 이코마 카즈마사生駒一正 공은, 음색이 좋기로 평판이 자자하던 고쿠분지의 종을 간절히 손에 넣고 싶어 했다. 그는 논 1정町을 절에 기부하고 타카마츠 성의 조석의 때를 알린다는 명목으로 종을 성으로 옮겼다. 그런데 성으로 옮겨진 종은 조금도 울리지 않았다. 또 성벽 밖에서는 이변이 잇따르고 못된 병이 유행하더니 마침내 카즈마사 공도 병상에 눕게 된다. 그리고 매일 밤 종이 카즈마사 공의 머리맡에 나타나 "원래의 고쿠분지로 가게 해줘"라며 울었다. 종의 저주에 놀란 카즈마사공은 즉시 종을 절에 돌려주고서 병의 쾌유를 기원했다. 고쿠분지로 돌아온 종은 이전과 같이 좋은 음색으로 울렸다. 물론 카즈마사 공의 병도, 마을의 이변도, 못된 유행병도 거짓말과 같이 다스려졌다.

Day 26 _ 4월 4일 토요일

오늘의 숙소

· 히로세 료칸
· 3800엔 (식사 2식 1000엔). 84번 아래에 있다. 식당과 겸업. 고토덴야시마역을 나와 조금만 직진하면 된다.

오늘의 사찰

81번 시로미네지白峰寺(6.0km, 2시간 30분) → 82번 네고로지根香寺(7.5km, 2시간) → 83번 이치노미야지一宮寺(12.2km, 4시간)

노년 부부의 삶, 이보다 더 좋을 수 있을까?

이른 아침, 우중충한 하늘이 낮게 내려앉아 있다. 몸은 날씨보다 더 무겁게 가라앉는다. 오늘은 마지막 헨로고로가시인 81, 82번 사찰을 마쳐야 하는 날이다. 가이드북에 81번은 6km 밖에 되지 않는데 2시간 30분 거리라고 되어 있으니, 어지간한 난코스라는 뜻이다. 82번을 오를 때 무겁던 하늘이 더는 못 참겠다는 듯 후두둑 가랑비를 떨구기 시작했다. 숲 사이로 뚫린 좁은 길은 잔잔히 내리는 비와 어울려 운치가 그만이다. 82번 산문에 도착하니 빗속에 우귀牛鬼가 달려들 듯이 서 있었다. 옛날 이 마을에 우귀가 나타나 사람까지 잡아먹어 마을사람들은 공포에 떨었다. 활 쏘는 영웅 코우세가 그 우귀를 잡아 절에 봉납했다더니, 이젠 그 전설을 이용해 절을 알리려고 우귀의 상까지 만들어 산문 옆의 언덕에 세워놓은 것이다.

일본은 스스로가 "800만의 신을 모시고 산다"라고 평가하듯, 다양한 귀신과 요괴가 나오는 괴담들로 넘치는 나라이다. "요괴는 현실에 존재하지 않는 이상한 모습의 생물이나 물체로서 유령과는 다르다." 일본어 사전에서는 요괴를 그렇게 정의한다. 마을마다 귀신과 요괴 이야기가 있고, 나아가 요괴학이란 학문까지 있을 정도다. 우귀 등의 전설은 다양하고 독특한 상상력이 더해져서 일본 만화영화들의 훌륭한 소재로 사용되고 있다. 미야자키 하야오의 만화영화에서도 요괴들이 재미난 얘깃거리로 등장한다. 〈이웃집 토토로〉의

토토로도 실은 요괴다. 토토로는 곰처럼 생겼고 주인공 사츠키와 메이 자매를 늘 도왔지만, 지금 빗속에서 나를 향해 매섭게 달려들 것처럼 서 있는 저 우귀는 사람을 잡아먹은 요괴다. 대부분의 요괴는 봉인장소가 훼손되지 않는 한 되살아나지 않는다고 한다. 우귀가 봉인된 네고로지가 부디 잘 간수되길 바라며 산문을 떠났다.

며칠 전 료칸에서 함께 저녁을 먹었던 노부부를 다시 만났다. 동경에서 오신 71살의 하마노 킨푸 상 부부다. 두 분의 배낭은 아주 작다. 들어보니 무게도 가볍다. 가방에 든 것이라곤 여벌의 옷 하나뿐. 걷는 여행을 오래 하며, 필요한 것은 먹고 잘 돈밖에 없음을 깨달았다며, 그래서 배낭이 무거울 게 없다며 웃으신다. 맞는 말이다. 옷도 매일 세탁해 입으면 된다. 마르는 동안 입을 옷은 료칸에서 내주는 유카타로 해결하면 된다. 때론 친절한 료칸주인이 옷을 세탁해 말려서 곱게 접어 내놓기도 한다.

부부가 함께 뜻을 맞춰 놀며, 길을 걷다가 료칸에서 자고 먹고 즐기며 사는 게 초례 치른 가시버시 부럽지 않을 정도다. 다른 순례자를 바라보는 이 부부의 시선 또한 너그럽다. 해마다 봄, 가을이면 이런 여행을 연중 행사로 치른다는 부부. '노년에 이보다 더 좋을 수 있을까?'

　82번을 마치고 산길을 거의 내려올 때쯤 메밀전문 집을 만났다. 보통 우동 전문과 소바(메밀) 전문집으로 분리한 식당이 제대로 맛을 내는 집이다. 우동과 소바를 같이 하는 집은 일본인들도 허드렛집으로 본다는 게 유키의 설명이다. 아니나 다를까. 그 집 자루소바(메밀국수를 무즙과 간장 그리고 생강으로만 버무려 먹는다)는 과연 별미였다.

　순례길이 드디어 다카마쓰高松시로 접어든다. 이번 순례의 마지막 도시다. 88사찰도 이제 다섯 곳만 남았다. 이틀길이다. 빗속을 걸어 들어선 다카마쓰. 긴 여정이 마무리 되고 있다. 뿌듯하다. 발걸음은 촉촉하지만 맘속으로는 환한 햇살이 가득 퍼진다.

전설 따라 시코쿠 삼천리

81번_ 시로미네지白峰寺

전화 0877-47-0305 | 숙소 없음

찾아가기: ① 80번에서 6.0km, 도보 2시간 30분. (★걷는 코스가 편리함) ② JR요산선 사카이데역Y08 에서 오고시행 버스를 타고 다카야 정류장 하차, 도보 60분.

815년 코우보대사에 의해 건립된 절이다. 그 후 860년 대사의 조카인 치쇼우대사가 재정비하여 천수관음보살을 본존으로 하였다. 시로미네지에는 스토쿠상황의 묘가 있다. 1156년에 일어난 호겐의 난 때 실권한 스토쿠는 사누키(현재 가가와현)로 유배되었다. 그는 본토로 돌아가려던 소원을 이루지 못한 채 한을 품고 1164년에 이곳에서 죽음을 맞는다. 세상을 떠나며 동생인 고시라카와 천황가에 저주를 내렸다고 한다. 호겐의 난은 아버지 토바 법황이 큰아들인 스토쿠를 자신의 아들이 아니라 자신의 부인과 조부인 시라카와 법황이 간통하여 생긴 아이라고 생각했기 때문에 그에게 왕권을 넘겨주지 않고 스토쿠의 동생에게 양위하는 과정에서 일어난 난이다. 스토쿠의 저주 탓인지 호겐의 난 이후 고시라카와천황이 이끈 귀족정치는 사무라이 세력에게 실권을 뺏기게 된다. 시로미네지에는 재밌는 텐구天狗의 이야기도 전해진다. 사가미방相模坊이라고 하는 텐구가 시로미네白峰에 살고 있었는데, 어느 저녁, 절의 어린 수행자가 산기슭까지 내려가 두부를 받아 오라는 심부름을 받고 어두운 산길을 내려가고 있었다. 수행자는 갑자기 누군가에게 업혀 하늘을 나는 기분이 들었고, 그렇게 금세 두부를 가지고 돌아왔다. 물론 어린 수행자를 불쌍히 여긴 텐구가 도와주었다는 것.

82번_ 네고로지 根香寺

전화 0878-81-3329 | 숙소 없음

찾아가기: ① 81번에서 7.5km, 도보 2시간. (★걷는 코스가 편리함) ② 다카마쓰역에서 유즈루하 행 버스를 타고 네고로지구치 정류장 하차, 도보 60분.

처음에 코우보대사가 이곳에 초가집을 만든 이래, 832년 치쇼우대사가 천수관음보살을 새겨 절을 건립하였다. 본당이 회랑으로 이어진 독특한 구조다. 지금부터 400년 정도 전, 이 산에 인간을 잡아먹는 무서운 우규牛鬼가 살았다. 마을사람들은 활의 명인 야마다 쿠란도 코우세山田蔵人高清에게 우규를 퇴치해 달라고 부탁했다. 코우세는 활을 들고 우규를 찾아 나섰지만, 좀처럼 눈에 띄지 않았다. 코우세는 네고로지의 천수관음께 우규를 찾아 퇴치할 수 있도록 기원했다. 드디어 만원滿願의 날 마침내 우규를 찾아냈다. 파랗게 빛나는 큰 눈이 코우세를 돌아보는 순간 재빠르게 화살을 쏘았다. 화살은 명중하였지만 우규는 높이 날아오르며 코우세를 향해 달려들었고, 그 순간 화살을 다시 쏘아 간신히 쓰러트렸다. 코우세는 마을사람으로부터 사례로 받은 쌀가마니와 함께 우규를 네고로지에 봉납하고 명복을 빌었다. 그것을 기억코자 함인지 산문을 들어서기 전 왼쪽에 금세라도 달려들 것 같은 우규 형상을 세워 놓았다.

83번_ 이치노미야지 一宮寺

전화 0878-85-2301 | 숙소 없음

찾아가기: ① 82번에서 12.2km, 도보 4시간. ② 고토히라전철 고토히라선 이치노미야역에서 도보 10분. ③ 82번 마치고 비탈진 길을 내려오면 학교가 있다. 학교를 왼쪽으로 끼고 내려가면 오른쪽에 버스정류장이 있다. 거기서 다카마쓰역행 버스를 탄다(340엔). 고토히라전철역 앞에 내려 이치노미야선을 타고(510엔) 종점에 내려 역 앞 왼쪽의 순례자 표시를 따라 철로와 나란히 가면 이치노미야지가 나온다.

이치노미야지에는 약사여래가 있다. 약사여래의 대좌 아래에는 지옥으로 통하는 구멍이 나 있고 악인이 머리를 넣으면 빠지지 않는다는 이야기가 전해온다. 별칭은 혈약사穴藥師. 이 근처에 심술궂은 할머니가 살고 있었다. 어느 날 지옥의 소리가 들린다는 구멍이 있다는 소문을 듣고 사실인지 시험해 보려고 왔다. 할머니는 조심조심 머리를 집어넣었는데 구멍이 닫히며 땅속으로부터 무서운 지옥의 소리를 듣게 되었다. 할머니는 당황하여 머리를 뽑으려 했지만 빠지지 않아 눈물을 흘리며 지은 죄를 고백하고 용서를 빌었다. 그러자 머리가 쑥 빠졌다는 것이다. 이후 할머니는 마음을 바꾸어 선행을 베풀어 사람들로부터 사랑을 받으며 살았다는 이야기이다. 이치노미야는 원래 다무라 신사의 실무를 담당하는 절이었다. 1679년 다카마쓰 지방 영주에 의해서 불교사원이 되면서 성관음보살을 본존으로 모셨다

Day 27 _ 4월 5일 일요일

오늘의 숙소

- 나가오 민숙 (0879-52-3084) (★강추 숙소!)
- 6,500엔(2식 포함). 87번 나가오지 바로 앞에 있다. 아주 깨끗하거니와, 음식 맛이 시코쿠 베스트 5에 들 정도로 빼어나다.

오늘의 사찰

84번 야시마지屋島寺(15.8km, 5시간) → 85번 야쿠리지八栗寺(6.0km, 2시간 30분) → 86번 시도지志度寺(6.5km, 2시간) → 87번 나가오지長尾寺(6.7km, 2시간)

앗, 내 납경장?

87번으로 오르는 길이다. 나가오지를 마치면 마지막 절 하나만 남는다. 오늘은 숙소 찾을 수고도 필요없다. 숙소가 바로 절 앞이기 때문이다. 한 풀 꺾인 오후의 햇살이 내려앉아 한결 아늑해 보이는 경내를 한동안 넋 놓고 바라보다가, 문득 납경통을 들여다보았다. 납경통의 납찰을 살펴보면 얼마나 화려한 경력의 순례자들이 다녀갔는지 알 수 있다. 혹시 50회 이상 순례를 한 사람이 사용하는 납찰서인 골드 납찰이 있지는 않을까? 이 금빛 납찰은 행운의 부적이라고 하여 몰래 가지고 가기도 하는데, 물론 난 그럴 맘은 아니었다. 아주 보기 힘들다는, 100회 이상 순례를 한 사람만이 만들 수 있다는 비단 납찰이 있나 살펴보기 위해서다.

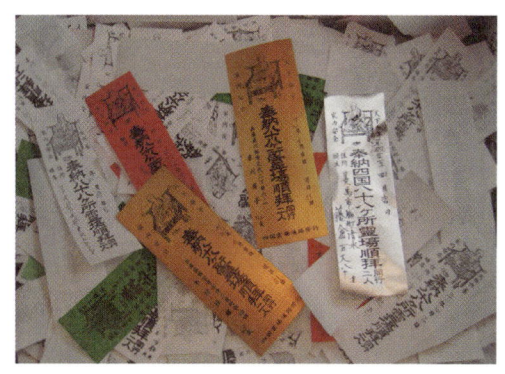

　납찰통 안은 형형색색이었다. 수많은 흰색 납찰들 사이사이에 녹색 빨강색 은색 납찰들이 있었다. 금빛 납찰이라도 보고 싶어 손으로 한번 뒤적여보니, 오호라! 정말 기대하지 않았던 비단 납찰이 거기 있었다! 100회 이상을 순례한 한 사람만이 개인적으로 만든다는 귀중한 납찰! 금빛보다도 한 수 위인 비단 납찰을 발견하니, 아 정말 "심봤다!"라도 외치고 싶었다. 난 거의 흥분한 상태로 한참동안 납찰통에서 눈을 떼지 못하고 들여다보았다.

　그러다 뒤에서 나를 살피는 누군가의 시선이 느껴질 무렵, 그 시선의 주인공과 유키가 얘기를 나눈다. 얘기인즉 내가 납찰통을 들여다보고 뒤적이는 게 뭔가 가져가려는 줄 알았기에 함께 다니는 유키에게 말을 했던 것이다. "저 사람은 지금 납찰을 살펴보는 중이예요. 금빛 납찰이 있는지 찾아보고 사진만 찍을 겁니다. 염려마세요." 유키에게 미안한 마음이 들었고 다른 순례자들에게도 오해를 받고 싶지 않아 얼른 자리를 떴다.

어느새 저녁햇살로 가득한 절의 모습이 반가사유상의 안온한 미소를 연상시켰다. 비단 납찰을 발견한 흥분을 가라앉히면서 느긋하게 경내를 산책했다. 시간은 금세 흘렀고, 우리는 87번 둘러보기를 마치고 가방을 챙겼다. 그런,,데,,, 앗! 없다! 내 납경장! 황당했다.

눈물이 왈칵 쏟아졌다. 이리저리 뛰어다니며 찾아봤지만 눈에 띄지 않았다. 여행 중 사소한 것도 잃지 않으려고, 스트레스 받을 정도로 챙기고 또 챙겼음에도 불구하고 단 하나의 사찰을 남겨놓고 납경장을 잃어버리다니… 다른 소지품들 다 잃어버리더라도 단 하나 납경장만은 잃지 않아야 하는데, 이게 뭔가, 오직 납경장만 없다!

87번 나가오지에서 마음을 단단히 먹지 않으면 정신이 흩어져 격렬한 구토나 현기증 때문에 절에 들어서지 못하는 경우가 있다고 하더니, 아, 난 산문을 들어설 때는 무난했으나 산문을 나서려니 결국 이렇게 사달을 내고 마는구나.

'<u>스스로를 돌아보라</u>… 돌아보아야 한다…' 주문을 외듯 이 87번 사찰의 마음 다잡기 가르침을 되새기니, 산문에 들어선 뒤 내 동선을 자연스레 복기할 수 있었다. 그래! 심호흡을 하고 정신을 집중해 천천히 걸었다. 그렇게 납경소를 지나 본당으로 돌아왔다. 납찰통까지 되짚어 걸었을 때다. 찾았다! 어휴, 잃어버린 줄 알았던 내 납경장은 납찰통 옆에 얌전히 놓여 있었다. 반가운 마음에 또 눈물이 흐른다. 납경통에서 비단 납찰을 보고 흥분한 나머지 납경장을 납찰통 옆에 팽개치듯 내려놓고는, 뒤쪽의 시선을 의식한 뒤 부랴부랴 그 자리를 피하느라 그만 납경장을 두고 떠난 것이다. 아, 어쨌든 다시 찾았다! 감사합니다, 코우보다이시!

인생의 길이 순례이다

87번 사찰 나가오지의 한 돌기둥에는 '진세이오헨로人生お遍路'라고 쓰여 있다. 산문을 들어설 때는 오른쪽에, 나갈 때는 산문 왼쪽에 있지만, 나갈 때 눈에 더 잘 띈다. 이번 여행에서 일어가 부족함에도 많은 것을 이해할 수 있었던 것은 대개 한자 덕분이었다. '진세이 오헨로!' 87번 사찰에서 만난 '인생길이 곧 순례길'이라는 짤막한 아포리즘은 얼마나 강렬한가. 예컨대 1번이나 20번쯤에서 이런 글을 볼 때와는 사뭇 다를 수밖에 없는 것이다. 무척 마음에 드는 글이다. 크리스에게 이 말의 뜻을 설명해 주니 그는 갑자기 동행이인이라고 쓴 가방에서 내 명함을 꺼내어 읽는다.

'I am always a pilgrim on my own private pilgrimage.'

그렇다. 나 역시 삶을 사는 것이 순례길과 같다고 생각한다. 내 인생길을 순례하며, 난 어느 한 순간만이 아니라 늘 순례자로서의 삶을 산다고 생각해 왔다. 크리스는 집에 돌아가면 왼쪽 어깨에 '人生お遍路'를 타투로 새길 것이라며, 유키에게 이 글씨를 또박또박 써 달라고 공책을 내밀었다.

인생을 순례와 순례자로 표현한 이들이 어디 한둘일까. 그만큼 많은 사람이 공감하여 쓰는 말이란 방증이겠다. 여정이 짧든 길든 간에 순례자의 짐은 가벼운 게 좋다. 짐이 가벼우려면 단순한 삶에 익숙해져야 하고 욕심이 없어야 한다. 짐이 무거우면 그만큼 몸도 고달프기 마련이다. 인생의 길도 당연 짐이 가벼운 게 좋다. 욕심을 버리고 단순한 삶에 익숙해지면 인생의 짐도 가벼워진다.

순례자는 또한 그저 지나가야 하는 곳에 연연하지 않고, 애틋한 인연에 얽매이지 않으며, 가볍게 사는 법을 배운다. 서로 다름을 탓하지 않고 더불어 사는 지혜를 배운다. 순례자에게 돌아갈 고향이 있듯이 인생길에도 돌아갈 고향이 있지 않은가. 누군가에겐 천국이요, 누군가에겐 극락정토요, 누군가에겐 지상낙원이요, 누군가에게는 아수라장阿修羅場이요, 또 누군가에게는 그저 무無로 돌아간다고 하는 곳.

정말 모두가 돌아가는 곳, 인생의 고향길! 그곳까지 어디를 어떻게 돌아갈지 알 수 없으나, 힘든 순례길 굽이굽이 고개를 넘고 또 넘어가다 보면 어느 날, 구수한 빵 굽는 냄새와 방금 내린 커피 향 가득한 멋진 카페가 홀연 나를 반기듯, 인생 고행의 순례길에도 그런 멋진 쉼터가 있을 것임을 믿고 기대하며, 나는 걸으리라, 내 인생의 순례길을.

전설 따라 **시코쿠 삼천리**

84번_야시마지屋島寺

전화 0878-41-9418 | 숙소 없음

찾아가기: ① 83번에서 15.8km, 도보 5시간. ② 고토히라전철 고토덴야시마역에서 도보 30분. ③ 83번 마치고 고토히라선 이치노미야역으로 돌아와 환승역인 카와라마을역에서 내려 진한 핑크색 라인인 시도선志度線을 따라 2층으로 올라가면 고토덴야시마屋島역으로 갈 수 있다.

야시마는 가가와현 북부에 있는 세토나이카이 국립공원에 속하는 해발 293m의 용암대지에 있다. 12세기의 무장 '미나모토노 요시쓰네'가 적인 '헤이케'를 격파한 전쟁의 무대로 알려진 곳이다. 산 위에 있는 전망대 '단코레이'에서 옛 전쟁터의 흔적을 볼 수 있으며, 또 다른 전망대 '시시노 레이간'에서는 세토나이카이의 섬들도 전망할 수 있다. 십일면천수관음을 본존으로 모시고 753년 당의 명승 간진와죠鑑眞和上에 의해서 야시마 북측의 봉우리에 세운 것이 시작이다. 시코쿠 영지 안에서 간진와죠가 창립한 절은 이곳뿐이다. 경내에 매우 익살맞은 시코쿠 너구리의 총대장 다사부로太三郎가 있다. 간진와죠가 야시마에 왔을 때의 일이다. 그 기슭에 대단한 구두쇠 할아버지가 살고 있었다. 할아버지 집에는 큰 배나무가 있어 아주 맛있게 익어 있었는데 긴 여행으로 지쳐 몹시 목이 말랐던 대사는 배 하나를 먹을 수 있는지 물었다. 그런데 이 구두쇠 할아버지는 "우리 배는 질겨서 먹을 수가 없소"라고 거짓말을 했다. 그는 대사가 여러 번 부탁해도 배 하나를 주지 않았다. 대사가 떠난 뒤 할아버지는 '자칫하면 배 하나 손해 볼 뻔했네'라고 하면서 그 배를 먹으려고 했으나, 아뿔싸, 그 맛있었던 배는 어느새 이빨도 들어가지 않는 질긴 배로 변해 있었다는 말씀!

85번_ 야쿠리지 八栗寺

전화 0878-45-9603 | 숙소 없음
찾아가기: ① 84번에서 6km, 도보 2시간 30분. ② 고토히라전철 시도선 야쿠리역에서 도보 25분.

야쿠리지 산문에는 큰 짚신인 와라지가 걸려 있다. 본당 옆에 있는 쇼텐당聖天堂은 장사 번성·부부 원만 등의 이익이 있다고 하여 참배하는 이가 많다. 이곳은 원래 수험도修驗道의 절로 사누키, 아와, 비젠 등 사방8국을 바라볼 수 있으므로 8국사로 불리었다. 대사가 당에서 귀국 후 이 산에 올라 수행할 때 하늘에서 5개의 검과 산신이 내려와 이 토지가 영지라고 해 829년 절을 세웠다. 또한 대사가 당에 유학 갈 때 불교를 배우는 소원이 이루어질지를 시험하기 위해서 8개의 군밤을 심었다. 싹이 나오지 않아야 할 군밤은, 대사의 불심과 통했는지 싹을 틔웠고, 대사가 불교를 배우고 무사히 귀국하여 다시 이곳을 찾았을 때는 무성한 밤나무로 자랐다. '여덟 그루 밤나무의 절'이라는 이름은 그렇게 생겨났다.

86번_ 시도지 志度寺

전화 0878-94-0086 | 숙소 없음
찾아가기: ① 85번에서 6.5km 도보 2시간. ② JR고토쿠선 시도역에서 도보 7분. ③ 85번 마치고 고토히라 시도선 야쿠리역으로 돌아와 종점인 시도역으로 간다. JR고토쿠선 시도역과 아주 가깝다. 거기서 도보 7분.

슬픈 전설이 그려진 여섯 폭의 그림 엔기기에즈 緣起繪図로 유명한 절이다. 텐지천황 무렵, 후지와라 후이토(658~720)에게는 당의 고종 황제에게로 시집가 왕비가 된 아름다운 여동생이 있었다. 후이토가 나라의 고후쿠사를 건립할 때 시집간 동생이 당나라의 보물을 셋이나 보냈다. 그런데 배가 이곳 포구에 왔을 무렵 격렬한 폭풍우가 일며 용신이 나타나 보물 하나를 빼앗아 갔다. 후이토는 잃어버린 보석을 찾고자 이곳으로 왔으나, 어떻게 할지 몰라 곤란을 겪다가, 포구의 해녀와 부부가 되었다. 그리고 그녀에게 만약 보석을 되찾아 준다면 그녀가 낳은 아이 후사사키를 후이토 가문의 후계자로 삼겠다고 약속했다. 해녀는 바다로 들어갔고 보물을 찾아왔다. 화가 난 용신은 그녀를 죽여버렸다. 해녀의 생명과 바꾼 보석을 넣은 후이토는 약속대로 해녀의 아들을 후계자로 삼았고, 그 아들 후사사키는 어머니를 공양하기 위해 시도지를 세웠다.

87번_나가오지 長尾寺

전화 0879-55-2041 | 숙소 없음

찾아가기: ① 86번에서 6.7km, 도보 2시간. ② 고토히라전철 나가오長尾역에서 도보 5분. ③ 86번을 마치고 JR고토쿠 시도역에서 JR조다造田역행 기차를 탄다. 거기서 도보 약 3km 정도.

나라시대인 738년에 행기보살이 길가에 버려져 있던 성관세음보살을 모시고자 작은 당을 세운 것이 절의 시작이다. 코우보대사는 당으로 떠나기 전, 당에서의 성공을 기원하고자 이곳에서 신년 이레째 밤의 호마 수행을 했다. 대사께서 당으로부터 무사히 돌아와 절을 방문해 대원성취를 사례하며 공양탑을 건립하고 제당을 지어 영지로 정했다. 88영지 순례도 이 절을 끝내면 88번 사찰 하나만 남는다. 그래서 더욱 마음을 단단히 먹고, 흩어지려는 정신을 모으라는 뜻일까? 이 절에 들어가려고 하면 격렬한 구토가 나거나 현기증이 나서 발을 내디딜 수가 없는 사람이 1년에 두세 명은 꼭 생긴다고 한다. 이럴 경우 무엇인가 마음에 죄 지은 것이 있는지, 비난 받을 일을 하고 있는 것은 아닌지, 스스로를 돌아보고 지금까지 방문한 절의 본존 진언을 주창해서 맑고 깨끗한 마음을 가져야 마지막인 88번 오쿠보지에 갈 수 있다고 한다.

Day 28 _ 4월 6일 월요일

오늘의 숙소

· 다카마쓰 비즈니스 호텔
· 5,500엔. 다카마쓰역 앞.

오늘의 사찰

오헨로교류살롱 → 88번 오쿠보지大窪寺(17km, 4시간 20분) → 1번 료젠지靈山寺

헨로교류살롱에서의 이별

72세의 미나미 할머니는 87번 나가오지에서 합류했다. 시코쿠 섬의 동쪽 오사카만 건너인 오사카에서 오신 분으로, 47일 동안 걷고 계신데, 이번이 세 번째 순례라고. 백의와 오이즈루(손덮게), 삿갓과 금강지팡이를 들고 걸음도 얌전하게 산문을 들어서던 모습이 인상 깊었다. 본당과 대사당에서는 조용히 찬불가를 부르셨다. 달링할머니와 유키는 가츠라하마 백사장을 거닌 얘기에 한창이다. 파도 따라 걸었던 낭만을 얘기하면서, 어김없이 크리스와 나를 가리키며 "낭만을 모른다"고 곁들인다. 집요한 유키 같으니…(^^*).

그러나 크리스와 난 다소곳한 미소를 머금고 얌전하게 미소를 짓고 경내를 다니며 조용히 찬불가를 부르는 미나미 할머니에게 흠뻑 몰두하고 있던 터라, 낭만 타령 따위 아무래도 좋았다. 크리스가 가슴에 손을 얹으며 말했다. "저 할머닌 꼭 내 엄마 같아…" 낭만적인 사람들의 유쾌한(?) 수다에 지친 탓일까, 우린 할머니를 둘러싼 조용하고 따사로운 분위기에 자꾸 끌렸다. 글쎄, 조용한 미나미 할머니와 몇날 며칠 걸은 뒤라면 유키의 나풀대는 낭만과 떠들썩한 수다를 탐닉했을지도?

달링할머니와 미나미 할머니의 덕택에 우리 일행은 나가오민숙 주인장이자 최고의 요리사이기도 한 미야우치상의 차를 타고 헨로교류살롱으로 갔다. 나가오주인장은 살롱 약 200m 전에 우릴 내려놓고 걸어가라고 한다. 헨로교류살롱의 자원봉사자들이 차를 타고 오는 것을 보면 동행이인 뱃지를 받지 못할 수도 있다는 것! 유키는 우리에게 좀 더 지친 모습을 보이라고 우스개 소리를 했지만 크리스는 어머니 같은 미나미상과 귀여운 달링할머니를 양옆에 모시고 가는 것이 마냥 행복해 보인다. 헨로교류살롱에 도착하니 세 분의 봉사자가 있었다. 도착한 우리에게 차를 대접하고 서류를 내밀었다. 이름과 고향을 쓰라는 것이다. 차례로 서류에 기록하는 동안 납찰을 써 크리스와 함께 인터내셔널이라 쓰인 통에 넣었다. 인터내셔널 납찰통에도 납찰이 제법 있었다. 독일, 스페인, 네덜란드, 영국, 호주, 미국 등등.

헨로교류살롱에는 시코쿠의 지형지도에 88개 사찰을 표시하고 버튼을 누르면 빨간 등이 반짝이도록 해 놓았다. 하나씩 불을 밝히며 지나온 곳을 따라 가보니 사찰의

위치를 정확히 가늠할 수 있었다. 교류살롱에 들렀다면 꼭 한 번 그렇게 지나온 길을 되짚어보시라. 감회가 남다를 테니….

헨로교류살롱의 이모저모를 즐기며 둘러보는데 그곳의 자원봉사자 할아버지가 우리를 불렀다. "유키 상! 크리스 상! 기무 상!" 그 분은 성냥갑같이 작은 흰 상자와 함께 빳빳한 종이를 건넸다. '시코쿠 88 찰소 헨로대사 임명서'이다. 동행이인 뱃지 이야기만 들었는데 이런 임명서까지 주는구나. 뜻밖의 선물이라 반가웠다.

임명서를 받고 달링할머니와 미나미 할머니는 걸어가시겠다고 먼저 떠나셨다. 두 분은 걸어서 88번에 가서 그 근처 온천에서 주무실 것이란다. 아쉬운 작별을 하였다. 우리는 헨로교류살롱을 거쳐 88번 오쿠보지로 오르는 버스를 탔다. 우리가 버스에서 내릴 때, 오쿠보지를 막 떠나는 순례자가 있었는데 젊은 학승이다. 승가대 깃발을 배낭에 매달고 승복을 입고 묵직한 금강지팡이를 짚고 내려가는 중이다. 영어 단어만 더듬더듬 나열하며 나눈 대화였지만, 빛나는 그의 눈빛으로 88번 사찰을 끝낸 희열이 생생하게 전해졌다. 그는 걸어서 1번으로 다시 돌아간 뒤에 오사카와 나라현 남쪽 와카야마현에 있는 고야산으로 가서 88사찰을 마친 결원의 보고를 올림으로써 순례를 마무리할 것이라고.

드디어 마지막 사찰 오쿠보지의 산문을 들어서 본당과 대사당을 둘러보고 납경을 받았다. 절 마당을 거니는데 주름 가득한 얼굴에 인자한 웃음을 머금은 할아버지 스님이 우리를 반겼다. 88번 사찰의 주지 스님이셨다. 멀리 호주와 한국에서 왔다고, 오세타이로 과자와 사탕을 내주셨다. 법정 스님의 가르침대로 "일기일회一期一會, 즉 모든 순간은 생애 단 한 번의 시간이며, 모든 만남은 생애 단 한 번의 인연"이라는

데, 처음이자 곧 마지막 만남이건만 너무나 오래 뵌 듯한 어른 같아서 어색함 없이 따듯한 인사를 나누고 주지스님과 헤어졌다.

이제 나의 코우보대사와도 작별이다. 흙먼지와 땀에 젖으며 숱한 순례자들과 함께 오랜 길을 걸어서 오신 수많은 코우보대사가 있는 곳에 나의 코우보대사 지팡이도 내려놓고 작별의 인사를 했다. 아쉬운 맘에 코끝이 시큰하다. '코우보다이시! 함께 동행해주시고, 안전하게 마칠 수 있도록 도와 주셔서 감사합니다.'

산문을 나서면 또 하나의 헤어짐이 나를 기다린다. 크리스와의 이별이다. 어젯밤 식사를 마치고 크리스가 내게 선물을 내밀었다. 도중에 내가 버섯차를 맛있게 마시던 걸 기억해뒀다, 나 몰래 언제 사뒀는지 내게 건넨 것이다. 유키에게는 술을 선물했다. "난 내일 88번에서 너희들과 헤어질 거야." 그 말을 듣는 순간 나는 깜짝 놀랐다. 함께 길을 걸으며 '우리도 어디까지 가서는 헤어지겠지', 그런 생각은 한 번도 해보질 않았던 거다. 시코쿠 한 바퀴를 다 돈 무렵에도 왜 그런 생각이 들지 않았는지 모르겠다. 짐짓 의젓하게 감사의 인사를 하고 선물을 받아들였지만, 내 방으로 돌아와서는 가슴 한 구석이 텅 빈 것 같아 나도 모르게 눈물이 났다.

크리스는 이곳에 남아 하루를 보낸 뒤 도쿠시마 지역을 걸어다니며 열흘 정도 더 여행을 할 것이다. 그동안 무겁게 메고 다닌 텐트와 침낭을 요긴하게 쓰면서 말이다. 주로 숲속에서 야영을 하며 지

내겠다는 크리스. 시간을 내 서울에도 잠시 들러보라고 권유는 했지만….

유키와 내가 타고 갈 버스가 도착했다. 막상 버스가 도착하니 무겁던 가슴이 더 꽉 막혀왔다. 그냥 함께 계속 갈 것 같았는데…. 경황 중에 부랴부랴 이렇게 헤어지다니…. 크리스의 인자한 미소는 내 눈을, 따뜻한 손은 내 손을 꼭 쥐었다.

"나의 친구! 너를 만난 건 내겐 행운이었어. 고마워. 꼭 우리 집에 놀러와, 나의 친구."

눈물이 왈칵 쏟아졌다. 크리스의 눈도 촉촉하다. 포옹으로 인사를 나눈 뒤 눈물을 훔치고 버스에 올랐다. 짐짓 너스레를 떨며 또 보자는 말을 건네는 유키의 얼굴에도 아쉬운 마음이 숨김없이 드러난

다. 유키도 크리스와 포옹을 한 뒤 버스에 탔다. 유키와 나는 차가 오쿠보지를 벗어날 때까지 뒤돌아보며 손을 흔들었고, 크리스는 그 큰 몸짓으로 차가 사라질 때까지 두 손을 흔들며 오쿠보지에 서 있었다. 한라봉을 오세타이로 주며 우리가 사라질 때까지 손을 흔들어 주던 키 작은 할머니처럼 말이다.

결원結願

오쿠보지에서 여승 지우스님을 다시 만났고, 함께 버스를 이용해 1번 사찰로 가게 되었다. 지우스님은 렌트한 차를 87번 사찰 주변에서 반납하고 버스를 타고 어제 늦게 오쿠보지에 와서 하루를 머물렀다. 오늘은 버스를 타고 1번을 마친 뒤 곧 바로 후지산 아래에 있다는 자신의 절인 대본산 보주원으로 돌아간다고 한다. 주지인 관장이 빨리 오라고 재촉해 고야산도 들르지 못하고 간다는 것이다. 1번으로 돌아가는 도중에 신사를 참배하기 위해 지우스님과도 헤어졌다.

오늘은 거의 이별 퍼레이드다. 마냥 길게 이어질 듯하던 순례길. 이별이 거듭되며 비로소 순례가 끝나고 있음을 실감한다. 88사찰 순례는 1번으로 다시 돌아와야 한 번 돈 걸로 친다. 고야산까지 가서 88번 영지를 다 돌았다고 코우보대사에게 보고를 하는 것이 더욱 완벽한 완결편이겠지만, 대개는 1번 사찰로 돌아와서 끝을 맺는다.

느디어 유키와 함께 출발했던 1번 사찰 료센시로 돌아왔다. 료센지 대사당 앞뜰과 본당은 막 순례길을 시작하는 순례자들로 붐볐다. 납경장에 다시 1번 납경을 받으니 그곳에 날짜를 써주었다. 내 결원의 날짜인 것. 시작 날짜도 써줄 수 있느냐고 물으니 시작하는 날짜는 쓰지 않는다고 한다. 오직 기록하는 날짜는 1번으로 돌아온 결원의 날짜이다. 순례를 마친 날짜만 쓰는 것이다. 서울에서 준비해간 나의 납경장 두 곳의 표지에 글을 써준 이는 이사오 토미토 상이다. 무뚝뚝하지만 친절하게 나의 부탁을 들어주신 분이다. 결원의 납경을 받고 밖으로 나오니 날씨는 화창하고 바람은 따듯하다. 시코쿠 88사찰 순례를 마친 내 마음과 똑같다.

1번 사찰 료젠지의 반도板東역에서 기차를 타고 다카마쓰로 돌아왔다. 저녁을 먹고 유키는 고베로 간다. 유키와도 이별이다. 감사의 뜻으로 저녁을 대접했다. 6년 전 대서양 항구도시 핼리팩스에서 그를 처음 만났다. 유스호스텔을 찾기 위해 가이드북을 뒤적이던 유키를 내가 도와줬지. 캐나다의 동쪽끝 소도시인 그곳에 내가 하루 먼저 도착해 있었던 것. 그렇게 숙소를 안내하면서 우리는 친구가 되었다. 거기서 하루 동안 시내투어를 함께 했고, 헤어진 뒤 이메일을 주고받으며 연을 이어오다 그로부터 2년 뒤 우리는 스페인에서 다시 만났다. 유럽여행을 계획하던 그는, 산티아고 가는 길을 걷던 내게 합류해 나흘간 함께 걷고 다른 곳으로 떠났다. 그 후 또 4년이 흘렀고, 이번에 시코쿠 여행을 떠난다는 내 이메일을 출발 일주일 전에 보냈음에도 선뜻 나와 동행해 도와주겠다고 나서준 고마운 사람이다. 그의 낭만에 낭만으로 화답하지 못했던 건 두고두고 미안하겠지만, 그게 아니더라도 우린 함께 걸으며 많은 추억을 쌓았다. 다카마쓰역에서 버스를 타고 고향인 고베로 떠나는 그에게 오래도록 손을 흔들어 주고 싶었는데, 그의 버스는 다른 대형버스들과 겹쳐지며 이내 시야에서 사라져버렸다.

오늘 하루, 대체 몇 번째 이별인가. 시코쿠를 순례하기 위해 이곳 다카마쓰에 혼자 왔던 것처럼 다시 혼자가 되었다. 서울로 돌아갈 준비를 하며 납경장을 다시 살펴봤다. 1번 료젠지부터 88번 오쿠보지까지, 번외인 미쿠라도우와 다시 1번으로 돌아와 받은 납경까지, 도합 90개의 도장과 묵서가 쓰인 내 납경장. 1번으로 돌아옴으로써 마치 인연의 고리를 완성시키는 느낌이랄까, 불교의 돌고 도는 윤회를 상징하는 것 같기도 하고! 아무튼 88번에서 마치고 끝내는 것보다는 훨씬 낭만적이다. 어랏, 유키의 낭만이 전염되었나?

비즈니스 아이디어로 본다면 시작의 날짜를 쓰지 않는 설정, 또

순례 중 1번 사찰 료젠지에서는 묵서를 두 번 받는다. 순례를 시작할 때 받은 묵서엔 날짜가 없지만, 88번까지 마친 뒤 두 번째 받을 때는 날짜를 써준다.

金孝宣이라는 이름 석 자가 또렷한 나의 납경장.
御朱印帖이라는 납경장 제목도 1번 사찰 료젠지에
서 묵서를 받을 때 함께 써준 것이다.

88번에서 마치고 다시 1번으로 이어 결원의 도장과 묵서와 날짜를 받는 것, 모두 독특하고 멋진 아이디어가 아닌가! 물론 고야산으로 가 코우보대사에게 결원 즉 순례를 완주했음을 알리는 보고가 또 남아 있다! 시코쿠를 한 바퀴 돌아 고리를 완성하는 매듭을 짓게 한 것은 대단한 성취감을 맛보도록 유도한 탁월한 아이디어이다.

내게 은근히 숙제가 생긴다. 38번 사찰 곤고후쿠지 주지인 나가사키 쇼쿄 스님의 말이 생각났기 때문이다. 쇼쿄 스님은 한국의 33관음 사찰투어를 해보고 싶다고 했다. 이미 불교 사찰 루트가 있겠지만, 먼저 우리 스스로도 즐기고 체계화하여 보다 대중적인 문화상품으로 프로그램화 한 뒤 일본의 도보여행자들에게 널리 소개하는 일을 하고 싶은 것이다.

내 인생 순례길에 또 하나의 굽이진 길을 넘었더니 새 길이 눈앞에 아스라이 펼쳐진다. 뿌듯하다. 그리고 설렌다.

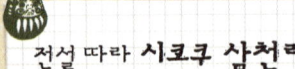

마에야마 오헨로교류살롱 前山 おへんろ交流サロン

찾아가기: 나가오지 근처의 아사히마치 버스정류장에서 오쿠보지 방면 버스가 네 번 있다(8:46, 11:31, 13:31, 17:41). 이 버스를 타고 가다 중간에 오헨로교류살롱에서 내리면 된다. 내 경우는, 나가오민숙 주인장께서 차로 헨로교류살롱까지 데려다 주었다. 헨로교류살롱을 즐기고 거기서 9:6 버스(아사히마치에서는 8:46 버스)를 타고 88번 오쿠보지에 도착했다.

88번 오쿠보시로 향하는 도중에 있다. 문화살롱 안에는 순례자료전시실과 교류살롱이 있다. 순례문화를 체계적으로 이해할 수 있도록 꾸며놓은 전시가 알차다. 순례자들이 들어서면 자원봉사자들이 차를 대접한다. 이곳에서는 납찰서를 일본인들은 자기 고장 이름이 쓰인 곳에 넣고, 외국인들은 인터내셔널이라 쓴 곳에 넣는다. 1번에서 출발하여 이곳까지 온 순례자들이 자신의 이름과 고장을 기록하면 시코쿠 88사찰 순례 대사 임명서와 함께 동행인 뱃지를 준다. 이 뱃지는 기념품으로 살 수 있는 게 아니어서 귀중하다. "귀하는 시코쿠 88사찰 순례길 약 1,200km를 걸으며 시코쿠의 자연과 문화, 사람들을 만나는 경험을 하였으니, 이를 증명함과 동시에 시코쿠 문화를 널리 알리는 헨로대사로 임명한다." 임명장의 내용은 그렇게 거창하다. 이 문화교류살롱에는 스페인의 산티아고 가는 길을 안내하는 그림과 지도가 있다. 스페인의 산티아고 가는 길에서도 시코쿠 88사찰 순례를 홍보하고 있으니, 누이 좋고 매부 좋은 상호홍보인 셈. 서양의 도보여행자들이 이 동양의 사찰 순례에 호기심을 갖는 걸 나도 여러 차례 경험했다. 스페인의 비아델라플라타를 걸을 때도 함께 걷던 독일 친구들이 내게 물었다. 일어를 못해도 갈 수 있는지, 내가 그들과 함께 가줄 수 있는지를. 서양의 도보여행자들에게 시코쿠 88사찰 순례길은 아름다울 뿐만 아니라 새로운 동양문화, 불교문화 체험의 길로 매력을 내뿜고 있는 것이다. 시코쿠를 걷는 외국 도보여행자들이 조만간 부쩍 늘어날 것으로 나 또한 전망한다. 나는 또한 아쉬워한다. 우리에게도 그렇게 아름다운 문화자산이 넉넉한데…. 그걸 이어주는 테마를 만들면 걷고 싶은 길이 얼마든지 많을 텐데…. 구슬은 넉넉하다. 난 그걸 꿰어서 보배를 만들 꿈을 꾼다.

88번_오쿠보지 大窪寺

전화 0879-56-2278 숙소 없음

찾아가기: ① 87번에서 17km, 도보로 4시간 20분. ② 고토히라전철 나가오역에서 나카야마행 버스를 타고 오쿠보지 정류장 하차. ③ 87번 나가오지 가까이의 아사히마치 버스정류장에서 오쿠보지행 버스(하루 네 번, 8:46, 11:31, 13:31, 17:41)를 타고 간다.

★ 88번에서 1번까지 가는 법: 88번 납경 받은 후 다시 JR시도역 방면 커뮤니티버스를 탄다(10:00, 13:30, 15:51, 난 10:00 차를 탔다). JR시도역에서 1번으로 가는 법은 두 가지다. ① 기차를 타고 1번 사찰로 가려면(11:27, 13:45, JR이타노역으로 가는 특급이 자주 있다) JR반도板東역에서 내려 15분 걷거나, JR이타노板野역에서 내려 1시간 정도 걸어서 간다. ② 고속버스로 1번 사찰로 가려면(내가 이용한 방법임) 시도 버스정류장에 도착하(11:02) 뒤, 버스를 타고 출발하여 내려준(11:23) 곳에서 하이웨이로 올라가는 계단을 이용해 도쿠시마행 고속버스 정류장으로 이동. 고속버스를 타고(1,100¥) '鳴門西'라고 쓴 곳에 내린다(11:58). 헨로 화살표를 따라 약 20분 걸으면 홀연 절이 나타난다.

★ 1번 절에서 완주 증명 납경을 받은 뒤 다카마쓰로 이동하기: 반도板東역에서 14:00 기차를 타면 두 시간 정도 걸림. 특급은 중간에 갈아타야 하지만 시간은 30분 빠르고 가격은 약 3,000¥으로 비싸다.

오쿠보지는 코우보대사와 동행이人하여 1번부터 한 바퀴를 도는 88사찰 순례길 중 마지막 결원結願의 사찰이다. 행기대사가 연 절로서, 후에 코우보대사가 이곳에 머물며 오쿠노인 암굴에서 수행을 했다. 본존불은 약사여래. 당에서 가지고 돌아온 삼국(인도·중국·일본) 전래의 석장을 납입하고 결원소로 했다. 마음과 신체의 병을 없애는 부처인 약사여래는 원래 왼손에 약단지를 들고 있는데, 이곳의 약사여래는 아주 드물게 손에 소라조개를 가졌다. 이는 사람들의 고민이나 괴로움을 불어서 풀어 보겠노라는 의미라고. 일찍부터 여성이 절에 오르는 것도 허용되어서 뇨닌고우야女人高野라고 불리며 번창하였다. 납경소로 오르는 계단 옆에는 무사히 88개소를 끝낸 사람들이 결원의 감사로 봉납하고 간 코우보대사 지팡이가 잔뜩 쌓여 있다.

부록

시코쿠 순례여행을 준비하며 읽은 책들

순례의 방법

알아두면 좋은 순례 용어들

불상에 대한 상식

시코쿠 순례여행을 준비하며 읽은 책들

하룻밤에 읽는 일본사
카와이 아츠시 지음, 원지연 옮김, 랜덤하우스 간행.

역사란 원래 재미있는 학문이다. 역사에는 인류의 지혜와 인생의 교훈이 담겨 있다. 눈물도 웃음도 그 속에 녹아 있다. 그러나 대다수의 사람들에게 역사는 재미없다. 역사가 대학 입시를 위한 암기 과목에 불과하다면, 오호 통재라, 참으로 슬픈 일이다.
이 책의 저자는 골방에 갇혀 버린 위대한 인물이나 드라마틱한 사건에서 인생에 도움이 될 만한 점만을 추출하고 그 주변의 에피소드나 일화를 곁들인 살아 있는 역사를 가르쳤다. 효과는 컸다. 많은 학생들이 역사에 흥미를 가지고 스스로 일본사를 공부하려는 의욕을 보였다. 이 책도 그런 수업시간으로부터 얻은 경험에 바탕해 쓴 것이다.
정말 골방에 갇혀 있던 역사가 툭 튀어 나와 하고팠던 얘기를 거침없이 쏟아내고 있는 듯, 책은 지루하지 않게 읽힌다. 내용정리를 하며 지도와 약도와 그림으로 역사의 흐름을 요약해서 이미지가 떠오르도록 해주어서 역사의 흐름을 쉽게 파악할 수 있도록 돕는다.

일본문화백과
홍윤기 지음, 서문당 간행.

일본 대중문화의 개방이 이루어지고, 한류쓰나미가 일본을 덮친 오늘날, 우리는 일본문화와 여러 면에서 접촉하게 되었지만, 내게 잠재된 반일 의식이 일본을 알게 만드는 것을 방해했음을 부인할 수는 없다. 일본여행을 본격적으로 준비하기 전에 일본을 제대로 알기 위해 택한 이 책, 밑줄이 듬뿍이다. 부제가 '일본사회와 문화의 집중이해'인데, 정말 일본사회와 문화를 이해하는 데 큰 도움을 준 책, 강추 별 다섯, 빵빵빵빵빵!

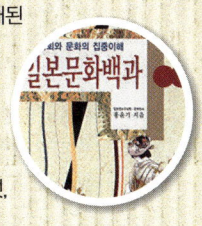

일본문화사

홍윤기 지음, 서문당 간행.

일본의 문화사를 각 역사시대별로 잘 기록해 놓았다. 일본의 문화에 자주 등장하는 한국인(백제, 신라인 등)을 정확히 고증하여 기록해 놓았는데 일본의 문화 성립에 있어서 한국이 얼마나 많은 영향을 끼쳤는지 잘 알 수 있다. 책의 차례에서 궁금한 것을 찾아 읽기가 편하다. 아쉬운 거라고 해봤자, 역대 일본천황 연대표가 너무 작은 글씨로 되어 있어 보기가 힘들다는 정도.

에도의 여행자들

다카하시 치하야 지음, 김순희 옮김, 효형출판 간행.

에도 시대의 여행자가 남긴 기록을 읽다 보면 손으로 쓴 게 아니라 열심히 걸었던 발걸음으로 쓴 것 같다. 그 과정에서 즐기기도 하고 고생도 하면서 많은 것을 배운 사람들의 기록이다. 계절마다 자연과 날씨와도 잘 어울리는 것은 물론이거니와, 새로운 사람과의 만남도 많아 다양한 지혜와 지식을 얻을 수 있다. "여행은 괴로운 것"이면서도 "여행은 길동무, 세상은 인정"이며 "귀여운 아이는 여행을 시켜라"라는 속담의 뜻도 잘 알 수 있다.

헤이안 일본: 일본 귀족 문화의 원류
모로 미야 지음, 노만수 옮김, 일빛 간행.

다종다양한 책들을 두루 섭렵하는 책벌레라는 저자는 참으로 재미있는 인물이다. 또, 헤이안 시대의 정치, 문학, 종교, 문자, 그리고 사랑을 유머로 넘실대는 소설처럼 그려낸 책을 쓸 정도로 능력자기도 하고, 멋지고 재치있는 저자 미야. 여인 특유의 섬세함으로 일본의 에도시대를 이해할 수 있게 인도하는 책을 써낸 그녀에게 큰 박수를!

에도 일본: 현대 일본 문화의 토대
모로 미야 지음, 허유영 옮김, 일빛 간행.

모로 미야의 글은 읽으면 글 속으로 빠져든다. 한번 책을 들면 술술 책장이 넘어가며 머리에 그려진 그림처럼 어떤 인상으로 기억에 선명하게 남는다. 에도시대의 음식, 오락, 생활, 사랑, 바쿠후, 사무라이, 괴담 등이 이 책의 목차를 이룬다. 책을 읽다 보면 일본 다시보기가 시작될 것이다.

바쇼의 하이쿠 기행 1, 2, 3권
마츠오 바쇼 지음, 김정례 옮김, 바다출판사 간행.

바쇼는 우리나라의 김삿갓보다 약 100년 앞선 인물로 삿갓에 봇짐지고 죽장에 의지하여 마음 내키는 대로 돌아다녔던 방랑시인이다. 일본에서 오랫동안 지어왔던 장시長詩를 에도시대에 이르러 마츠오 바쇼가 5-7-5조의 단시短詩 예술로 승화시켰으니, 이것이 "세상에서 가장 짧은 시"로 널리 알려진 하이쿠이다. 바쇼의 하이쿠는 그의 방랑여행의 훌륭한 결과물이다. 시코쿠의 곳곳에는 하이쿠를 돌에 새긴 시비가 있다. 시코쿠를 여행하며 대시인 바쇼의 흉내를 내 하이쿠 몇 편 지어본다면 풍류 넘치는 추억이 쌓이지 않겠는가.

축소지향의 일본인

이어령 지음, 문학사상 간행.

"일본에 지배당했던 우리 과거의 어두운 이야기는 잘 알면서도 우리를 괴롭혔던 그들이 누구인지는 잘 모르는 사람들, 특히 그런 젊은이들을 위해 이 작은 책을 바친다. 이 책을 읽는 젊은이들이 지적 용기와 함께 일본인을 떳떳이 바라보는 시선을 가질 수 있게 되기를 바란다." 내가 이 책을 추천하는 이유가 이 책머리의 글에 다 들어 있다.

겐지모노가타리의 세계

히나타 가즈마사 지음, 남이숙 옮김, 도서출판 소화 간행.

겐지모노가타리源氏物語는 일본이 세계에 내놓을 만한 몇 안 되는 작품 중 하나이다. 11세기에 세상에 나오자마자 베스트셀러가 되었고, 그 후 천 년 동안 널리 읽히는 책이다. 궁궐에 있는 황녀들이나 궁녀들이 읽었고, 천황과 지식인도 이 작품을 읽었다는 것을 작가의 일기를 통해 알 수 있다. 후대의 일본 지성인들이 반드시 읽어야 할 필독서로 지정할 정도다. 이 책의 내용과 관련된 많은 그림들이 제작되고 유포되었으며, 주석서와 일부 내용을 발췌하여 독자들의 마음속에 깊은 감동을 주는 문학적 소양의 교재로 사용되었고, 최근에도 만화, 애니메이션, 영화, TV드라마 등 다양한 장르로 제작될 정도로 여전히 일본인들의 사랑을 받고 있다. 일본의 2,000¥ 지폐에도 이 작품 속 한 장면이 그려져 있을 정도다. 또 작품이 쓰여질 당시의 일본 문화와 사상 등이 담겨 있어 일본의 역사를 공부하는 텍스트로도 손색이 없다. 유럽의 미술관을 돌아볼 때 성서나 그리스 신화를 모르면 이해하기 어렵듯이, 일본의 역사와 문화, 그림, 시를 이해하려면 반드시 읽어야 할 책이다.

만요슈: 고대 일본을 읽는 백과사전

구정호 지음, 살림 간행.

만요슈萬葉集는 와카집和歌集이다. 한자로 화和가 일본이라는 의미이므로 와카는 일본의 노래라는 뜻이다. 일본에는 세상에서 가장 짧은 시인 하이쿠가 있다. 이 하이쿠가 고전 와카에서 시작되었다. 일본 곳곳에 와카와 하이쿠의 시비들이 있다. 일본을 알고 싶기에 가장 일본적인 것들, 수천 년을 통해 이어내려 오면서 일본인의 바탕을 이루고 있는 것들에 대한 이해가 필수라고 생각해 택한 책이다. 만요슈는 총 20권 4,516수로 구성된 방대한 가집歌集이다. 7세기 중반에서 8세기 후반에 이르는 130여 년 동안 만들어진 작품이 수록되어 있으며, 완성하는 데 무려 80년의 세월이 걸렸다. 왕에서 평민에 이르기까지 당시 모든 계층의 인물들이 작자로서 등장하는데, 와카를 읽으며 독특한 일본적 정서와 사랑하고 슬퍼하는 인간의 보편적 감성, 변치 않는 문학의 향기 등을 음미해볼 수 있다.

일본열광

김정운 지음, 프로네시스 간행.

"전 세계에서 일본을 무시하는 유일한 나라, 바로 우리 대한민국이다. 한국은 일본에 관한 모든 이야기를 친일/반일의 단순 이분법으로 나눠야만 편해지는 집단 강박증을 갖고 있다. 그렇지만 그런 식으로는 항상 우리만 손해일 뿐이다. 일본은 바로 '우리의 문제'다. 친일/반일의 이분법으로는 설명되지 않는 상황이다. 한일관계는 훨씬 더 중층적이고 다차원적이다. 아무리 깎아 내려도 일본이 세계2위의 강대국이며 아시아에서 유일하게 선진국클럽 G8에 속한다는 사실은 변하지 않는다. 이 사실만으로도 일본은 열광적으로 들여다보기에 충분한 나라 아닌가." (저자의 글에서)

심리학자인 김정운 교수가 재미나게 풀어쓴 탁월한 일본문화 기행서다. 모든 것을 받아들이지만, 그래서 하나도 안 받아들이는 나라이기도 한 일본을 뜨겁게 맛볼 수 있는 푸짐한 상차림이 책 한 권에 고스란히 담겼다.

도노 모노가타리: 일본민속학의 원향

야나기타 구니오 지음, 김용의 옮김, 전남대학교출판부 간행.

일본은 뭇신들의 나라이다. 죽은 혼령들이 인간사를 지배하기도 하고 수많은 요괴들의 이야기가 넘친다. 우선 우리나라의 귀신 전설보다 그 수가 엄청나게 많아 놀라게 된다. 시코쿠 88사찰 순례길 또한 '전설 따라 삼천리' 길이다. 전설 속의 요괴들 이야기와 캐릭터로 관광객을 유치하는 마을도 있다. 일본 민속학을 들여다보는 데 참고가 되는 책이어서 유익했다.

국화와 칼: 일본문화의 틀

루스 베네딕트 지음, 김윤식, 오인석 옮김, 을유문화사 간행.

1991년에 출판된 이 책을 나는 초판본으로 가지고 있다. 그러니 꽤 오래전에 읽었던 책인데 본격적인 일본여행을 준비하며 다시 펴 들었다. 일본과 일본인을 이해하는 데 꼭 필요한 책 중 하나로 추천받는 책이기 때문이다. 일본의 국화國花는 현재의 일본의 헌법상으론 존재하지 않지만 일본인들의 성격을 잘 나타낸다고 하는, 화려하게 피고 지는 벚꽃이 국민의 꽃이라고 할 수 있고, 국화는 일본 황실을 상징한다. 차갑고 맑은 기운이 흐르는 가을에, 다른 꽃들이 다 지고난 뒤에야 비로소 꽃을 피우는 국화. 그래서 맑고 조용하고 고귀하다고 여겨 황실 문장으로 사용된다는 것. 루스 베네딕트가 국화와 칼이라는 제목을 붙인 것은 예의바르고 착하고 겸손하여 여려보이는 일본사람들의 마음속에 실은 무서운 칼이 숨겨져 있다는, 이중적인 그들의 성격을 표현하고자 함이다. 일본사람들 스스로도 자신들은 앞에 내세우는 얼굴과 속마음이 다르다는 점을 인정하지 않던가. 19년 전 내가 이 책을 처음 선택했을 때도 그 제목에 담긴 아이러니가 나를 사로잡았다.

기타. 시코쿠 여행 가이드에 도움이 되는 책으로는 「시코쿠 88개소 순례여행 안내지도」 한국어 판(일본 무양당 간행), 「론리 플래닛 일본」 한국어 판(안그라픽스 간행) 등이 있다.
참고할 만한 사이트: www.shikokuhenrotrail.com

순례의 방법

📕 순례의 방법

시코쿠 88사찰 순례의 방법에는 여러 가지가 있다. 물론 과거에는 온전히 걸어가는 방법밖에 없었겠지만 오늘날에는 버스, 자동차, 자전거, 오토바이, 기차, 택시 등, 순례의 동기에 따라 그 방법을 선택한다. 그러나 시코쿠의 88개소 사찰은 물론 시코쿠사람들은 그 모든 방법의 순례자들을 다 품어 따뜻하게 맞이한다.

👟 거리

총거리는 약 1,200km이다. 88사찰 외에 20개의 번외사찰까지 포함하면 1,400km에 이르는 길이다. 개인차가 있겠지만 대략 도보일 경우 40~50일, 버스로는 9~12일, 자동차로는 10일 정도면 한 바퀴를 돌 수 있다.

🧭 시간계획

각 사찰에서 묵서나 도장을 받으려면 대략 07:00~17:00 사이인 일과시간에 맞춰야 한다. 버스로 단체순례를 하는 경우를 제외한다면 야간에 길을 잃을 수도 있으므로 늦은 시간은 피하는 게 좋다.

기온과 기후를 고려하면 봄의 3, 4, 5월, 가을의 10, 11월이 좋다. 단, 이 계절엔 순례자들이 많아 납경소에서 인증 도장 받는 시간이 오래 걸린다는 게 흠이라면 흠. 6, 7월은 장마 때이고 9월은 태풍이 오는 계절이므로 피하는 게 좋다. 겨울은 추위로 짐이 무거워진다. 시코쿠섬 북측의 세토나이카이 쪽은 내해로 일본에서 가장 강수량이 적은 반면, 남측의 태평양 쪽은 강수량이 많다. 기온은 별 차이가 없다.

언어

시코쿠에서 만나는 일본인은 거의 영어를 못한다. 일본어를 구사하는 여행자라면 편리하겠지만, 시코쿠의 사람들은 순례자 행색임을 얼른 알아보고 무엇이든 적극 도와주려고 한다. 시코쿠에서 언어가 장애가 되지 않는 이유다. 일어를 못해도 한자를 이해하는 순례자라면 도로표지판 등을 보는 데 많은 도움이 되며, 자주 사용되는 일어 문장 정도는 몇몇 적어가는 것도 도움이 된다.

경비

경비 또한 개인차가 크겠다. 예를 들자면 숙박+식사+간식+교통비+납경비만 꼽아도 하루에 대략 5,000~8,000엔 정도가 든다. 숙박비가 6,500엔(2식 포함), 사찰 5곳 납경비가 300×5=1,500엔, 점심과 음료에 1,000엔 등이라고 하면, 숙박비에서 경비의 차가 제일 크다. 사실 납경은 순례자 개인의 선택이므로 받지 않아도 그만이다. 순례의 목적이 종교적 이유라면 절에 바치는 소액의 기부금, 종 칠 때 내는 기부금 등도 하루 경비에 추가될 것이다. 또 걷지 않고 대중교통을 이용한다면 교통비가 추가되겠지만, 전체 일정이 단축되므로 그에 따른 경비절감 효과가 클 것이다.

여행에 앞서 순례 장비를 장만하는 데도 돈이 든다. 삿갓(1,500~3,000엔), 흰옷이나 하얀 조끼인 오이즈루(2,000~3,500엔), 두타봉투(1,000~2,500엔), 염주(2,000~6,500엔), 납찰(200장에 100엔), 납경장(2,000~3,500엔) 등 기본 장비부터 해서, 지령(1,000~1,500엔), 와게사(2,000~3,500엔), 금강지팡이(1,500~2,500엔) 등 또한 추가될 것이다. 주변 관광지나 유서 깊은 공원, 문화관, 체험관, 온천 등을 둘러보는 경비는 또 별도이다. 참고로 현지에서 내가 쓴 경비는 하루 평균 8000엔 안팎이었다. 여기에 대중교통 요금, 기념품으로 산 몇 장의 전통타월까지 해도 30일 일정에 총경비 240,000엔으로 해결되었다. 물론 여기엔 왕복 비행기요금, 현대적 도보 장비(배낭, 신발, 옷, 비옷 등)의 비용은 포함되어 있지 않다.

숙소

88개 사찰 안에 숙소가 있기도 하고, 그렇지 않아도 각 사찰 주변에 다양한 숙소들이 많다. 특히 머물고 싶은 숙소라면 식사준비 시간도 있기 때문에 전날 혹은 당일 일찍 예약하는 편이 좋다. 예약을 하면 희망하는 향토요리를 먹게 되는 경우가 많다.

숙소의 종류
①츠쿠보宿坊: 사찰에서 운영하는 숙소시설이다. 주로 단체순례용이지만 빈방이 있다면 개인도 받아준다. 오츠도메라고 불리는 독경에 참가할 수도 있어 일본 불교의 의식을 경험하면서 절의 보물과 장식물들을 가까이에서 보는 기회까지 얻을 수 있다. 2식 제공, 공동목욕탕에 하루 6,500엔 수준이다.

②민박: 사찰 주변의 민가에서 묵는 것이다. 전화를 하면 사찰로 데리러 오기도 한다. 곳에 따라 세탁과 건조도 무료로 해주며 매우 친절하다. 2식 제공, 다다미방, 공동목욕탕에 하루 5,000~6,500엔, 식사 불포함이면 3,500~4,000엔 선이다. 대개 제공되는 식사가 풍요롭기 때문에 2식 포함 조건으로 묵기를 추천한다.

③료칸旅館: 민박과 별다르지 않다. 전통 다다미방을 사용한다.

④비즈니스호텔: 전통 다다미 외에 침대방도 있으며 개별 목욕탕을 이용할 수 있다. 5,000~7,000엔 정도.

⑤호텔: 하루 5,000엔부터 등급에 따라 다르겠다.

⑥유스호스텔: 도미토리 숙소에서 묵는다. 곳에 따라 순례자 할인, 외국인 순례자 할인 등이 적용된다. 식사 불포함에 하루 2,100~3,500엔 선이다. 식사는 요청하면 제공되지만, 가급적 밖에서 사먹기를 추천한다.

⑦국민숙사國民宿舍: 공공 숙박소이다. 시코쿠의 주요 명승지에 이 국민숙사가 있다. 그래서 도보로 가기 불편한 위치에 있는 경우도 많다. 인기 좋은 숙박지이므로 미리 예약해야 머물 수 있다. 식사 불포함이면 2,500~3,000엔, 2식 포함이면 5,000~7,000엔이다.

⑧노숙: 텐트나 침낭이 있다면 계절에 따라 노숙도 할 수 있다. 버스정류장, 공원, 순례자용 정자 등의 시설을 이용할 수 있는데 시설이 넉넉지는 않다. 관리자나 지역주민에게 알리고 폐가 되지 않도록 한다.

⑨젠콘야도: 무료 또는 저가로 운영되는 순례자용 숙박지로 젠콘야도가 있지만 찾기도 어렵고 많지도 않으며, 사찰에서는 접대소에 문의를 해야 한다. 특히 나홀로 여성순례자라면 젠콘야도에 선뜻 묵기가 쉽지 않다.

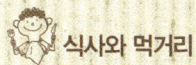 식사와 먹거리

아침과 저녁을 숙박지에서 해결하고 점심과 간식은 지나는 곳곳에서 먹는 게 보통이다. 사찰 길목과 주변에 식당과 편의점, 시장 등이 많다. 사찰 가는 길에 먹을거리 구하기가 여의치 않은 경우 숙박지에서 간단한 주먹밥을 싸주기도 한다. 자판기가 곳곳에 있어 물이나 다른 음료를 쉽게 구할 수 있다. 수돗물은 그대로 마셔도 되지만 익숙하지 않은 외국인은 사먹기를 권한다. 기차를 이용할 때는 큰 기차역에서 유명한 엑키벤토를 사먹는 것도 여행의 즐거움이다.

교통수단

온전히 다 걷는 게 목표가 아니라면, 사찰 간 구간거리가 길면 무리하지 말고 전철이나 버스를 이용하는 게 좋다. 실제로 도보순례자 대다수가 대중교통을 곁들여 이용한다. 기차를 탈 경우 승차역에서 목적지까지 표를 구하는 경우도 있지만 무인역에서 승차하는 경우는 승차 후 차내에서 차장으로부터 구입한다. 이때 기차에 오를 때 입구의 발권기에서 정리권을 반드시 뽑아야 한다. 정리권에 승차한 장소가 찍혀 있어서, 목적지에 내릴 때 정리권을 내면 차장에 의해 요금이 계산된다. 버스를 탈 때도 뒷문으로 승차하며 발권기에서 정리권을 반드시 뽑아야 한다. 익숙하지 않아 자꾸 잊게 된다. 내릴 때는 앞문으로 가서 정리권을 내고 기사가 계산해준 요금을 내면 된다. 차내에 잔돈이 넉넉하게 준비되어 있으며, 내릴 때 버스 앞면에 지나온 버스 정류장의 수가 표시된다. 예컨대 내가 올라탄 곳이 1번, 내린 곳이 9번, 그런 식이다.

통신

한 달 가까이 머무는 여행자에게는 저렴하고 간편한 서비스인 국제전화카드가 딱이다. 유선전화, 휴대전화, 공중전화를 불문하고 선불카드를 구입하여 거기 적힌 순서대로 번호를 눌러 전화를 한다. 공항이나 거리의 편의점에서도 살 수 있다. 서울에서 갖고 가는 휴대폰(기종에 따라 사용 불가이기도 함)과 기타 전기제품 충전은 프리볼트 제품이라면 일본식 코드(끝이 납작한110V용)만 사서 끼워 쓰면 된다.

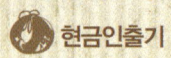 현금인출기

ATM은 편의점과 은행, 우체국 등 곳곳에 있다. 자기 카드발행회사의 표시가 되어 있는 기계를 찾아 이용하면 된다.(참고: 짐을 싸다 자칫 카드의 마그네틱이 손상되면 현금 인출이 전혀 안 되는 등 낭패극심이다! 카드에 맞는 비닐케이스에 애지중지 넣어다니길 권한다.)

순례의 장비

꼭 필요한 것은 아니지만 유서 깊은 순례길이다 보니 전통 스타일이란 게 없을 수 없다. 일습으로 갖출 수 없다 하더라도 흰옷과 삿갓, 금강지팡이 등은 기본으로 장만하는 게 좋다. 순례의복을 갖춰 입으면 현지인들에게 늘 따듯한 인사와 도움을 받는다. 대개의 순례 준비물은 1번과 2번 사찰 주변에서 구할 수 있으며 각 찰소를 돌며 그때그때 준비해도 된다.

①흰옷: 청정번뇌에서 벗어난 깨끗한 모습을 상징하지만, 예전에는 순례 중 어디서 죽어도 상관없다는 각오를 하고 흰옷을 걸쳤다고 하니 오싹하다. 오늘날 흰옷은 순례자의 상징이지만 여성에게는 보호가 되는 옷이기도 하다. 입는 흰옷 외에 따로 한 벌을 준비해 납경소에서 도장과 묵서를 받는 용도로 쓰기도 하는데, 이렇게 납경을 받은 흰옷은 죽을 때 입을 수의壽衣로 사용한다. 흰옷에는 나무다이시헨죠공고南無大師遍照金剛라 쓰여 있다.

②삿갓: 햇볕과 비를 가려주는 데 좋다. 당 안에서 예불을 올릴 때도 삿갓은 벗지 않는다. 삿갓에는 순례자가 지향하는 깨달음을 나타내는 네 구절의 마음가짐과 범자 한 자가 쓰여 있는데, 이 범자를 정면으로 해 삿갓을 쓴다. 옛날에는 삿갓이 순례 중 죽음을 맞이한 순례자의 시신을 덮는 뚜껑이 되기도 했다.

③금강지팡이: 순례를 이끄는 코우보대사의 화신이다. 옛날에는 순례에 지쳐 쓰러진 순례자의 묘비 역할까지 했다. 지팡이에는 '동행이인'이라는 한자나 반야심경이 새겨져 있는데, 글씨가 없는 것도 있다. 지팡이 끝에 여러 색깔의 주머니를 씌워 여러 지팡이 사이에서 자기 것을 쉽게 찾도록 하며, 거기 매단 방울

소리는 한적한 숲길에서 청량한 동반이 된다.

지팡이가 코우보대사의 화신이니만치, 이용요령도 좀 유별나다. 먼저 목적지에 도착해 숙소에 이르면 자기보다 먼저 지팡이를 씻어 안에 들여놓는다. 숙소마다 따로 지팡이를 모시는 곳이 있으며, 그게 아니면 방으로 들여놓는다. 다리를 지날 때는 지팡이를 짚지 않고 들고서 건넌다. 다리 아래에서 코우보대사가 잠을 잔다는 전설 때문이다. 또한 오래 걸어 지팡이의 끝이 상해 손을 봐야 하는 경우에도 칼날을 대지 않고 돌이나 땅바닥에 비벼서 손질을 한다.

④와게사: 목에 걸어 가슴에 드리우는 약식 가사이다. 불교에 귀의하는 의미로 착용하는 참배 복장으로서 불교신도들이 사용한다.

⑤염주: 불교신자들에게 가장 친밀한 불교용품이다. 이것을 쥐고 부처님께 손을 모아 기도를 하면 번뇌가 사라지고 공덕을 얻을 수 있다고 한다.

⑥지령: 정식 독경에서는 종을 흔든다. 종소리가 참배자의 번뇌를 없애고 청정한 마음으로 만들어 준다는 것.

⑦납경장: 88사찰을 참배한 증표로 납경소에서 묵서와 도장을 찍어주는데, 이를 받는 공책이 납경장이다. 각 사찰에서 묵서와 도장을 받을 때마다 납경비 300엔씩을 낸다.

⑧납찰: 주소와 이름, 사찰에 기원하는 내용을 적어 본당과 대사당의 납찰통에 납입하는 종이이다. 순례 중 받은 접대의 답례로도 건네주기도 하니까, 이럴 때는 명함처럼 쓰이는 셈이다. 순례자의 순례 횟수에 따라 납찰의 색이 바뀐다. 1~4회는 백색 종이를, 5~6회는 녹색, 7~24회는 적색, 25~49회는 은색, 50~99회는 금색 종이를 쓰고, 100회를 넘긴 순례자는 비단 납찰을 쓴다. 개인이 준비해오는 이 비단 납찰은 거의 예술품에 속한다. 납찰소 즉 납찰통을 들여다보면 거의 백색 납찰이 대부분인데, 간간이 다양한 색의 납찰을 보게 된다. 희귀한 금색, 은색 납찰은 재수가 좋다고 하여 남몰래 집어가기도 한다고.

⑨두타봉투: 반야심경을 기록한 책이나 납경장, 와게사, 지령, 납찰, 향, 초 등 순례 물품을 담는 가방을 말한다.

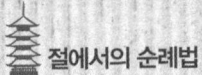
절에서의 순례법

순례자가 절에 들어서면 일반적인 예법을 따르게 되는데, 물론 이런 예를 차리지 않는다고 해서 절을 순례하지 못하는 것은 아니다.

①산문: 경내로 들어서는 입구에는 악귀를 쫓는다는 인왕상이 서 있는 산문이 있다. 산문 앞에서 본당을 향해 절을 한번 한다.
②미즈야水屋: 산문을 들어서면 만나는, 물이 흐르는 샘터이다. 배낭을 내려놓고 이곳에서 물 뜨는 바가지를 이용해 물을 마셔 입을 헹구고 손을 씻어 깨끗하게 한 뒤, 와게사를 목에 걸고 염주와 납찰, 향 등을 준비한다.
③종루: 종을 쳐서 참배의 인사를 한다. 참배 후에 치는 것을 귀가종이라고 하여 운수가 없다고 여긴다.
④본당: 본존불을 모신 본당 앞에서 초와 향을 피운다. 본당 정면 처마 끝에 와니구치라는 쇠방울이 대롱대롱 매달려 있는데, 드리운 밧줄로 이 와니구치를 한번 울려 본존의 부처께 참배할 것임을 알린다. 납찰통에 납찰 종이를 넣는다. 때론 새전(참배할 때 내는 금전)을 납입하고 합장을 한 뒤 독경을 한다. 이때 다른 순례자들을 위해 당의 정중앙을 피해 오른쪽이나 왼쪽에서 한다. 본당에서는 불교신자들은 반야심경을 시작하고 본존의 진언을 순서대로 정중하게 독경을 하지만, 그렇게 독경을 하지 않고 마음을 담아 단지 손을 모으는 것만으로도 좋다.
⑤대사당: 대사를 모신 대사당에서도 본당과 같이 참배와 독경을 한다.
⑥납경소納經所: 납경장에 도장과 묵서를 받고 300엔을 낸다.
⑦산문: 산문을 나오며 뒤돌아서서 본당을 향해 다시 절을 한번 한다.

순례자가 지켜야 할 삼신조三信条

①코우보대사가 마지막 한 명까지 구해주시는 것을 믿으며 동행이인의 정신으로 순례한다.

②도중에서 곤란한 일이나 괴로운 것이 있어도 푸념하지 않고 수행이라 생각한다.

③현실의 세상에서 구해지는 것을 믿으며 깨달음을 얻을 수 있도록 빌며 순례를 한다.

순례자가 지켜야 할 십선계十善戒

1. **불살생不殺生**: 죽이지 않는다.
2. **불투도不偸盜**: 훔치지 않는다.
3. **불사음不邪淫**: 음란하지 않는다.
4. **불망어不妄語**: 거짓말을 하지 않는다.
5. **불기어不綺語**: 아첨하지 않는다.
6. **불악구不惡口**: 욕하지 않는다.
7. **불양설不兩舌**: 누구에게나 진실을 이야기 한다.
8. **불간탐不慳貪**: 욕심 부리지 않는다.
9. **불진에不瞋恚**: 화내지 않는다.
10. **불사견不邪見**: 좋지 않는 생각을 하지 않는다.

알아두면 좋은 순례 용어들

밀교
일본 불교는 서기 538년경 한반도의 백제로부터 유래했다. 코우보대사는 804년 당나라로 불교 유학을 떠나 그곳에서 밀교를 배웠다. 이때 당의 혜과스님에게서 일본에 밀교를 넓히라는 명과 함께 헨죠공고遍照金剛란 이름을 얻고 귀국한다.
밀교密敎란 불교의 한 흐름이다. 대승불교의 철저한 후계자로서 '대승불교의 꽃'이라고 할 수 있는 게 밀교이다. 밀교 즉 비밀불교는 종교적 체험의 깊이를 강조하며, 그 이름에 깊고 오묘한 가르침이라는 의미가 포함되어 있다. 일본 밀교는 백제와 당으로부터 전해진 불교를 코우보대사弘法大師 쿠오카이空海(774~835)가 집대성하며 독자적 발전을 이루었다. 코우보대사가 개창한 일본 밀교의 종명이 일본 진언종이다.
혼슈 섬 교토 인근인 와카야마현의 고야高野산은 코우보대사가 개창한 진언종의 성지이다. 표고 800m에 지금도 100개가 넘는 사원이 줄지어 있는 종교 도시이다. 시코쿠의 88개 절을 모두 참배한 순례자가 고야산을 찾아 코우보대사에게 보고함으로써 순례의 종지부를 찍는다고 여기는 것도 그런 이유에서다.

동행이인同行二人
순례를 할 때 사용하는 지팡이는 코우보대사의 화신으로 여겨지는데, 이는 순례 길 내내 코우보대사가 함께 한다는 의미이다.

오쿠노인奧の院
'안쪽의 절집'이란 뜻으로, 그 절의 기원과 관련된 부처님을 모시고 있는 경우 본당 뒤편에 그 당이 있는 경우가 많다.

와니쿠치鰐口
본당이나 대사당의 정면 처마 끝에 매달린 금속제의 방울이다. 순례자는 내려진 밧줄을 당겨 이 쇠방울을 울림으로써 부처에게 자신이 찾아왔음을 알린다.

오레이마이리 お札参り
결원 후의 감사참배, 즉 88번 사찰까지 순례를 마친 후 1번 사찰로 돌아오는 것을 말하며, 나아가 고야산으로 가 코우보대사에게 결원의 보고를 하기 위해 참예하는 것을 말하기도 한다.

헨로고로가시 遍路ころかし
순례 중 험한 지역을 말한다. 가파른 산지를 오르거나 험한 돌길 등 순례자가 지쳐 넘어지거나 떨어질 수 있는 지역을 말한다(헨로는 '순례자', 고로가시는 '넘어진다'는 뜻이니, 말 그대로 '순례자가 자빠지는 곳'이란 뜻이다). 12, 20, 21, 27, 60, 66, 81, 82번 사찰 가는 길이 대표적 헨로고로가시이다.

선달 先達
초심자의 순례를 인도하는 경험자를 말한다.

도오시우지 通し打ち
전부돌기. 88개소 전부를 단번에 순례하는 것을 말한다.

다치기리우지 斷切し打ち
끊어 돌기. 한번에 모든 사찰을 순례하는 것이 아니라 몇 군데씩 나누어 순례하는 것

익코쿠 마이리 一國参リ
일국참배, 즉 시코쿠 4현을 현별로 4회로 나누어 순례하는 것

갸쿠 마이리 逆打ち
1번 사찰로부터 순례를 시작하는 것이 아니라 88번부터 거꾸로 도는 순례를 말한다. 순서대로 도는 것보다 3배나 어렵다고 한다.

와라지 わらじ
일본의 전통 짚신인 와라지草鞋는 6~7세기 백제인들이 신었던 짚신에서 유래되었다고 전해진다. 대부분 사찰의 산문에 걸려 있는데 순례자들 다리의 무사함을

비는 의미다. 옛날에는 짚신이 순례자의 필수품이었기 때문이다.

오세타이 お接待
마을길을 걷다 보면 현지 사람들이 순례자들에게 물이나 음식, 손수 만든 기념품, 심지어 500엔 정도의 현금 등을 선물하곤 하는데, 이를 '접대'라는 의미의 오세타이라고 한다. 시코쿠 사람들이 부처에 공양하는 의미로 순례자에게 접대하는 것이니 거절하지 않고 감사하게 받는다. 이때 감사의 표시로 납찰을 써서 접대의 답례로 준다.

관소지 關所寺
코우보대사가 순례자의 평상시 행동을 체크하는 절로서, 19번 다츠에지, 27번 고노미네지, 60번 요코미네지, 66번 운펜지 등 네 개가 있다. 행실이 나쁜 순례자는 거기서 더 앞으로 나갈 수 없다고 한다.

신불분리 神佛分離
일본 고유의 종교인 신토神道와 불교의 융합은 6세기 중엽 불교가 일본에 유입되면서 나타나기 시작했으며, 두 종교의 융합은 현재에 이르기까지 일본인들의 종교생활을 지배한다. 오늘날에도 일본인들은 흔히 가정에 신토의 가미다나神棚와 불교의 부쓰단佛壇을 두고 있으며, 결혼식은 신토식으로, 장례식은 불교식으로 치르곤 한다. 그러나 1868년 일본의 메이지明治 유신 때 정부는 토속신과 외래신을 구분하는 신불분리神佛分離 정책을 폈다. 신불분리령은 신토를 우선하고 신토 국교화를 향한 메이지 유신 정부의 단계적 조치의 시작이었다. 이때부터 많은 불상·불화·경전들이 소각, 파괴되어 1871년(메이지4년) 무렵까지 극심했고 1877년(메이지 10년)에 가서야 막을 내렸다. 신불분리는 일본에서 불교에 대한 최초이자 최대의 박해였다.

효세키 標石
순례길에 세워진 길안내용 돌비석이다. 17세기부터 현재까지 다양한 시대에 걸쳐 세워진 표석들을 볼 수 있는데, 특히 17세기의 승려 신넨이 200개 이상을 세웠고, 20세기 초 나카츠카사 모헤에가 세운 약 240개가 잘 알려진 표석이다.

불상에 대한 상식

모든 사찰이 본존불을 비롯, 여러 불상들을 모시고 있다. 그러므로 불상에 대해서도 약간의 상식을 곁들이면 보다 즐겁게 사찰 문화를 즐길 수 있다. 불상의 주인공들은 갖가지 민간 전설에도 등장하므로 전설 탐방에서도 이러한 상식들이 진가를 발휘한다.

(1) 여래상如來像
여래는 불타라고도 하고 석가를 가리키는 말이다. 불교의 수행 단계에서 가장 높은 위치에 있으며 여래상은 원칙적으로 소지품을 갖지 않으며 몸에 아무런 장신구도 걸치지 않는다.

석가여래釋迦如來
불교의 창시자인 싯타르다 고타마의 존칭이다. 석가모니라고도 부른다. 석가는 '능하고 어질다' 뜻이고 모니는 '성자'란 뜻이다. 고행의 끝에 득도하여 여래가 된 실재의 인물이다.

아미타여래阿彌陀如來
아미타여래는 산스크리트어로 그 수명에 한이 없고, 모든 나라와 사람들을 비추고, 시간과 공간의 제약을 받지 않는 부처란 뜻이다. 아미타여래를 믿음으로써 극락정토에 왕생할 수 있다고 여긴다.

약사여래藥師如來
약사여래는 현실의 소원을 실현해주는 역할을 하는 부처이다. 예를 들면 기갈을 면하여 배부르게, 병든 몸과 마음 안락하게, 강도나 핍박으로부터 구제해준다고 믿는다. 왼손에 약단지를 가지고 있는 것이 특징.

대일여래大日如來
일본밀교 진언종의 본존으로서, 위대한 광명[光日]으로 온 우주를 밝히며 덕성이 해와 같다고 하는 부처다. 역사상 실재했던 석가여래와 달리 우주적 통일원리를 인격화한 부처이다.

(2) 보살상菩薩像
보살은 대승불교의 주요 특징이다. 여래에 시중 들고 수행을 하며 개인의 깨달음과 열반뿐 아니라 중생과 함께 열반에 이르는 것을 가장 큰 가치로 삼는다. 보살상은 관, 목걸이, 귀걸이 등으로 몸을 치장하고, 손에는 중생의 소원을 이루어 주기 위해 소지품을 갖고 있다.

십일면관음보살十一面觀音菩薩
본체의 얼굴 이외에 두상에 인간의 희로애락을 표현한 11개의 얼굴을 가진 보살이다. 이것은 중생의 십일품류의 번뇌를 끊는다는 의미이다. 우아한 여인의 모습으로 만들어진 것이 많다.

천수관음보살千手觀音菩薩
일반적인 천수상은 양쪽에 각각 20수手가 있는데 손바닥마다 눈이 있어 한 눈과 한 손이 각각 이십오유二十五有(중생이 나고 죽고 하는 세계의 종류)의 중생을 제도하므로, 25×40=1,000 즉 천수천안이 된다. 특히 지옥중생의 혹심한 고통을 해탈케 해주는 보살이며 천의 눈으로 사람들의 괴로움을 찾아 천의 손으로 도움을 준다는 보살이다.

지장보살地藏菩薩
석가모니의 부탁을 받아 부처가 입멸한 후 미륵불이 나타날 때까지 육도중생을 제도하는 보살이다. 생명을 낳고 기르는 대지大地와 같은 능력을 가진 보살로 아이의 수호신으로 신앙 받고 있다. 오늘날 일본에서 '오지초상'이라는 애칭으로 널리 사랑받는 캐릭터가 되었다.

성관음보살聖觀音菩薩
보통 인간의 모습으로 용모가 원만하고 자비로운 모습이며 아미타불을 모시고 있는 관을 쓰고 있다. 한손에 정병이나 연꽃을 들고 서 있거나 혹은 앉아 있으며, 몸에는 천의를 입고 목에는 염주와 같은 영락을 걸어 화려하게 장식을 하고 있는 것이 특징이다. 성관음은 아귀도에 빠진 중생을 제도하는 보살인데, 아귀도는 굶주린 귀신인 아귀들의 세계로서 주로 전생에 악업을 짓고 탐욕을 부린 자가 아귀로 태어나게 되고 항상 기갈에 괴로워한다고 한다.

허공장보살虛空藏菩薩
허공장보살은 광대한 우주와 같은 무한의 지혜와 자비를 가진 보살이다. 학업이나 기억력에 이익이 있다고 신앙 받으며 왼손에는 보주를 가진다. 지장보살이 대지大地의 상징인 데 견주어, 허공장보살은 대공大空을 상징한다. 목걸이, 팔찌, 귀걸이 등을 달고 있다. 일본에서는 13세가 된 소년·소녀들이 지혜와 행복을 빌기 위해 4월 13일 허공장보살을 참배하는 쥬산마이리十三參リ 행사가 펼쳐진다.

마두관음보살馬頭觀音菩薩
머리에 말의 머리를 이고 있으므로 마두관음 또는 마두거사라고도 한다. 사람들의 무지와 번뇌를 배제하고 모든 악을 멸하는 보살이다. 말머리를 이는 것은 주로 축생을 교화하여 이롭게 한다는 뜻인데, 관음상 중 유일하게 성난 얼굴을 하고 있으며 보통 삼면三面으로 8개의 팔이 있다.

문수보살文殊菩薩
문수보살은 '문수의 지혜'라는 표현에서처럼 부처의 지혜와 덕을 상징한다. 면학의 부처로 사자등의 연화좌에 앉아 왼손에 지혜를 상징하는 보검을, 오른손에는 연화와 경권을 가지고 있는 것이 특징이다.

미륵보살彌勒菩薩
미륵보살은 불교에서 다음 세상에 나타날 것으로 믿는 부처이다. 즉 현재불인 석가에 이어서 다음대의 부처가 되기로 정해져 있는 보살이라는 것이다. 미륵보살을 신앙의 대상으로 삼아 부지런히 덕을 닦고 노력하면, 이 세상을 떠날 때 도솔천에 태어나서 미륵보살을 만날 뿐만 아니라, 미래의 세상에 미륵보살이 성불할 때 제일 먼저 미륵불의 법회에 참석하여 깨달음을 얻게 된다고 믿는다.

금강역사金剛力士
사찰의 문을 지키는 수문장으로서, 인왕이라고도 불린다. 사찰의 문 외에도 석탑이나 부도의 탑신부 또는 사리기와 불감(佛龕), 신중탱화에도 등장하며, 불보살과 사리를 수호하는 일을 맡는다. 보통 사찰 출입구의 금강문金剛門에는 두 명의 금강역사가 배치된다. 오른쪽은 입을 벌린 금강역사로 공격하는 모습을 취한다. 왼쪽에는 입을 다문 금강역사가 방어하는 자세로 사찰을 지킨다. 상체를 벗은 반나체에 권법 자세를 취하고 있는 점이 특징이다.

사천왕四天王

사천왕은 사악한 것으로부터 신성한 것을 보호하고 침략자로부터 부처님을 수호하는 역할을 한다. 사천왕상은 형상 탓에 무서운 존재로 받아들여진다. 무서운 얼굴을 한 이유는 인간의 깊은 내면에 자리 잡은 죄의식을 불러일으켜 깨우치게 하겠다는 의도다. 우리 내면의 번뇌를 끊으며 불법을 수호하는 역할 때문에 갑옷을 입고 무기를 든 모습으로 만들어진 것이다. 사천왕이 맡은 방위는 동방 지국천왕持國天王, 남방 증장천왕增長天王, 서방 광목천왕廣目天王, 북방 다문천왕多聞天王이다.

부동명왕不動明王

당으로부터 귀국한 쿠오카이가 일본에 전한 밀교 특유의 불상으로 대일여래의 사자로서, 무서운 형상과 화염으로 번뇌를 파괴해준다. 즉 대일여래의 명을 받들어 밀교 수행자들을 수호하고 각종 장애를 배제하며 악을 멸해 수행을 성취시킨다고 한다. 대체로 눈을 부릅뜨고 노려보며 오른손에 검, 왼손에 견삭(올가미)을 쥐고, 검푸른 빛깔의 전신이 화염에 휩싸인 모습을 하고 있다.

행기대사

행기대사(668~749)는 오사카부 사카이시에서 왕인박사의 후손으로 태어났다. 한국의 불국사가 있다면 일본에는 동대사東大寺가 있다. 이 절에 세계에서 가장 큰 (높이 16m) 금동불상 비로자나대불이 있다. 이 불상이 모셔진 거대한 목조건물을 세운 분이 행기대사이다. 동대사는, 기술은 물론 많은 자금까지 지원한 신라, 백제, 고구려 사람들에 의해 만들어진 사찰이다. 당시 행기대사는 일본 전국의 신도들로부터 살아있는 부처로 추앙받았다. 45대 천황인 쇼무천황은 거대한 불상을 만드는 데 많은 돈이 필요했기에 행기대사에게 도움을 청했다. 전국 각지에 49개의 사원을 몸소 만들고 거느리던 행기대사는 전국의 신도들에게 동대사 대불 조성을 위해 힘써 달라고 지시를 하였고 신도들의 큰 도움을 받아 동대사 대불이 완성되었다. 행기대사는 수많은 절을 개원함은 물론 빈민 구제와 치수, 다리를 만드는 등 많은 사회사업을 하였다. 745년에는 일본 최초로 승직의 최고 지위인 대승정의 자리에 올랐다. 천황으로부터 보살의 칭호가 내려져 생전에 행기보살로 불렸다. 행기대사는 시코쿠에도 30개의 절을 개원하였다고 알려져 있다.

코우보대사
본문의 8~11쪽을 참조할 것. 각 사찰마다 본존불을 모신 본당과 코우보대사를 모신 대사당이 갖추어져 있을 정도로, 또 '본존진언'과 '대사진언' 이라는 별도의 기도 주문이 있을 정도로, 시코쿠 순례길과 깊은 인연을 맺고 있는 역사상의 인물이다.